BERGER-LEVRAULT ET Cⁱᵉ, LIBRAIRES

5, rue des Beaux-Arts, Paris. — 18, rue des Gla

I0032549

BIBLIOTHÈQUE D'ENSEIGNEMENT COMMERCIAL

II. — Ouvrages parus.

Principes généraux de Comptabilité, par E. LÉAUTEY, professeur de comptabilité, ancien chef de bureau au Comptoir national d'Escompte, et A. GUILBAULT, ancien chef d'administration de la Société métallurgique de Vierzon. 1895. 1 volume in-8°, relié en percaline gaufrée. . . . . 5 fr.

Manuel pratique des Opérations commerciales, par A. DANY, directeur de l'École supérieure de commerce du Havre, ancien chef de comptabilité, ancien professeur à la Société mutuelle des employés de commerce du Havre. 1894. 1 volume in-8°, relié en percaline gaufrée . . . . . . 5 fr.

Monnaies, poids et mesures des principaux pays du monde. Traité pratique des différents systèmes monétaires et des poids et mesures, accompagné de renseignements sur les changes, les timbres d'effets de commerce, etc., par A. LEJEUNE, directeur de l'École supérieure de commerce de Marseille. 1894. 1 volume in-8°, relié en percaline gaufrée . . . . 5 fr.

Manuel de Géographie commerciale, par V. DEVILLE, professeur agrégé au Lycée Michelet. (*Ouvrage récompensé par la Société de géographie commerciale de Paris.*) 1893. 2 vol. in-8° avec cartes et diagrammes, reliés en percaline gaufrée . . . . 10 fr.

Précis d'Histoire du Commerce, par H. CONS, professeur à la Faculté des lettres de Lille, à l'École supérieure de commerce de Lille et à l'Institut industriel du Nord. 1896. 2 vol. in-8°, reliés en percaline gaufrée. . 8 fr.

Armements maritimes, cours professé à l'École supérieure de commerce de Marseille, par C. CHAMPENOIS, capitaine au long cours, ancien commandant aux Messageries maritimes. 1895. 2 vol. in-8° avec 140 figures, reliés en percaline gaufrée . . . . 10 fr.

Les Tribunaux de commerce. Organisation, compétence, procédure, par A. HOUYVET, docteur en droit, ancien agréé près le tribunal de commerce de la Seine, professeur de législation commerciale et industrielle à l'École supérieure de commerce de Paris, avec une préface de M. F. RATAUD, professeur honoraire à la Faculté de droit de Paris. 1894. 1 volume in-8°, relié en percaline gaufrée . . . . 4 fr.

Les Transports maritimes, éléments de droit maritime appliqué, par HAUMONT et LEVAREY, avocats, professeurs à l'École supérieure de commerce du Havre. 1893. 1 volume in-8°, relié en percaline gaufrée. . 4 fr.

Code annoté du Commerce et de l'Industrie. Lois, décrets, règlements relatifs au commerce et à l'industrie, avec un commentaire tiré des circulaires ministérielles, de la jurisprudence du Conseil d'État et de la Cour de cassation, par GEORGES PAULET, chef de bureau au Ministère du commerce. 1891. 1 volume grand in-8° de 956 pages, sur 2 colonnes, broché . . 15 fr.
Relié en demi-chagrin, plats toile . . . . 18 fr.

Code de Commerce et Lois commerciales usuelles, avec des Notions de législation comparée, à l'usage des élèves des Facultés de droit et des Écoles de commerce, par E. COHENDY, professeur à la Faculté de droit et à l'École supérieure de commerce de Lyon. 1892. 1 vol. in-18, relié en percaline gaufrée . . . . 2 fr.

Recueil des Lois industrielles, avec des Notions de législation comparée, à l'usage des élèves des Facultés de droit et des Écoles industrielles et commerciales, par E. COHENDY, professeur à la Faculté de droit et à l'École supér. de commerce de Lyon. 1893. 1 vol. in-18, rel. en perc. gaufrée. 2 fr.

Manuel de préparation aux Écoles supérieures de commerce, contenant le développement des programmes officiels des concours d'entrée (arithmétique, algèbre, géométrie, physique, chimie, géographie, histoire, comptabilité). 1892. 2 vol. in-8°, reliés en toile gaufrée. . . . . 10 fr.

Annuaire de l'Enseignement commercial et industriel. 3ᵉ année (1894). Volume in-18 de 760 pages, cartonné . . . . 3 fr.

Les frais de port en sus, à raison de 75 centimes pour l'envoi par la poste d'un volume de 4 ou 5 fr.; plusieurs volumes peuvent être réunis dans un colis postal de 3 kilogr. (85 centimes) ou 5 kilogr. (1 fr. 05).

PRÉCIS

D'HISTOIRE DU COMMERCE

NANCY, IMPRIMERIE BERGER-LEVRAULT ET Cie

BIBLIOTHÈQUE D'ENSEIGNEMENT COMMERCIAL

Publiée sous la direction de M. GEORGES PAULET

PRÉCIS

D'HISTOIRE DU COMMERCE

PAR

Henri CONS

PROFESSEUR A LA FACULTÉ DES LETTRES DE LILLE

A L'ÉCOLE SUPÉRIEURE DE COMMERCE DE LILLE

ET A L'INSTITUT INDUSTRIEL DU NORD

TOME SECOND

BERGER-LEVRAULT ET Cie, LIBRAIRES-ÉDITEURS

PARIS	NANCY
5, RUE DES BEAUX-ARTS	18, RUE DES GLACIS

1896

PRÉCIS

D'HISTOIRE DU COMMERCE

DEPUIS L'APPARITION

DES NOUVELLES DOCTRINES ÉCONOMIQUES AU XVIIIᵉ SIÈCLE

JUSQU'A NOS JOURS

CHAPITRE PREMIER

Les nouvelles doctrines économiques. — Le « laissez-faire, laissez-passer ». — Les grands travaux publics. — Mouvement de réformes. — Progrès industriel et commercial.

Au milieu du XVIIIᵉ siècle, la France régnait en Europe par sa langue et par ses idées. Elle avait mieux gardé la suprématie intellectuelle que celle des armes. Elle avait eu, pendant la guerre de la succession d'Autriche, de belles et glorieuses journées, mais par l'abandon même qu'il avait fait de toutes ses conquêtes au traité d'Aix-la-Chapelle, son Gouvernement semblait renoncer, mieux que la nation elle-même, à toute une partie du programme séculaire de notre politique. La marche sur le Rhin faisait place à une marche à l'assaut du vieux monde. Courtoise avec Montesquieu,

légère et élégante avec Voltaire, elle prendra bientôt un caractère plus âpre avec Rousseau et son école, mais en 1750,
au moment où notre commerce colonial est dans tout son
éclat, ce sont encore les côtés élégants qui dominent. Si le
succès de Voltaire est grand, c'est que, sous sa forme si
alerte et si nette, chacun croit reconnaître sa propre pensée.
Il a exprimé ce que tout le monde sentait, comme il parais-
sait que tout le monde aurait pu le dire, et il semble que rien
ne doive être plus aisé que de faire passer dans les faits des
idées si simples. L'*Esprit des lois* est de 1748, le premier
volume de l'*Encyclopédie* de 1751, l'*Essai sur les mœurs* de
1754, le *Tableau économique* de Quesnay de 1758. Bien différents d'allure, d'esprit, de tendance, tous concourent à relever ce qui avait été abaissé, humilié, méprisé même. Un
courant de curiosité et d'intérêt se porte sur des sujets jusque-là regardés de haut, sur des catégories d'êtres humains,
que l'on traitait à peine comme tels. La sympathie, la sensibilité s'éveillent. La science prête son concours à la philosophie. Celle-ci, descendue du ciel sur la terre, étudie les
conditions du travail, s'intéresse à tout ce qui peut accroître
la richesse, développer l'aisance et le bien-être, affranchir
l'homme de la tyrannie de la nature comme de celle des lois
humaines.

Le point de départ a été la recherche des moyens d'a-
doucir le poids des charges publiques, avec Vauban, et de
les mieux répartir. Puis est venue une période moins oppres-
sive; l'épreuve du *Système* a porté ses fruits; c'est un renou-
veau général sous Fleury, avec quelques folies encore, mais
grâce à la paix, la richesse se développe régulièrement, l'activité se montre partout. Le milieu du siècle offre toutes les
apparences d'une prospérité générale. « L'Europe, écrit Vol-

taire, ne vit guère de plus beaux jours que depuis le traité d'Aix-la-Chapelle, jusque vers l'an 1755. Le commerce florissait de Saint-Pétersbourg à Cadix ; les beaux-arts étaient partout en honneur ; on voyait entre toutes les nations une correspondance mutuelle ; l'Europe ressemblait à une grande famille réunie après ses différends. »

Ce n'était pas seulement les événements d'Amérique et des Indes, cette rivalité qui ne cessa pas un instant de se manifester au grand jour entre la France et l'Angleterre, qui démentaient ce tableau trop flatté. Ces dehors brillants cachaient bien des misères ; les campagnes, au dire de tous les contemporains, étaient malheureuses. Les disettes et les famines étaient toujours fréquentes. Ne pourrait-on pas les prévenir ? Cette terre, sur la possession de laquelle avait si longtemps reposé la puissance, devint l'objet d'une attention générale. L'agriculture réapparut, comme au temps de Sully et d'Olivier de Serres, la grande source de richesse. Ne fallait-il pas l'affranchir de toutes les servitudes législatives qui la grevaient ? Ne devait-on pas laisser à son possesseur ou cultivateur toute liberté de planter ce qu'il voudrait, de faire ce qu'il voudrait de sa récolte ? Ne serait-il pas le meilleur juge de ce qui conviendrait à son intérêt ? Et cette liberté d'agir à son gré, de faire circuler à son gré ses produits, pourrait-elle être contraire à l'intérêt public ? Le blé, par exemple, n'irait-il pas toujours là où il aurait le plus de chance d'être vendu ? Et si ce laissez-faire, laissez-passer, est conforme au bien de l'agriculture, ne conviendrait-il pas de l'appliquer à l'industrie ? la liberté ne vaudrait-elle pas mieux pour elle que la réglementation dont elle souffre ? et le commerce ne prendrait-il pas une nouvelle activité, ne se ferait-il pas dans des conditions plus favorables à la fois au producteur, au marchand et au consommateur, s'il n'était pas soumis à une police si tyrannique, à l'emploi forcé de tant d'intermédiaires, à l'acquit de tant de taxes diverses? Et l'Anglais Adam Smith, gagné par les idées des économistes français, donne, dans son *Essai sur la richesse des nations* (1778), une formule définitive aux théories sur la richesse: c'est dans le travail, quelle que soit sa forme, qu'elle réside et c'est à toutes les formes du travail que doit s'appliquer la fameuse formule de ce que l'on appelle le *libre-échange*: laissez faire, laissez passer.

Comme toujours, l'excès d'une théorie amenait directement à l'excès opposé. En matière économique comme en matière religieuse, le XVIIIe siècle a pris le contre-pied du XVIIe siècle. Les rêves de fraternité universelle, de philanthropie qui dominaient alors, malgré tant de guerres, empêchaient de reconnaître certaines nécessités imposées par les intérêts généraux du pays. Les intérêts particuliers s'étaient si souvent parés de ce dehors!

Les préjugés contre le commerce étaient singulièrement tenaces. En France, les Chambres de commerce, dont la première remonte, nous l'avons vu, à 1650, avaient été multipliées vers 1700; six intendants de commerce avaient été créés en 1708 pour étudier toutes les questions le concernant, le Conseil de commerce réorganisé en 1710. Il y avait eu dans la polysynodie, sous la Régence, un Conseil de commerce; après la chute des Conseils, un bureau du commerce; le Gouvernement renouvelait les privilèges des Compagnies de commerce; les hommes d'État reconnaissaient combien son développement importait à la prospérité de l'État; cependant, les philosophes et les économistes eux-mêmes gardaient des préventions contre lui. Montesquieu lui con-

sacre deux livres (XX et XXI) de son *Esprit des Lois* ; il ne
veut pas que les nobles se livrent au commerce, du moins
dans une monarchie. Il n'est pas favorable à la liberté du
commerce. « La liberté du commerce n'est pas une faculté
accordée aux négociants de faire ce qu'ils veulent, ce serait
bien plutôt sa servitude. » Et il cite l'exemple de l'Angleterre et de ses lois restrictives : « Elle gêne le négociant,
mais c'est en faveur du commerce. » Quesnay, dans sa passion exclusive pour la terre, refuse de le reconnaître comme
source de richesse. Mais Gournay réclame en sa faveur. Voltaire lui-même oppose au « seigneur bien poudré qui se donne
des airs de grandeur en jouant le rôle d'esclave dans l'antichambre d'un ministre », le « négociant qui enrichit son
pays, donne de son cabinet des ordres à Surate et au Caire,
et contribue au bonheur du monde ». — « Ce n'est pas un
peuple, dira Sedaine, ce n'est pas une seule nation qu'il (le
négociant) sert, il les sert toutes et en est servi ; c'est l'homme
de l'univers... Nous sommes sur la superficie de la terre autant de fils de soie qui lient ensemble les nations et les ramènent à la paix par la nécessité du commerce. Voilà, mon
fils, ce qu'est un honnête négociant [1]. »

Ainsi le commerce avait pris conscience de sa dignité et
en avait imposé la reconnaissance à la partie éclairée de la
nation. Le grand commerce, les négociants, les armateurs,
formaient dans cette société hiérarchisée, une sorte de classe
distincte, au-dessus des commerçants, séparés eux-mêmes
par une assez longue distance des simples marchands. Mais
avant tout, primait l'aristocratie des financiers.

Saint-Simon parle déjà de ces nobles qui ne dédaignaient

---

1. Sedaine, *Le Philosophe sans le savoir* (1765), paroles de M. Vandeck.

pas de faire épouser à leurs fils des filles de roturiers pour
fumer leurs terres. Ces alliances se multiplièrent. L'aristocratie financière, et à sa tête les fermiers généraux, joue un
grand rôle au xviiie siècle. A la fortune elle réunit souvent
l'intelligence et le goût des arts. Comme autrefois les grands
banquiers florentins, elle exerce sur les artistes qu'elle honore
et encourage une influence salutaire. Cette liberté d'esprit
qui règne dans la littérature se retrouve dans les arts renou-
velés et rajeunis. Le raffinement et la recherche s'y montrent
trop souvent peut-être, mais aussi la vérité, la variété, la vie.
Au moment où la science met ses découvertes à la disposition
de nos industriels, le sentiment artistique, les goûts, les
fantaisies de la mode, renouvellent toutes nos industries de
luxe. Les financiers donnent le branle à un étalage d'orne-
mentation et de parures qui s'étend à toutes les classes de la
nation. Ce siècle de libre examen ne peut se plier aux anciennes règles. Tout y est plus dégagé, plus coquet, plus recherché qu'au siècle précédent. A la surface du moins et
pour tout ce qui brille. Car, s'il est facile de retrouver sous
des dehors affranchis de tout préjugé, un vieux fonds de traditions, de respect, de superstition même et de routine, à
plus forte raison percera-t-il et éclatera-t-il même au grand
jour dans les masses populaires.

Sous ces diverses influences les progrès de l'industrie sont
remarquables dans tous les genres.

« Dans les Cévennes et dans le Rouergue, on exploite la
houille ; en Franche-Comté, en Bourgogne, en Berry, en
Champagne, en Alsace, en Dauphiné et dans le Roussillon,
on fabrique le fer et la tôle. L'usine du Creusot s'ouvre en
1742. Les industries textiles commencent d'être prospères.
Harnetz invente des machines pour filer la laine et le coton,

et, tandis que Saint-Quentin tisse la toile, Rouen et Mulhouse (alors ville libre) tissent le coton. En 1756, Bédel parvient à teindre le coton en bleu, et dès lors, Schérer à Wesserling, Kœchlin, Dollfus, Schmalzer à Mulhouse, Oberkampf à Jouy, se mettent à imprimer des cotonnades. Lyon conserve le monopole des soieries ; Beaucourt devient un grand établissement d'horlogerie ; l'art de tailler le cristal est apporté de Bohême en France par Bucher ; et l'industrie de la faïence atteint une perfection remarquable. C'est alors, en effet, que les dessinateurs de Marseille, imitant les décors italiens, excellent à jeter un bouquet de fleurs sur le bord d'un plat guilloché ou sur le ventre rebondi d'une soupière ; c'est alors aussi que Strasbourg emploie son rouge admirable et sa pâte rosée ; que Rouen et Nevers produisent leurs bleus inaltérables. Nevers imite les faïences de Delft; Rouen s'adonne aux grandes compositions de style rayonnant, invente le décor à la corne et imite les porcelaines chinoises. Dès 1686, une faïencerie s'était établie à Quimper....

« Tous les articles de luxe, carrosses, meubles, papiers peints, toiles peintes, toiles vernissées, étoffes de soie, tulles, gazes, broderies et dentelles, tout ce qui tenait à l'art par quelque côté, se fabriquait en France avec une supériorité réelle et y faisait l'objet des demandes de l'étranger.

« Les grandes industries chimiques commençaient à se développer ; un négociant d'Amiens avait monté une fabrique de vitriol ; à Honfleur, il s'en était fondé une de couperose ; Orléans raffinait le sucre ; Marseille vendait chaque année pour dix-huit millions de savon. On songeait déjà à remplacer le travail de l'homme par celui des machines. Cugnot proposait au gouvernement français une voiture à vapeur pour le transport de l'artillerie (1770) et le marquis de

Jouffroy allait bientôt faire naviguer sur le Doubs le premier bateau à vapeur (1776). La production totale de l'industrie française atteignit annuellement, à la fin du xviii° siècle, la somme énorme de neuf cent trente millions de livres [1]. »

A cette activité s'ajoutait celle que le Gouvernement lui-même, les provinces ou les villes donnaient à certaines industries et aux travaux publics. Rouillé, Machault et Choiseul, poursuivant successivement le relèvement de notre marine militaire, nous donnaient une flotte qui, en 1755, comprenait 67 vaisseaux et 31 frégates, et, en 1770, 64 vaisseaux et 50 frégates ; d'Argenson faisait construire à Paris les bâtiments de l'École militaire ; Saint-Sulpice et le Panthéon s'y élevaient, toutes les villes se transformaient, prenaient de l'air, se couvraient d'hôtels et de monuments ; la manufacture de Sèvres était créée ; des châteaux de plaisance, de coquettes et somptueuses villas s'élevaient partout ; le luxe même et les prodigalités de la cour entretenaient dans le monde de l'industrie et des arts une merveilleuse vitalité.

L'on estimait d'un autre côté, à la veille de la Révolution, le revenu total des produits de la terre à 2 milliards. Nous récoltions, année moyenne, 40 millions d'hectolitres de blé et 27 millions d'hectolitres de vin. Nous élevions en outre 33 millions de têtes de bétail, et ces produits de l'agriculture, nos vins et eaux-de-vie surtout, entraient pour une bonne part dans notre commerce extérieur. La moyenne pour les trois dernières années de l'ancien régime (1787-89) accuse, d'après les chiffres de Chaptal, un total de 1,078,623,900 fr., dont 613,210,000 fr. à l'importation et 455,414,000 fr. à l'exportation, ce qui, pour une population de 24 millions

---

1. Carré, *La France sous Louis XV*. Paris, 1891.

d'habitants donne 45 fr. par tête contre 100 environ de nos jours.

La culture de la pomme de terre commençait, grâce à Parmentier, Turgot et Louis XVI, à se populariser.

Les travaux utiles, ceux dont devait profiter plus directement le pays tout entier, étaient l'objet d'une attention suivie. Le corps des *ponts et chaussées*, constitué définitivement en 1716, passait en 1736 sous la direction de l'intendant des finances Trudaine. Pendant 33 ans celui-ci donnait aux travaux une impulsion des plus énergiques. Le contrôleur général, Orry, traçait en 1738 le plan d'un réseau de voies de communication qui servit de modèle à celui d'après lequel ont été dans ce siècle établis nos chemins vicinaux. Les routes étaient divisées en cinq catégories de largeur et de conditions différentes, suivant les besoins auxquels elles répondaient et classées aussi suivant l'urgence de leur construction. On fit appel pour leur exécution à la corvée royale, dont l'application donna lieu à bien des abus, mais qui, dans la pensée de ceux qui l'instituèrent, faisait contribuer, sous la forme la plus pratique et avec tous les ménagements possibles, les habitants des campagnes à des travaux dont ils devaient les premiers profiter. Pour le passage de ces routes, les fleuves se couvrirent de ponts remarquables ; des levées ou turcies protégeaient contre les inondations le val de la Loire et régularisaient le cours du fleuve ; le Rhin était endigué, des routes ouvertes à travers les Vosges. La France était pour la viabilité le premier pays du monde comme le premier de l'Europe continentale pour son industrie.

C'était là évidemment le meilleur moyen de nous préparer à pratiquer la liberté du commerce. Malheureusement, ce qui était pour quelques-uns un idéal théorique, pour d'autres

l'application raisonnée de principes et la méthode la plus
sûre pour tendre au bien-être général, se résumait pour la
multitude en une seule question : celle du commerce des
grains. La susceptibilité de l'opinion était toujours extrême
sur ce chapitre ; malgré les efforts de l'administration pour
modifier la situation de l'agriculture, en diminuant la vaine
pâture, défrichant les marais, créant des pépinières, propa-
geant la culture des plantes fourragères, organisant des
haras ; bien que nombre d'intendants aient acquis par la
sagesse de leur administration, les bienfaits rendus à leur
province une popularité durable, dès que l'on touchait à la
législation sur les céréales, les soupçons reprenaient le
dessus ; l'opinion variait avec les récoltes. Et cependant à
mesure que les communications devenaient plus faciles,
apparaissait l'absurdité des anciennes barrières entre provinces. Une réglementation de 1763-1764 parut résoudre cette
délicate question aussi sagement que le permettaient les préjugés de l'époque. La libre circulation était permise à l'intérieur du royaume ; l'exportation hors de France était autorisée, moyennant un droit minime de un et demi p. 100, tant
que le prix du blé était au-dessous de 12 livres 10 sols le
quintal et prohibée au delà. Le commerce se crut libre ; des
Compagnies se formèrent et l'une d'elles est restée fameuse
sous le nom de *pacte de famine* ; les accusations de spéculation et d'accaparement reparurent, Terray revint aux prohibitions. Pour avoir voulu appliquer de nouveau à toute la
France ce qui lui avait réussi en Limousin, Turgot suscita
la guerre des farines. La première moitié de notre siècle
connaîtra encore ces désordres amenés par une mauvaise
récolte et ces frayeurs aveugles de la populace.

L'application de la liberté du commerce se heurtait à

d'autres obstacles : les besoins du Trésor qu'alimentaient les douanes ; la protection de l'industrie. Loin de se relâcher du système rigoureux de Colbert, on l'exagérait encore. Pour protéger l'industrie de la soie, on prohibait l'entrée des toiles de l'Inde. Les ordonnances permettaient aux commis des barrières d'arracher les robes de toile aux femmes qui oseraient en porter en public. Le trafic même des toiles peintes était puni par les galères (1755). Le goût public finit cependant par en imposer la tolérance et en faire autoriser l'importation.

Les charges qui grevaient le commerce intérieur étaient toujours aussi lourdes et aussi variées. Une marchandise allant de Bretagne en Provence était assujettie à 8 déclarations, autant de visites, et acquittait sept droits différents. Les camelots de Lille expédiés dans le Midi payaient 10 p. 100 de leur valeur ; les draps de Carcassonne pour la Bretagne, 10 p. 100. On ne comptait pas moins de 35 droits intérieurs. La sécurité des voyages était, malgré quelques procès retentissants, assez grande, mais les transports étaient lents. Le coche d'eau mettait 22 heures pour faire les vingt lieues qui séparent Paris de Montereau. La diligence mettait cinq jours pour parcourir les 125 lieues de Paris à Lyon. Toulouse, Besançon ne recevaient que 3 fois par semaine, d'autres villes une fois seulement, le courrier de la capitale. Cependant des progrès se réalisaient là comme partout. La malle-poste, sous Louis XV, ne mit plus que trois jours de Paris à Lyon ; les Turgotines, sous Louis XVI, firent en trois jours au lieu de neuf le trajet de Paris à Besançon.

Cette lenteur à se mouvoir se retrouvait dans le commerce de détail. Il semblait comme figé et immuable dans ses habitudes et dans ses prix. D'honorables traditions appelaient le

fils à succéder au père ; non seulement la boutique restait à
la même place, mais elle conservait la même installation, le
même aspect, presque les mêmes figures à travers les âges.
La clientèle ne variait pas plus que les marchands. On venait
y acheter le même drap que le vendeur cédait au même prix.
Tout passait, tout changeait au dehors, ce petit monde seul
se perpétuait insensible à toutes ces métamorphoses, mais
modeste, honnête, fort de sa respectabilité et de la confiance
qu'il inspirait. Après le Système, dont les secousses avaient
ébranlé jusqu'à ces habitudes et ces mœurs séculaires, Paris
s'accroissant, des déplacements s'opéraient. Les nouvelles boutiques étaient plus larges, les étalages devenaient plus luxueux,
les vendeurs et vendeuses eux-mêmes sortaient un peu des
anciennes habitudes ; le marchand devenait moins humble,
les costumes et les traditions semblaient atteints par le ridi-
cule que des procès et des démêlés fameux jetaient sur les
vieux règlements. Un peu d'air pénétrait dans ce vieil édi-
fice. Turgot le mit à bas. Les corporations, les maîtrises,
les jurandes furent supprimées, et bientôt rétablies. Trop
d'intérêts immédiats se trouvaient lésés à la fois, sans que
la force dont ils disposaient fût contre-balancée par les forces
incohérentes et dispersées de ceux qui devaient profiter des
réformes.

Les péages et douanes à supprimer pour opérer la liberté
de la circulation intérieure étaient également défendus par
des résistances presque invincibles pour un gouvernement
si faible. Elles se savaient des protecteurs en haut lieu.
Malgré le progrès des idées, Louis XVI était impuissant à
abattre ces barrières devant lesquelles s'était arrêtée l'autorité de Louis XIV.

Et cependant ces idées de réformes allaient se retrouver

dans les assemblées provinciales, dans les réunions des notables, dans les cahiers des États généraux. Mais toujours derrière les vœux généraux de réformes apparaissaient des restrictions. L'assemblée la plus « sensible » ne devait-elle pas être la plus terrible pour tous ses ennemis ?

Le traité de commerce de 1786 avec l'Angleterre allait inaugurer une nouvelle politique commerciale. L'effet qu'il produisit en France et l'hostilité qu'il souleva ne peuvent se comprendre que si l'on rapproche de la situation économique de la France celle de l'Angleterre à la même époque.

La Révolution de 1688 avait été tout en faveur de l'aristocratie. Mais celle-ci ne se contenta pas d'augmenter les droits du Parlement où elle régnait en maîtresse et de modifier les lois électorales à son profit. L'aristocratie d'argent commençait à s'élever : elle chercha contre elle une force dans la terre, base de sa puissance, et crut trouver le moyen de lutter de richesse avec cette redoutable rivale en s'adonnant à l'agriculture. La longue paix qui suivit l'avènement de la maison de Hanovre et le traité d'Utrecht lui permirent de mener à bien ses projets.

En 1661 et en 1698, le prix du blé, dont la moyenne fut pendant le xviie siècle, en Angleterre, de 41 shellings le quarter (soit environ 17 fr. 60 c. l'hectolitre), avait atteint 100 shellings, soit environ 43 fr. Ces prix élevés avaient fait augmenter la superficie des terres emblavées, mais, bien que le rendement se fût élevé, de 8 boisseaux à l'acre qu'il était au moyen âge, à 13, les procédés de culture étaient encore fort primitifs. Le Parlement de 1660 avait, par une politique toute nouvelle, frappé de droits prohibitifs l'entrée, jusque-là au contraire favorisée, des céréales étrangères ; en 1688 des primes furent accordées à l'exportation ; plus tard, des droits de douane furent établis sur les viandes, sur les laines et sur les bois. Les grands propriétaires s'efforcèrent du moins de justifier cette protection par les réformes qu'ils introduisirent. A l'exemple de ce qui se pratiquait en Hollande et dans le Brabant, ils adoptèrent les procédés de la culture intensive, supprimant les jachères, semant dans les terres nettoyées avec soin des plantes fourragères, renouvelant les prairies naturelles, variant rationnellement les cultures, introduisant les machines, améliorant les outils, multipliant les engrais, faisant valoir par eux-mêmes, doublant le rendement des céréales et triplant leurs profits. Il est vrai que, pour rendre ces progrès possibles, il avait fallu renoncer aux champs ouverts et *enclore* les domaines ; que ceux-ci avaient été souvent indûment accrus aux dépens des terres communales. La réduction du coût des productions et des transports par suite des progrès de la navigation et bientôt de l'ouverture des canaux (le premier est de 1755) ajoutait à cette prospérité. C'était le Norfolk qui avait donné le signal de ces progrès et Hull, où aboutissaient par un réseau naturel de voies fluviales tous les produits de la contrée avoisinante, était le grand port d'exportation des céréales pour la Hollande.

D'autres progrès venaient encore ajouter à la prospérité économique de l'Angleterre. Glascow faisait maintenant d'importants échanges avec les planteurs de la Virginie et les *lords du tabac* acquéraient dans ce commerce les capitaux avec lesquels ils préparaient sa fortune industrielle. Le droit d'assiento et le vaisseau de permission profitaient surtout à Liverpool, où se faisaient à la fin du siècle les 5/6 du trafic des esclaves. En moins de cent ans plusieurs milliers de ces malheureux passaient dans son port.

La Banque d'Angleterre favorisait par son crédit solidement établi toutes les opérations commerciales. Le développement des colonies continentales d'Amérique, la prospérité des Antilles, la conquête de l'Inde, l'écrasement de la France ouvraient des perspectives plus brillantes encore. Le mouvement scientifique des xviie et xviiie siècles commençait à porter ses fruits. L'industrie grandissait.

Elle avait dès le xviie siècle commencé son mouvement vers l'Ouest. Bristol était toujours la cité la plus active de cette région. C'était elle qui avait la première ouvert des relations maritimes avec l'Islande et l'Amérique du Nord ; c'était une des premières villes où se fût développée l'industrie du drap. Gloucester, Coventry, Leeds et Bradfort étaient aussi des marchés anciennement connus. La révocation de l'Édit de Nantes avait complété l'œuvre des troubles religieux de la Flandre et de l'Allemagne et nos ouvriers leur avaient apporté les secrets de notre industrie. Néanmoins rien, au commencement du xviiie siècle, ne faisait encore prévoir le rapide développement de cette contrée. La viabilité était des plus défectueuses et à la fin du xviiie siècle l'unique voiture qui fît mensuellement le service de Londres à Édimbourg mettait de 12 à 16 jours à accomplir ce trajet.

Entre 1740 et 1750, la fabrication de la fonte au charbon de terre, découverte depuis un siècle, mais restée sans application, opérait toute une révolution dans l'industrie du fer ; dès 1794 la fabrication de la fonte au charbon de bois, pour laquelle on avait détruit les forêts du Sussex, aura disparu. De 1759 à 1792, Arkwright (water-frame 1769), Hargreave (spinning-jenny 1770), Crompton (mule 1776), Kelly (self-acting-mule 1792), inventaient et perfectionnaient le métier à filer ; en 1774, Watt appliquait à l'épuisement de l'eau dans les mines sa machine à vapeur et dès 1785 elle était appliquée à l'industrie en grand. L'extraction du charbon passait de 2 millions de tonnes en 1660 à 6 millions en 1760, le nombre des ouvriers employés dans les filatures montait de 40,000 en 1760 à 80,000 en 1785. La population subissait un mouvement de plus en plus actif des campagnes vers les villes dont les habitants doublaient de 1750 à 1800. La grande culture et la grande industrie ruinaient les yeomen; les petites exploitations rurales disparaissaient en même temps que les ateliers de famille. La laine, la plus ancienne production de l'Angleterre, voyait se développer à côté d'elle l'industrie du coton. La quantité de coton exportée par l'Angleterre avait à peine doublé dans la première moitié du siècle, elle devient 8 fois et sa valeur 15 fois plus grande dans les vingt dernières années. La population de Manchester de 6,000 habitants en 1696 a passé à 20,000 en 1757, à 27,000 en 1773, 39,000 en 1783 et atteindra 90,000 (avec Salford) en 1801. Liverpool, qui était montée de 23,000 en 1753 à 78,000 à la même époque, allait trouver dans le commerce du coton une source plus honorable, mais non moins lucrative, de richesse que dans la traite des noirs. Les mines de sel de Nortwich, dans le Cheshire, étaient depuis 1670 plus activement exploitées et le besoin de fer et d'acier pour la fabrication des nouveaux métiers donnait une nouvelle impulsion à l'activité des mineurs de Cornouailles, malgré les dangers et le maigre profit de leur exploitation. Swansea augmentait le nombre de ses établissements métallurgiques et Wedgwood créait dans le Staffordshire « Etruria », le premier des grands établissements de ce district des poteries qui tient aujourd'hui une place si importante dans la prospérité économique de l'Angleterre.

La marine bénéficiait toujours de l'acte de navigation. Walpole avait cependant soulevé dans le Parlement une opposition devant laquelle il avait dû s'incliner lorsqu'il avait voulu créer des docks où l'étranger eût pu venir s'approvisionner de matières premières avec restitution des droits ; c'eût été pour la marine une nouvelle source de profits et l'Angleterre fût devenue dès lors le grand marché du monde. Mais l'industrie anglaise voulait à tout prix se préserver de la concurrence étrangère. Ses colonies, dans lesquelles elle se flattait de trouver un débouché assuré, furent sacrifiées à cette idée, et bien que le système des entrepôts fût adopté pour quelques articles (vins, calicots non teints, mousselines), celui des restrictions prévalut. Cette exploitation à outrance fut une des principales causes de l'irritation des colonies et de l'opposition que provoqua dans toute l'Europe cette tyrannie maritime.

La déclaration russe du 9 mars 1780 sur la neutralité armée était un grand pas fait vers la liberté des mers, une page importante de l'histoire du commerce. Elle tendait à fonder, par la reconnaissance des droits des neutres, l'affirmation de la liberté des marchandises portées par des navires libres, l'énumération des articles de contrebande de guerre susceptibles d'être saisies par les belligérants et la proclamation de la nécessité d'un blocus effectif, un droit public maritime unique.

Résignée à l'affranchissement des États-Unis, désireuse de la paix, tout entière tournée vers ses intérêts commerciaux, l'Angleterre trouvait en face d'elle la France, en pleine rêverie de fraternité des peuples, satisfaite d'avoir dans la dernière guerre restauré son honneur militaire, tiré vengeance de l'Angleterre et contribué à l'affranchissement d'un

peuple. L'Angleterre cherchait des clients pour ses manufactures, la France des débouchés pour ses produits dont la
supériorité était partout reconnue. Toutes deux crurent faire
œuvre utile et profitable en se rapprochant commercialement
et c'est dans cet esprit de transaction, de concession mutuelles,
de rapprochement par un acte reposant sur le principe de la
réciprocité la plus équitable que fut signé le traité de 1786.

Il dura peu et fut dénoncé dès les premières années de la
Révolution. Bien accueilli dans le midi de la France parce
qu'il rouvrait à nos vins et à nos eaux-de-vie un marché presque
fermé, il le fut moins bien dans le nord, dont il contrariait le
monopole industriel. De 1786 à 1789 l'Angleterre nous vendit
pour 55 ou 60 millions et nous ne lui vendîmes que pour 30 ou
35. Les circonstances nous étaient défavorables. L'Angleterre
n'avait en vue que son commerce. Il avait été l'âme de toute
sa conduite pendant tout ce siècle et après cette guerre d'A-
mérique qui avait été si sensible à son amour-propre, elle se
rejetait avec fièvre sur ses intérêts matériels. La France au
contraire était à la veille de la Révolution. Pitt gouvernait
en Angleterre, Calonne en France. Celui-ci cependant, sous
l'inspiration de Dupont de Nemours, avait préparé un projet
pour la suppression des douanes intérieures. Trudaine y avait
travaillé 6 ans ; les travaux avaient été repris en 1780 ; Turgot, Necker s'en étaient préoccupés. Il s'agissait d'un sacrifice de 5,500,000 livres que devaient combler les douanes à
la frontière, mais cette réforme ne devait être opérée qu'en
1790. « Les droits payés par une marchandise française dé-
passaient ceux qu'avait à payer une marchandise étrangère »,
dira le rapport de Goudart. Et puis il y eut un véritable engouement en France pour les produits anglais. « C'était à
qui copierait le mieux les Anglais et les Américains. Cha-

peaux à l'anglaise et à la jockey pour les femmes, robes à
l'anglaise en popeline, en moire, en tulle, en linon d'Angleterre. L'acier et les verroteries avaient remplacé les diamants.
La mode française, si riche et si magnifique, si capricieuse
et si variée, si élégante et si gracieuse, avait presque disparu
aux approches de la Révolution [1]. » Si « ce traité avait pour
résultat de faire rembourser indirectement par la France à
l'Angleterre une partie des dépenses de la guerre d'Amérique [2] », bien minime en tout cas et bien lentement, il le devait
à des causes étrangères au traité lui-même et il est permis de
penser que si son fonctionnement régulier n'eût pas été en-
travé par des circonstances exceptionnelles, ses effets se fussent retournés à l'avantage de la France.

D'autres traités furent signés vers le même temps avec la
Suisse, les villes hanséatiques et la Russie : il sera curieux
de voir la Révolution renier sous ce rapport l'esprit du xviii
siècle.

Le pays qui avait, pendant la guerre de la succession d'Espagne, dirigé, par son grand pensionnaire Heinsius, la coalition contre la France, ne comptait plus comme puissance
politique, mais avait pris, comme puissance financière, une
place considérable. Nulle part l'argent n'était plus abondant,
le taux de l'intérêt plus bas. Aussi tous les emprunts s'y
plaçaient-ils. En 1747, l'Angleterre lui devait le tiers de sa
dette. La France, l'Autriche, le Danemark, la Saxe, avaient
fait appel à ses capitaux. Adam Smith estimait en 1778 à
1,500 millions de livres les placements de la Hollande en
fonds anglais et français. Ses propres emprunts, émis à

---

1. Paul Lacroix, *XVIII siècle, institutions, usages et costumes*. Paris, Didot,
1875, p. 512.
2. A. Sorel, *L'Europe et la Révolution française*, I, p. 352.

2 p. 100, arrivaient au pair, et malgré la baisse générale du taux de l'intérêt au XVIIIe siècle, elle trouvait facilement au dehors des placements plus avantageux.

La science financière, dont la Hollande avait donné les premières leçons, se répandait en Europe. L'Angleterre trouvait dans l'habile gestion de sa Banque une base solide de crédit. Elle pouvait opérer dans l'espace de moins d'un demi-siècle deux conversions, non plus par les anciens procédés brutaux de retranchement d'un quartier par un édit, mais en offrant aux porteurs de titres leur remboursement au pair. En France même, on restait de 1720 à 1772 sans altérer les monnaies. La Bourse de Londres était le théâtre d'une activité qui dégénérait souvent en spéculation, de même que les émissions d'emprunts donnaient lieu à de scandaleux abus, mais le crédit se consolidait, les opérations de banque se développaient ; le clearing-house était fondé en 1775 et c'est grâce à ces procédés que, malgré l'énormité de sa dette et sa pauvreté en capitaux, l'Angleterre put, en dépit de tous les mauvais prophètes qui prédisaient sa ruine, se relever si vite de la détresse où l'avait jetée la guerre d'Amérique.

Partout, au reste, des banques d'émission et d'escompte avaient pris naissance : en France, la Caisse d'escompte, créée par Turgot en 1776 ; en Espagne, la Banque Saint-Charles (1782) ; en Prusse, la Kœnigliche Giro und Lehnbank (1762). Partout des bourses s'ouvraient pour la négociation des titres de rentes et des actions des compagnies de commerce, des banques, des compagnies d'assurances. La France possédait en 1789 pour 200 à 300 millions de livres de valeurs mobilières, françaises ou espagnoles surtout. La Bourse de Paris avait été réorganisée en 1724 par Pâris-Duverney avec sa corporation d'agents de change et sa cote publique, sur laquelle étaient inscrites 17 valeurs — et aussi ses coulissiers. La Bourse de Vienne avait été ouverte en 1761. L'agiotage et la spéculation y florissaient comme partout, s'il faut en croire les contemporains, mais on sait combien alors on donnait d'extension à ce mot d'agiotage, combien ceux qui étaient étrangers aux affaires étaient portés à confondre avec de la spéculation ce qui n'était qu'une simple opération de bourse ou de commerce.

Le commerce avec ses colonies semblait suffire maintenant à l'activité de la Hollande ; elle était devenue « la grande Bourse de la Dette publique du continent[1] », enchaînée à l'Angleterre « comme une chaloupe à la remorque d'un vaisseau de ligne ». Vassale de Londres, Amsterdam conservait toujours son esprit de rivalité contre Anvers, et cette haine commune les rapprochait encore. Les progrès de Brême et de Hambourg, du Danemark, de la Suède, de la Russie avaient eu lieu en grande partie au détriment de sa marine. L'Angleterre s'était vengée sur ses vaisseaux et ses colonies de son accession à la Ligue des neutres dans la guerre d'Amérique ; les épices cessaient d'être sa propriété exclusive ; elle vivait donc surtout sur ses souvenirs et ses richesses acquises. Ses échanges avec la France seule s'élevaient encore cependant en 1789 au chiffre, énorme pour un si petit pays, de 80 millions de francs, 43 millions à l'importation en France (fromage, laine, lin, tabac, toile, dentelles, produits chimiques, épices) et 36,779,000 livres à l'exportation de France (sucre et café, liquides, comestibles et produits manufacturés)[2].

---

1. A. Sorel, *op. cit.*, I, p. 364.
2. Paul Boiteau, *État de la France en 1789*. Paris, Perrotin, 1861.

La Suisse était alors, comme il y a quelques années encore, un de nos grands marchés. C'était plutôt nos produits coloniaux et des matières premières qu'elle nous achetait, et nous lui prenions avec de l'horlogerie, des toiles et dentelles de Saint-Gall, des bestiaux et des fromages. La paix perpétuelle qui nous unissait à elle et avait été depuis à plusieurs reprises solennellement renouvelée et sa position géographique la plaçaient dans notre clientèle.

Quant à la Russie, les échanges directs étaient minimes avec elle ; nos vaisseaux visitaient rarement ses ports et l'Angleterre et la Hollande d'une part, l'Allemagne de l'autre nous servaient d'intermédiaires avec elle. Nous lui achetions pour 6,130,000 fr. en 1789, chanvre, suif, bois et fer ; elle nous prenait pour 6,963,000 fr. Il y avait donc à peu près équilibre.

Ce rapprochement commercial avec la Russie, dont l'ancien traité avec l'Angleterre expirait cette année même, était un premier pas dans une voie trop contraire aux traditions politiques de la France pour être suivi d'une alliance véritable entre les deux pays. L'opinion publique en France était tenace et routinière. Elle n'avait pas voulu comprendre ce qu'avait de sérieux et de sage, s'il eût été prudemment conduit, notre rapprochement avec l'Autriche. Elle tenait encore dans l'Est et le Nord, et cela avec plus de raison et de conformité avec ses intérêts, pour la Turquie, notre vieille alliée, la Pologne qu'elle aimait d'une affection toute chevaleresque et la Suède. Elle ne suivait que difficilement les changements qui s'opéraient dans le monde politique ; elle n'était pas initiée aux négociations qui se poursuivaient dans l'ombre ; elle ne connaissait, malgré les écrits des philosophes et des économistes, dont beaucoup avaient couru l'Europe, qu'une partie des événements. Notre diplomatie était restée habile et active ; elle essayait de s'inspirer de l'exemple de l'Angleterre, de travailler pour notre commerce. Elle pressentait l'importance future de ce grand marché d'Orient, de cet État qui grandisssait en Asie comme en Europe et s'allongeait au nord de notre continent jusqu'à la mer Pacifique. Les foires de Nijni-Novgorod et d'Orenbourg étaient toujours importantes. Une partie du commerce de la Chine empruntait les routes de la Sibérie et du Turkestan. Elle échangeait ses pelleteries à Kiachta contre le thé et la rhubarbe. L'Angleterre allait, à la suite des voyages de Cook, lui disputer ce marché, et commencer l'exploitation des pêcheries de la mer de Behring, de nos jours encore si importantes.

Par Saint-Pétersbourg, Pierre le Grand avait pris position sur la mer Baltique ; par le traité de Kaïnardji, Catherine II s'établit solidement sur la mer Noire. Elle s'était en outre assuré le droit de franchir le Bosphore, fermant l'Euxin aux autres marines, ouvrant à la sienne l'accès de la Méditerranée. Dès 1781, cinq navires étaient partis des ports russes pour les ports français. Ce n'était pas seulement les produits des provinces méridionales de la Russie, c'était ceux du Turkestan, venus par Orenbourg, de la Perse, importés par Astrakhan, qu'elle pouvait nous envoyer. Les Grecs, sous pavillon turc, étaient alors les véritables maîtres de la navigation de l'Orient. Fortifiée encore sur la mer Noire par le traité d'Yassy et la fondation d'Odessa, la Russie allait leur disputer cet empire.

Les rivalités qu'elle avait à vaincre du côté de la Baltique étaient plus sérieuses. La Pologne, une première fois démembrée, avait pour port Dantzig. Cette ville avait toujours conservé une grande activité commerciale. Sans industrie, ayant tout son commerce intérieur entre les mains des juifs, la Pologne n'était qu'un État agricole ; les nobles exportaient sans taxe leurs blés, les roturiers payaient pour exporter les leurs. En échange de ces blés et des bois, elle recevait des denrées coloniales, des vins, du sel de Galice, des produits manufacturés. Dantzig, excepté de la cession à la Prusse des territoires environnants, restait cependant, par la force des choses, un des ports de la province au milieu de laquelle elle était située et le grand entrepôt du bassin de la Vistule.

La Suède exportait ses bois, son fer, son acier ; l'industrie familiale y persistait toujours ; les paysans fabriquaient eux-mêmes pendant les longues nuits d'hiver tout ce dont ils avaient besoin, et même des armes. Tous les efforts faits pour développer son commerce par les plus remarquables de ses rois, Gustave Vasa, Gustave-Adolphe, Charles XI, avaient laissé peu de traces au commencement du xviiie siècle. Stockholm et Gothenbourg étaient ses principaux ports. A la mort de Charles XII, elle ne possédait plus que 3 navires de commerce. Un acte de navigation, publié en 1724, força la marine suédoise à renaître. Elle avait même en 1784 une colonie aux Antilles, Saint-Barthélemy. — Nos achats en Suède étaient en progrès en 1789, nos ventes reculaient au contraire (7,138,000 livres contre 3,242,000) ; comme dans tous les pays du Nord, nos vins et les denrées coloniales étaient nos articles les plus demandés.

Maître du passage et du péage du Sund, véritable portier de la Baltique, toujours réuni à la Norvège et possesseur de l'Islande et du Groënland, le Danemark était en meilleure posture que la Suède pour être une puissance commerçante. La pêche, les bois, le goudron, les produits agricoles, le bétail, les pelleteries, l'argent, étaient de précieux éléments de fret, et le xviii° siècle fut pour le commerce de ce pays une ère de prospérité. La marine danoise alla chercher elle-même le sel, le vin et l'eau-de-vie de France, qu'elle recevait jusque-là par les Hollandais. Le canal de l'Eider, creusé de 1777 à 1784 pour réunir ce fleuve à la baie de Kiel, rendait de grands services au commerce. Mais les efforts pour faire naître l'industrie furent moins heureux ; seules, celles qui étaient vraiment dans les aptitudes et les destinées du pays, scieries, corderies, manufactures de toiles à voile, distilleries de goudron, tuileries, prospérèrent en Norvège. Sainte-Croix et Saint-Thomas, dans les Antilles, réussirent mieux que les comptoirs des Indes. La guerre d'Amérique favorisa le commerce du Danemark, mais les Américains du Nord affranchis devinrent des rivaux pour lui. Il nous achetait en 1789 pour 7,834,000 livres de denrées coloniales et de vins ; nous lui prenions pour 3,250,000 livres. Le Danemark avait une situation maritime assez florissante pour exciter la jalousie haineuse des Anglais.

Morcelée comme elle l'était avec ses 360 États souverains, ses 1,800 ou 1,900 fiefs et ses divisions religieuses, l'Allemagne souffrait plus encore que la France de la difficulté des communications intérieures et de la multiplicité des péages. Elle se relevait lentement des ruines de la guerre de Trente ans. Les contrées les plus fertiles, Basse-Saxe, Bavière, Palatinat, changées en déserts, la Bohême réduite au tiers de sa population, Augsbourg descendu de 90,000 à 6,000 habitants, tels étaient quelques-unes des désastres qu'elle avait fait peser sur elle. L'achat de soldats par l'étranger, les subsides payés aux princes furent pendant quelque temps les seuls aliments de la circulation monétaire que n'entretenait plus le commerce. Quelques-uns des principaux ports, Brême, Stettin, Stralsund, étaient aux Suédois. Des industries qui y prospéraient autrefois, une seule, celle des toiles, avait survécu ; ses produits étaient recherchés pour leurs colonies par l'Espagne et la Hollande. L'arrivée des émigrés français de la révocation fut plus favorable au Brandebourg qu'à l'Allemagne elle-même, et en favorisant les progrès de cet État, allait lui préparer pour l'avenir les dangers d'une absorption par un État militaire. L'agriculture lui fournit pendant tout le XVIIIe siècle de plus importants articles d'échanges. Ses bois prenaient toujours le chemin d'Amsterdam, qui, bien que dans un pays découvert, en était le grand marché. Les vins, les céréales et les fruits des provinces rhénanes descendaient également le fleuve ; la France achetait du bétail et des chevaux.

Malgré les guerres auxquelles fut mêlée la France comme alliée tantôt de la Prusse, tantôt de l'Autriche, mais toujours de l'Allemagne, l'influence et les modes françaises y étaient prépondérantes et toutes les petites cours se modelaient ou voulaient se modeler sur celle de Versailles. Notre commerce ne cessait de s'y accroître. En 1720, il était de 33 millions de francs entre les deux pays, dont 21 millions pour les importations de France et d'Allemagne ; en 1789, il s'élevait à 153 millions, dont 95 millions pour les importations de France. Hambourg, devenu le grand port de l'Allemagne, nous achetait à lui seul 30 ou 40 millions de sucre pour alimenter ses 400 raffineries et nous servait d'intermédiaire pour le commerce avec les États du Nord.

Certaines industries traditionnelles avaient cependant peu à peu repris de l'activité ; celle du fer et des armes dans la Westphalie et les pays rhénans, des textiles dans ces mêmes

pays et en Saxe ; de nouvelles s'y étaient développées, celles
de la porcelaine (Meissen) et de la librairie (Leipzig), celle
du coton (Chemnitz); les verreries de la Thuringe, les objets en bois sculpté de Nuremberg avaient repris faveur ; les
foires de Francfort étaient toujours suivies, celles de Leipzig
devaient au développement de la Russie plus de vogue et de
succès, mais aucun État ne pouvait être comparé à la Prusse.
· Le grand Électeur, Frédéric-Guillaume, avait eu toutes
les ambitions. Ses tentatives sur la Poméranie suédoise ne
réussirent pas plus que ses essais de conquêtes coloniales,
mais il avait nettement indiqué à ses successeurs la voie à
suivre pour donner à leur État par le commerce et l'industrie
les ressources nécessaires à l'établissement et au maintien
de leur puissance militaire. Comme la Hollande et l'Angleterre, le Brandebourg sous lui grandit par l'immigration. Ce
sont les réfugiés français qui ont fait la prospérité de Berlin.
Aucune contrée de l'Allemagne ne s'était plus vite relevée
après la guerre de Trente ans. Malgré sa brutalité soldatesque
et sa passion pour le militarisme, son second successeur et
second roi en Prusse, Frédéric-Guillaume Ier, le roi sergent,
fut aussi un protecteur ardent du travail national ; dès 1733,
la Prusse exportait 44,000 pièces de draps. Il avait acquis
Stettin, son fils acquit Emden ; il haïssait la France et lui empruntait ses règlements industriels ; Frédéric II la flatta,
courtisa ses philosophes, et ne fut pas moins que son père
fidèle aux traditions de Colbert. L'industrie prussienne se
développa par ses encouragements et ses subsides ; le velours,
la soie, le satin, la laine, les cuirs, le fer, le sucre même,
furent travaillés dans de nombreuses usines ; de 1763 à 1773,
dans la seconde partie seulement de son règne, il en fonda 264. »
800 nouveaux villages créés, des marais desséchés, des sables

plantés, des colons attirés de tous côtés, l'agriculture favorisée par tous les moyens en son pouvoir, l'acquisition de
nouvelles provinces, Silésie, Prusse polonaise, doublèrent
la population de ses États. La Prusse se trouva bientôt en
mesure d'exporter. Emden et Swinemünde furent agrandis
ou créés, des canaux creusés, ceux de Plauen, de Finow, de
l'Oder à la Netze; le golfe de Dantzig et l'estuaire de l'Elbe
furent ainsi réunis par une grande voie de communication
intérieure. L'institution d'une banque (1765), d'une société
de commerce maritime, d'une chambre d'assurances et même
d'une compagnie (1750), assez vite disparue, des Indes, attestait encore l'importance qu'il attachait au développement
du commerce. En 1789, la Prusse vendait à la France pour
5,392,000 fr. de grains, bois, lin, chanvre, et lui achetait
pour 12,791,000 fr. de denrées coloniales ou de boissons.
Nos produits manufacturés n'avaient de ce côté aucun débouché, et la Prusse ne nous prenait en produits agricoles
que des substances que son sol ne pouvait pas fournir.

Le XVIIIe siècle avait été pour l'Autriche une période de
crise. La lutte contre les Turcs était sinon achevée, du moins
résolue à son avantage. Le prince Eugène allait organiser
les Confins militaires et le danger pour cette puissance n'était
plus sur le Danube inférieur. Peut-être eût-il mieux valu
pour Charles VI que la possession des Pays-Bas espagnols
ne le mît pas en danger de conflit avec l'Angleterre, la France
et la Hollande; ses possessions italiennes d'un autre côté le
détournaient de l'Allemagne, et c'était là qu'était le péril.

Depuis le traité de Westphalie, ses princes semblaient
avoir fait le sacrifice de l'Allemagne; le titre d'empereur
était honorifique; il les mettait au premier rang de la hiérarchie des princes laïques, ils le recherchaient donc encore,

mais ils étaient avant tout autrichiens. Charles VI avait fait
de sérieux efforts pour relever ses États héréditaires de leur
infériorité économique. Il avait dû sacrifier à l'hostilité des
puissances maritimes sa compagnie d'Ostende, mais à l'autre bout de ses États, sur l'Adriatique, il avait déclaré Trieste
et Fiume ports francs, et les avait reliés par des routes au
centre de son empire. Marie-Thérèse les agrandit, créa pour
la protection de son commerce, 25 consulats ; pour le diriger,
un conseil de commerce ; pour recruter ses consuls, une académie orientale. Six mille bâtiments fréquentaient annuellement le port de Trieste à la fin de son règne. Les îles Nico-
bar étaient occupées par un navire autrichien, et pendant ce
temps elle acquérait dans les Pays-Bas, par une sage administration, une durable popularité. Elle avait été le véritable
lien entre ses États. Son fils Joseph II voulut transformer
cette unité personnelle en unité administrative. On sait comment il échoua dans toutes ses entreprises, mais il en resta
quelque chose. Ce fils d'un père qui connaissait assez les
avantages du commerce pour se mettre, pendant les guerres,
fournisseur à la fois de l'impératrice sa femme et de son
ennemi Frédéric II, fonda des manufactures, créa des routes
nombreuses, améliora les ports, développa la marine, signa
des traités, prit contre les produits étrangers des mesures
prohibitives et n'aboutit qu'à attirer chez lui des étrangers
qui, après avoir créé des manufactures, emportèrent dans
leur pays l'argent qu'ils avaient gagné[1]. S'il vendait pour
36 millions à la France, grâce à la multiplicité de ses provinces, l'État autrichien nous achetait pour 32 millions et
la contrebande était active.

---

1. Cf. Louis Léger, *Histoire de l'Autriche-Hongrie.* Paris, Hachette, 1879.

L'Italie, toujours divisée en nombreux royaumes, grands-duchés, duchés ou républiques, avait perdu toute action sur l'Europe. L'autorité même du pape était battue en brèche par maint État catholique ; mais la péninsule avait toujours pour elle sa situation au centre de la Méditerranée, ses nombreux ports et ses intrépides marins. Malgré les pirates, dont les Anglais, maîtres de Gibraltar et de Minorque, se seraient bien gardés de réprimer les brigandages, Venise commerçait toujours en Orient. L'ancienne route d'Alexandrie avait ses fidèles, et Venise, malgré ses démêlés et ses guerres avec les Turcs, qui avaient fini par lui enlever ses dernières places de Morée, avait toujours ses privilèges commerciaux dans les États du sultan. La longue paix dont avait joui son territoire, lui valait d'être un des mieux cultivés de l'Europe ; ses glaces et ses soieries, son orfèvrerie et sa bijouterie, avaient conservé leur ancienne réputation ; les villes de la République, Vérone, Bergame, Brescia, étaient florissantes.

Gênes, politiquement impuissante, avait toujours une marine active. Elle nous apportait pour environ 9 millions de marchandises et en emportait pour 5 millions et demi. Le Piémont, nous vendait pour 26 millions de soie, chanvre, cuirs, riz, bestiaux, et nous achetait pour 18 millions, dont la moitié en étoffes. C'était sans doute avec la France qu'avait lieu leur principal commerce, mais ces chiffres même indiquent dans tous les États une certaine activité que des princes éclairés (Léopold de Toscane, Charles VII de Naples) et d'habiles ministres (Tanucci) avaient relevée par de sages réformes. Le progrès avait été sensible, aussi bien dans ceux sur lesquels régnaient des princes autrichiens, que dans les États indépendants ou ceux qui obéissaient à des Bourbons.

L'Espagne s'était bien relevée sous cette maison. Ferdinand VI et Charles III surtout l'avaient fait entrer dans la vie moderne. Elle avait eu pendant les [deux derniers siècles une si singulière destinée ! Maîtresse de territoires immenses, approvisionnant l'Europe de métaux précieux, luttant pour l'hégémonie sur terre et sur mer, puis voyant tomber par lambeaux tous les fleurons de sa couronne, se drapant dans des haillons aussi fièrement que dans des ornements brodés d'or, et laissant tout mourir chez elle, agriculture, industrie, commerce, marine. Au xviiiᵉ siècle encore, tout en recréant une forte marine militaire, elle n'a plus de flotte marchande, mais son port de Cadix, qu'a mis en honneur Albéroni, fait par des négociants, étrangers pour la plupart il est vrai, un commerce actif avec ses colonies et avec l'Europe ; des manufactures ont été créées, protégées même à l'excès par Charles III, des canaux creusés, des routes ouvertes ; une banque instituée ; des sociétés d'agriculture organisées, le commerce des Indes rendu libre. Notre cliente, lors même qu'elle était notre ennemie, elle nous achetait en 1789 pour 87 milllions et nous vendait pour 41 millions. Malheureusement à d'Aranda, Florida Blanca et Campomanès allait succéder Godoï.

Le Portugal avait essayé, sous Pombal, de reprendre son indépendance commerciale. Lisbonne, détruite par le fameux tremblement de terre de 1757, s'était relevée de ses ruines, mais l'Angleterre tenait le Portugal en tutelle. C'était avec elle qu'il faisait les sept dixièmes de son commerce. Avec nous, ses échanges ne s'élevaient qu'à 12 millions, dont 9 à l'importation en France.

En somme, malgré un développement incessant des relations internationales, malgré l'agrandissement du commerce,

les échanges entre peuples ne comprennent que le moins
possible de produits manufacturés. Colbert sert aussi bien
que Louis XIV de modèle aux souverains. L'isolement et l'indépendance économiques sont l'idéal presque partout poursuivi. Mais, à côté de cet idéal, circule un courant qui le
contrarie et entraîne avec lui les souverains et les peuples.

L'influence de nos philosophes et de nos économistes avait
été aussi grande sur les princes et les gouvernements étrangers que sur nos propres gouvernants. L'esprit de réforme
leur avait inspiré une foule de mesures utiles et tous avaient
su, sans sacrifier l'intérêt de leur pays, donner aux intérêts
moraux et économiques de leurs peuples une attention in-
connue jusqu'alors : législation revisée, travaux publics or-
donnés, ouverture de routes, creusement de canaux, amélioration du cours des fleuves et des ports ; encouragements à
l'agriculture, introduction d'industries nouvelles, création
de banques, de sociétés d'agriculture et, ce qui était de nature à développer le travail national par l'amélioration de la
condition intellectuelle et matérielle des travailleurs, d'hôpitaux et d'écoles. Le libre-échange se réalisait dans le monde
des idées ; si l'on reculait devant l'application de cette théorie au commerce entre nations, on s'efforçait de la mettre en
pratique à l'intérieur des États. Des mesures libérales avaient
pour contrepoids des prohibitions ou des relèvements de taxes.
Plus on reconnaissait que l'agriculture, l'industrie et le commerce étaient les véritables sources de la richesse d'un pays,
plus on s'efforçait de les développer et de les rendre prospères ; l'Espagne, malgré le pacte de famille, frappait de
droits nos produits dans l'intérêt de ses manufactures. Le
commerce général ne pouvait que profiter à la longue de ce
progrès général de la richesse. Chaque peuple qui s'élevait

ajoutait par son travail à la circulation ; chaque richesse nouvelle créée appelait par contrepartie la création d'une autre richesse ; les machines commençaient à peine à paraître, la surproduction n'était pas encore à craindre, et malgré les charges financières de la plupart des États, les embarras dans lesquels se débattaient plusieurs d'entre eux et les plaintes qui s'élevaient de bien des côtés, la richesse générale croissait, le commerce prospérait ; le chiffre même auquel montaient les échanges de la France à la veille de la Révolution témoignait hautement du progrès accompli.

De magnifiques voyages sur mer et sur terre, de nombreuses explorations scientifiques avaient, durant ce siècle, élargi le cercle des connaissances géographiques et préparé l'agrandissement du commerce. Cook, Bougainville et La Pérouse, La Condamine, Levaillant, Pallas, La Vérandrye, et bien d'autres avaient renouvelé les exploits des grands découvreurs du xvie siècle, et la science de la nature avait fait d'immenses progrès. Les applications pratiques des sciences avaient commencé ; c'est par elles que vont se trouver renouvelées, au xixe siècle, toutes les conditions des échanges à la surface du globe.

CHAPITRE II

La Révolution française et l'Europe de 1789
à la paix d'Amiens.

L'Europe était donc en plein travail de transformation économique lorsqu'éclata la Révolution française. Bien que les Anglais, quand ils étudient les origines de la crise sociale actuelle, évitent de prononcer son nom, elle n'en a pas moins causé dans le monde un ébranlement considérable. Que la vulgarisation de l'emploi de la vapeur ait contribué à faire produire au mouvement de 1889 toutes ses conséquences, puissamment aidé, en rapetissant le monde, l'œuvre de concentration commencée par la Révolution, accéléré la suppression des barrières morales et matérielles et même des barrières politiques dont celle-ci avait donné le signal, rien de plus vrai. Que les phénomènes économiques soient souvent indépendants des faits politiques ou sociaux, l'exemple même de la France au xviii° siècle, où, pendant le règne de Louis XV, « la bonne machine marcha toute seule », où le progrès intellectuel et économique fut si en dehors de toute action gouvernementale, pourrait servir à le soutenir. Mais, outre le fait d'avoir pendant vingt-deux ans mis aux prises dans un duel acharné toutes les puissances de l'Europe, d'avoir avec nos soldats et nos drapeaux promené à travers tant de territoires ces idées et ces principes dont les souverains n'étaient que des admirateurs de surface, fait des émancipateurs de leurs peuples de ceux qui n'en voulaient être que les despotes éclairés, elle a eu, comme nous le verrons, par les efforts qu'elle a suscités, les besoins qu'elle a créés, les découvertes qu'elle a provoquées, et aussi par la position respective dans laquelle elle a placé les États, une influence économique considérable. L'Angleterre est moins que toute autre puissance fondée à le méconnaître, elle qui a dû à nos crises intérieures et à ces longues guerres d'avoir si longtemps disposé en maîtresse absolue du marché du monde et pu traverser sans trouble les phases critiques de cette ère du machinisme qu'elle avait inaugurée.

La première et la plus durable des réformes commerciales opérées par la Révolution fut la suppression des douanes intérieures.

L'idée avait fait, nous l'avons vu, bien des progrès. La liberté du commerce était un des vœux les plus unanimement exprimés dans les cahiers. Les droits de traites qui rendaient les différentes parties de l'État étrangères les unes aux autres, resserraient la consommation et nuisaient par là à la production et à l'accroissement des richesses nationales, furent supprimés le 30 octobre 1790, et c'est peut-être la seule des réformes économiques de la Constituante sur laquelle on ne soit jamais revenu. Ce fut pour certaines provinces un inappréciable bienfait. Le régime de la terre subissait, en effet, au même moment, moitié législativement, moitié révolutionnairement, une transformation profonde. Affranchie de toute servitude féodale, elle se libéra des cens dus à la propriété ; les municipalités manquèrent de force pour faire rentrer les contributions, les fonctionnaires élus furent impuissants à sévir contre leurs électeurs dont quelques-uns, au reste, se crurent naïvement libérés de toute redevance à l'État depuis que les nobles payaient l'impôt. La transformation de beaucoup de terres communales en propriétés personnelles, la sécularisation et la vente des biens ecclésiastiques augmentèrent, malgré les spéculations, de 100 000 au moins, au dire des adversaires mêmes de la Révolution, le nombre des propriétaires. La culture des céréales prit de suite un grand développement et dès la première année, la cherté du blé, consécutive à plusieurs mauvaises récoltes, porta l'aisance chez les fermiers.

L'industrie elle-même, malgré les difficultés qui résultaient pour elle de l'appauvrissement du pays par la disette, des troubles intérieurs, des pillages, de l'émigration, d'un brusque changement de régime, prit dès 1791, grâce aussi à une série de circonstances favorables, liberté des prêts, élévation du change, un brillant essor. De l'étranger même venaient de nombreuses commandes auxquelles, dans le nord notamment, les manufactures avaient peine à satisfaire. Et cependant au milieu même de cette éphémère prospérité, trop tôt interrompue par la guerre, des plaintes se faisaient entendre. La concurrence semblait comme toujours difficile à supporter. On se plaignait maintenant du succès des toiles peintes de Mulhouse, contre lesquelles, vite, il fallait voter des droits ; de l'invasion des produits anglais, et quelques cahiers avaient déjà réclamé la dénonciation du traité avec l'Angleterre. Par suite de fausses déclarations, disait-on, les marchandises anglaises pouvaient arriver en payant 8 p. 100 en Bretagne où les draps de Carcassonne ne pouvaient le faire qu'en acquittant 15 p. 100 [1]. L'Assemblée sut mieux résister que son comité à toutes ces doléances et le tarif de 1791 s'efforça de concilier tous les intérêts en présence. L'esprit de ce tarif,

---

1. Mavidal et Laurent, *Archives parlementaires*, t. XVIII.

dit le rapport de Goudart, est de mettre, pour la protection de nos manufactures, « des entraves à l'introduction de tous les objets que nos propres fabriques peuvent fournir à notre consommation, d'où résulte la nécessité de quelques prohibitions, mais pour la majeure partie des articles, nous proposons de nous borner à établir des droits dont l'objet est de favoriser la concurrence de nos manufactures avec les manufactures étrangères pour les articles que nous ne pouvons, ou que nous ne devons pas nous dispenser d'admettre, et appeler, par un affranchissement absolu, les matières premières dont nous sommes dépourvus. »

Ces prohibitions furent restreintes à un petit nombre de marchandises : tabac, argent faux, navires, confections, fil, poudre, bois de construction, minerai, charbon, vieux linge, poils, cocons, huile de poisson.

Pour le reste, le tarif, uniforme pour tous les objets de même nature, établissait des droits modérés de 2 et demi à 5 p. 100 sur les drogueries, fruits et légumes secs, de 5 à 10 p. 100 sur les fromages, beurre salé et épiceries, de 5 à 15 p. 100 sur les produits manufacturés, diminuant les droits pour ceux qui pouvaient être le plus facilement introduits en contrebande. Toutes les compagnies privilégiées, tous les privilèges accordés à des particuliers étaient supprimés ; des travaux projetés pour faciliter la circulation extérieure ; le bon entretien des routes, canaux et fleuves recommandé ; l'unité des poids et mesures décrétée en principe et remise pour l'application à l'achèvement des travaux de la commission chargée de mesurer l'arc du méridien compris de Bayonne à Dunkerque.

C'était, en somme, le triomphe de la liberté commerciale. La mise en circulation des assignats donna même de suite un

certain élan au commerce; l'étranger profita du change qui
était en sa faveur, 9 à 11 p. 100 au printemps de 1791 et
bientôt 15 p. 100, pour multiplier des commandes dont il
se libérait facilement. En 1792, le premier semestre accusait
une importation de 227 millions et une exportation de 382,
mais la situation ne tarda pas à s'assombrir et le commerce
à s'affaisser pour sombrer même bientôt complètement.

L'émigration enlevait chaque jour à certaines industries
de luxe ses principaux clients. (La poudre à poudrer seule
donnait lieu alors à une fabrication d'une valeur de 24 millions.) La cour n'existait plus; les propriétaires des terres,
les anciens possesseurs de maîtrises ne touchaient pas les
indemnités qui leur avaient été promises; les revenus dimi-
nuaient, les bourses se resserraient. L'inquiétude pour
l'avenir gagnait les parties même de la population qui
avaient salué la Révolution avec le plus d'enthousiasme. Les
jeunes gens partaient pour l'armée. Des charges nouvelles
pesaient sur les municipalités: les achats de blé à l'étranger
par suite de mauvaises récoltes, le service des pauvres. « Les
revenus des hôpitaux et des municipalités sont réduits de
480,000 livres à 10,000, disaient les députés du Nord à l'Assemblée (5 décembre 1791); les biens des communes hypothéqués ne leur offrent plus de ressources; 280,000 personnes
sont sans pain. » A Paris, on avait ouvert des ateliers nationaux où se rendaient, au moment où ils furent supprimés
(juillet 1791), 31,000 ouvriers. L'anarchie se manifestait
partout; les ordres de l'Assemblée n'étaient plus écoutés. Les
intrigues de l'émigration, les menaces de l'étranger trou-
blaient tous les esprits et bientôt, en face de l'invasion, une
seule préoccupation allait hanter les esprits : la défense de la
patrie en danger.

Malgré les sacrifices qu'il lui fallait faire, les souffrances qu'elle endurait, les excès qu'elle allait subir, la France ne les mettait pas en balance avec les bienfaits de la Révolution. « Il s'agit, dit Taine, de ne pas subir la conquête à main armée, les exécutions militaires de Brunswick, la vengeance des émigrés proscrits, la restauration et l'aggravation de l'ancien ordre féodal et fiscal. Cet ordre ancien, la grosse masse rurale le hait par expérience et tradition, de toute la haine accumulée que peut enfanter une spoliation incessante et séculaire ; à aucun prix elle ne souffrira le retour du collecteur, du rat-de-cave et du gabelou, et, pour elle, l'ancien régime n'est que cela ; car, depuis la Révolution, elle ne paie plus ou presque plus d'impôts. Là-dessus son idée est faite, fixe, inébranlable ; sitôt qu'elle aperçoit dans le lointain le rétablissement possible de la taille, de la dîme et des droits seigneuriaux, son parti est pris, elle se bat à mort[1]. » Mais cette masse a conservé de cette longue oppression des préjugés et des défiances dangereux pour ceux mêmes qui ont charge de défendre le nouvel ordre de choses. Pour le paysan (et ses idées se sont peu modifiées depuis lors), le fournisseur fait d'énormes bénéfices ; il demande donc la fixation du prix des denrées ; la cherté du pain provient pour lui non seulement de la mauvaise récolte, qu'il est plus que personne à même de constater, mais des accaparements. Des émeutes, cette pression de l'opinion populaire et aussi le partage par un certain nombre de membres de l'Assemblée de cette tendance à invoquer le secours de l'État, firent adopter par la Constituante les lois autorisant les municipalités à taxer le pain, la viande et les objets de première nécessité.

---

1. H. Taine, *La Révolution*, II, p. 478.

Le commerce, rendu libre comme l'industrie, pouvait être exercé par tout citoyen, sous la seule condition de payer une patente proportionnelle à son loyer. Cette liberté fut encore inscrite dans les préambules des Constitutions de l'an I et de l'an III. Elle impliquait la faculté pour tout commerçant d'établir comme il le voulait ses prix et de les débattre avec l'acheteur. Cependant la rareté des produits amenant leur cherté, la dépréciation progressive des assignats une élévation corrélative des prix de vente, la foule était toute disposée à voir dans ce phénomène tout naturel la conséquence de la spéculation, le résultat d'un complot. Paris n'avait fort heureusement pas pris alors l'importance industrielle qu'il a conquise de nos jours. Il y avait relativement peu d'industrie, peu de grandes maisons de commerce. Néanmoins, dès les premiers jours de la Constituante, la question des salaires industriels avait été posée, l'intervention de l'Assemblée et celle de la municipalité requises. A mesure que les usines se fermaient, que le commerce languissait, que l'agitation révolutionnaire croissait, malgré les départs incessants pour la frontière, le nombre des oisifs grossissait. Ils formaient la partie la plus active des clubs, exerçaient une action croissante sur les députés, sur l'Assemblée elle-même; la municipalité leur obéissait et dictait leurs volontés à la Convention.

Ce fut sous cette pression que furent successivement édictées la loi sur les accaparements du 3 mai 1793, la loi sur le maximum du 29 septembre 1793 et la liste des prix ou Tableau du maximum de 1794. Ce sont des documents importants de l'histoire du commerce pendant cette période.

La loi sur les accaparements visait surtout les blés. Tout marchand ou propriétaire de grains et farines devait faire à la municipalité du lieu de son domicile déclaration de la quantité et de la nature des grains qu'il possédait. Il était défendu de les vendre ailleurs que dans les marchés publics. Ils pouvaient être requis de les y amener et la vente devait être faite selon un prix maximum décroissant de mois en mois.

On peut voir dans Louis Blanc les griefs que l'on accumulait contre les marchands ou propriétaires de blé. « La malveillance de certains propriétaires fut poussée jusque-là qu'ils *accordèrent à leurs fermiers tout le temps que ceux-ci voulurent pour payer le prix de leur ferme* afin de les mettre en état de garder leur blé[1]. » Le 4 septembre, le prix du quintal de froment était fixé uniformément pour toute la France à 14 livres.

Les objets jugés de première nécessité et dont la Convention a cru devoir fixer le maximum (décret du 29 septembre) sont : la viande fraîche, la viande salée, le lard, le beurre, l'huile douce, le bétail, le poisson salé, le vin, l'eau-de-vie, le vinaigre, le cidre, la bière, le bois à brûler, le charbon, la chandelle, l'huile à brûler, le sel, la soude, le savon, la potasse, le sucre, le miel, le papier blanc, les cuirs, les fers, la fonte, le plomb, l'acier, le cuivre, le chanvre, le lin, les laines, les étoffes, les toiles, les matières premières qui servent aux fabriques, les sabots, les souliers, les colza et rabette, le tabac.

L'impossibilité d'exiger l'observation de l'édit qui fixait un même prix pour le blé dans des contrées aussi différentes que le nord et le midi, surtout avec les difficultés et la lenteur des communications de cette époque inspira, pour la fixation du maximum de tous ces objets, la règle suivante. Il fut

---

1. Louis Blanc, *Histoire de la Révolution française*, liv. XIII, chap. IV.

dressé un tableau du prix que chaque genre de marchandises valait dans leur lieu de production, en fabrique, en 1790, augmenté d'un tiers; on y ajouta 5 p. 100 de bénéfice pour le marchand en gros, 5 p. 100 pour le marchand en détail, un prix fixe par livre pour le transport et l'on obtint ainsi le prix de vente. « C'était, dit Louis Blanc, chercher une base scientifique aux relations commerciales et soustraire la vie du pauvre au despotisme du hasard. » Ce tableau constitue un des éléments les plus importants de l'histoire des prix. Les prix de 1790, augmentés de moitié, devaient fournir également le taux du maximum des salaires. Les effets de cette loi furent ce qu'il est facile de prévoir. Bien que tous ceux qui essaieraient de s'y soustraire dussent être déclarés suspects, des boutiques se fermèrent; ailleurs, les prix réels furent tout autres que les prix apparents; la crise des assignats, la spéculation qui se fit sur eux, la variation presque quotidienne de leur valeur, leur dépréciation absolue enfin, engendrèrent un tel désordre que le 23 décembre 1794 ces lois étaient abrogées. La chute des assignats était si profonde qu'en octobre 1795 un plat de haricots se payait 38 fr., une mesure de bois à brûler 24,000 livres tournois, une course en fiacre 600 livres. Cette question des subsistances devait rester une des plus sérieuses difficultés de la situation et son action se fera encore sentir notamment dans la journée du 1er prairial.

Le commerce du blé par cela seul qu'il est surtout actif dans les temps de disette, qu'il ne peut être exercé qu'à l'aide de grands capitaux, avec de grands risques, surtout en temps de guerre, et que les bénéfices que l'on prélève sur lui semblent être une charge de plus imposée aux consommateurs, être prélevés sur le pain du peuple, comme on disait alors, donnait donc lieu aux attaques et, par suite, aux dangers les plus grands. Les Grecs et les Romains, dont le souvenir imprégnait l'atmosphère, avaient fait de l'approvisionnement de la capitale un service public ; le Comité des subsistances en fut donc chargé. L'interruption des communications maritimes rendait sa tâche plus lourde encore et l'on sait que ce fut pour sauver un convoi de 210 navires venant de Saint-Domingue et de l'Amérique du Nord que fut livré le combat du 1ᵉʳ juin 1794, fameux par l'épisode du *Vengeur*. Des distributions coûteuses suffisaient à peine à préserver de la faim une population nombreuse. Quand vint la récolte abondante de 1794, la crainte d'être dénoncé comme accapareur empêchait les paysans de rentrer leurs moissons ; les pillages ne permettaient pas aux convois d'arriver jusqu'à la capitale.

La campagne souffrait des réquisitions, la ville de la cessation des paiements de la dette et des emprunts forcés, de toutes les mesures imposées par la détresse du Trésor et les besoins des armées. Toute la vie de la France était absorbée par la lutte contre l'étranger.

Et cependant cette époque est souvent citée comme ayant été le triomphe de l'agiotage et de la spéculation. Les défenseurs de la politique de Robespierre s'accordent pour l'accuser avec les ennemis de la Révolution, reprochant à leurs adversaires les uns d'oublier que cette politique, et c'est leur conviction, a sauvé la France, les autres, que bien des fois déjà et pour des guerres moins nationales, les mêmes causes avaient produit les mêmes effets. La mobilité du cours des assignats et leur valeur précaire poussaient à les transformer en marchandises ; en l'absence de monnaie, celles-ci étaient employées comme moyen d'acquisition et d'échange ; chacun se procurait ces articles de troc ; la moindre opération était entachée de tant d'aléa qu'elle prenait de suite une apparence de jeu. Les fournisseurs de l'armée dont les créances sur l'État représentaient en assignats des sommes énormes faisaient, suivant leurs rapports avec les agents du Trésor, des opérations ou scandaleusement fructueuses ou ruineuses. Le salut des armées imposait quelquefois, et cela s'est vu à toutes les époques, l'acceptation de contrats léonins. Le Co·mité de salut public et la Convention elle-même allaient suivant l'impulsion des circonstances, obéissant souvent moins à un système, car le Comité n'avait vraiment pas de système commercial, qu'à des nécessités du moment.

Il y avait toutefois entre les membres du Comité et la Convention une préoccupation commune : les idées et les théories les plus diverses s'accordaient à les faire se considérer comme investis de la mission d'agir. Respecter la liberté, laisser faire, leur eût paru comme un abandon de leur mission et de leur devoir patriotique, une trahison.

S'ils proclamaient une liberté au dehors, ou supprimaient une servitude, c'était pour obéir à certains principes, sans doute, mais aussi pour faire acte d'autorité. On abolissait l'esclavage aux colonies, on proclamait en Europe la liberté de la navigation de l'Escaut, sans se préoccuper de la guerre civile que l'on suscitait à Saint-Domingue, de la guerre étrangère que l'on allumait avec l'Angleterre.

Pitt, qui la gouvernait, n'était pas plus que nos ministres au début, partisan d'une guerre entre les deux pays. De chaque côté du détroit, la situation de l'esprit public était la même : des masses profondément hostiles pour lesquelles ici l'Anglais, là le Français était l'ennemi héréditaire ; des politiciens rêvant là-bas de descente en France, et en face, de descente en Angleterre, et, par-dessus ces couches, des tendances tout opposées, un cénacle dirigeant aspirant au contraire à une entente cordiale, à un développement des relations pacifiques et commerciales. La poussée d'en bas se produisit à peu près en même temps. L'Escaut libre, Anvers entre les mains de la France! aucun ministre anglais n'eût pu l'accepter sans résistance. La guerre déclarée, la Convention ne se borna pas à dénoncer le traité de commerce. L'entrée en France de toute marchandise anglaise fut défendue (1er août 1793), ceux qui en feraient usage déclarés suspects; en réponse aux attaques des corsaires anglais, la course fut permise, la marchandise ennemie déclarée saisissable même sur navire neutre; tout placement de fonds sur les banques ou les comptoirs des pays ennemis fut déclaré acte de trahison, toute vente de numéraire prohibée et, afin de fermer toutes les portes aux produits de l'Angleterre, des droits élevés furent établis même sur les provenances des peuples amis. Le 18 octobre 1793 enfin, un véritable acte de navigation réserva le cabotage aux seuls bâtiments français portant un équipage français et ne permit aux navires étrangers que l'apport des produits de leur pays, et sous l'acquit des droits traditionnels de 50 sous par tonneau. Les arrivages des colonies se trouvèrent interceptés, le sucre doubla de prix. Notre commerce extérieur se trouvait ainsi annihilé; celui de l'Angleterre prenait un immense essor. Devenus les banquiers de la coalition, les Anglais lui envoyèrent le montant des emprunts faits chez eux et leurs subsides non en numéraire, mais en marchandises ou en traites. De 47,500,000 l. en 1793, les envois de l'Angleterre en Allemagne montèrent, en 1795 et 1796, à 200,000,000 fr. En 1795, sur un emprunt de 115,000,000, l'empereur n'en reçut que 30 en monnaies étran-

gères ou lingots et le reste en traites. L'Angleterre industrielle ne procédait pas autrement chez elle, où l'ouvrier
recevait son salaire non en argent, mais en denrées et en
vêtements, sur lesquels le patron prélevait son bénéfice,
comme la haute banque sur les traites. Elle nous enlevait
notre flotte de Toulon, nos colonies d'Amérique et des Indes
et se jetait, après notre entrée en Hollande, sur toutes les
possessions hollandaises. Les intérêts d'un parti, les passions aristocratiques et populaires pouvaient y trouver satisfaction, mais, en un moment si important, si décisif pour la
transformation de l'Angleterre, les intérêts matériels pesaient dans la balance politique d'un poids plus fort encore.

Pitt s'effrayait néanmoins des dettes que cette guerre
faisait contracter à l'État ; il avait l'âme moins dure, l'esprit
plus pratique que son entourage. Au milieu d'un monde au
cœur sec et impitoyable, en présence de la réconciliation de
la Prusse, de l'Espagne, de Venise, de la Toscane avec la
République française, il croyait sage de consolider ses conquêtes et lord Malmesbury vint aux conférences de Lille (1796)
avec des intentions vraiment conciliantes. Des deux côtés, le
parti violent l'emporta ; les négociations furent rompues et
la guerre reprit avec plus d'acharnement. L'Europe orientale
avait eu sa crise ; la Pologne avait cessé d'exister. L'Autriche allait se montrer d'autant plus acharnée contre nous
que le traité de Bâle avait jeté les bases de la suprématie de
la Prusse en Allemagne et qu'elle pouvait compter maintenant sur le concours actif des Russes. Si les compétitions
politiques multipliaient le nombre des belligérants, la lutte
était plus restreinte au point de vue commercial, et, sur ce
terrain, la France était loin de combattre à armes égales.

L'installation du Directoire n'avait ouvert que nominalement l'ère d'un gouvernement régulier. La situation était politiquement diciffile entre la crainte du parti jacobin et celle du parti royaliste ; économiquement elle ne l'était pas moins en présence d'un trésor vide et d'un commerce éteint. Les mandats territoriaux ne purent préserver de la banqueroute des deux tiers (1797) ; triste imitation de procédés que la France n'avait que trop connus sous l'ancien régime. Le Directoire avait essayé du moins de régler pour les contrats privés la situation réciproque des créanciers et des débiteurs, rendue si incertaine par les variations du cours des assignats, et adopté, en réduisant au taux du jour où elles avaient été contractées toutes les dettes faites depuis 1791, une mesure aussi équitable que possible. La spéculation et le jeu continuaient à bouleverser les fortunes, à vicier toutes les transactions. Les ventes de biens nationaux se faisaient à des prix dérisoires ; les tributs levés sur l'étranger soutenaient seuls l'État. Comment l'agriculture, l'industrie et le commerce, malgré l'évidente bonne volonté du Gouvernement, auraient-ils pu renaître ?

Le luxe avait reparu cependant ; les costumes et les mœurs du Directoire sont restés célèbres. On aurait pu espérer de ce réveil de la vie mondaine un aliment pour nos manufactures, mais en vain le Directoire confirma et aggrava toutes les mesures prises par la Convention contre les marchandises étrangères ; une contrebande très lucrative les introduisait en masse. L'anglomanie disputait l'empire de la mode à l'engouement pour l'antique. « L'anglomanie, dit Quicherat, fut motivée en partie par la grâce toute française des modes qui venaient alors de Londres. Elle eut aussi sa raison dans la beauté des articles confectionnés par une industrie qui n'avait pas cessé d'être en progrès, tandis que la nôtre était tombée à rien. La supériorité des tissus anglais était incontestable. Quant aux façons, probablement on en aurait créé d'aussi jolies sur le continent, si Mlle Bertin qui fut de nouveau la modiste en vogue, ne s'était appliquée à faire valoir les œuvres de ses correspondantes et amies de l'émigration. Bref, les objets d'ajustement, tels que chapeaux, turbans, châles, spencers, pour faire honneur à celles qui les portaient, durent être à l'anglaise[1]. »

La première exposition de l'industrie organisée au Champ de Mars, par François de Neufchâteau (1798), était pleine de promesses ; l'usine du Creusot, récemment créée, y manifestait déjà sa puissance métallurgique, et l'on y vit les premiers essais de filature mécanique ; on prima les crayons Conté, les instruments de Bréguet et de Lenoir, la bonneterie de Troyes et les toiles peintes de Bercy, mais il n'y eut que 111 exposants. Cette première campagne pouvait être glorieuse pour la République, mais elle était loin encore d'être désastreuse pour l'industrie anglaise. Le taux de l'intérêt, de 9 p. 100 en 1790, était monté à 50 p. 100. Pour empêcher le jeu, la Convention avait interdit toute vente de marchandises dont on ne serait pas propriétaire au moment du marché, le Directoire voulut que « le marché conclu en bourse par un agent ou courtier, fût proclamé à haute voix avec indication du nom et domicile du vendeur, ainsi que le dépositaire des effets ou espèces ». Ces obstacles aux transactions sur les marchandises ou les titres ne remédiaient à rien. Le Directoire voulut favoriser la création d'une banque, dont Laffon de Ladebat lui soumettait le projet, les Conseils ne l'approuvèrent pas.

---

2. J. Quicherat, *Histoire du costume en France*, p. 637.

Le défaut de sécurité paralysait tout ; des compagnies organisées, Compagnie de Jéhu, les Chauffeurs, tenaient la campagne ; les crimes isolés étaient fréquents ; les routes étaient délabrées, les ponts croulaient.

Les ornières étaient tellement nombreuses que les rouliers voyageaient par groupes, pour se prêter mutuellement leurs chevaux. Sur beaucoup de points on ne faisait que trois ou quatre lieues entre deux soleils. Une quantité de blé valant 18 fr. à Nantes, coûtait une somme égale pour être transportée à Brest. Aussi, tandis qu'à Nantes, il y avait en rivière quatre cents à cinq cents vaisseaux chargés de grains se détériorant et s'avariant, on était à Brest à la demi-ration et peut-être au quart de ration. Les digues et ouvrages de défense contre l'inondation étaient en si mauvais état que la crainte d'un sinistre tenait des populations nombreuses des bords de la mer ou des fleuves dans des transes continuelles. A peine restait-il deux ou trois routes suffisamment viables. Sur les rivières comme sur les canaux, la navigation devenait impossible [1].

A Lyon, au lieu de 9,000 métiers en activité en 1788, il n'y en avait plus que 4,000 en 1798 ; dans le Nord et la Normandie, une foule de métiers à dentelles, de manufactures de toiles et de draps avaient disparu. La carrosserie, si prospère au moment de la Révolution, était tombée à rien ; Rouen, qui avait 300 voitures particulières, n'en n'avait plus qu'une ; Dijon, 2 au lieu de 80. La pêche maritime agonisait. Marseille ne faisait plus autant d'affaires en un an qu'autrefois en quinze jours.

L'Angleterre se débattait de son côté contre d'autres em-

---

1. Cf. Rocquain, *L'État de la France au 18 brumaire,* passim.

barras. Le Directoire avait renoncé, même avec les Américains, à cette politique de dupe qui nous faisait respecter l'insaisissabilité des marchandises anglaises sous pavillon neutre, tandis que les Anglais confisquaient les nôtres sous quelque pavillon qu'elles s'abritassent. Nos corsaires firent alors surtout en Amérique des prises importantes sur les navires américains. De part et d'autre, en France et en Angleterre, l'entrée de toutes marchandises ennemies était prohibée, et toutes marchandises ennemies reconnues sur le territoire déclarées saisissables. Le 1er janvier 1798, le Directoire avait même ordonné une perquisition générale pour s'en emparer. Les navires qui les apportaient dans les ports étaient eux-mêmes sujets à être saisis. Le monde entier se trouvait mêlé à cette lutte où tout droit public maritime était foulé aux pieds.

L'Angleterre avait tremblé pour l'Irlande, où deux expéditions françaises avaient été envoyées pour soutenir les patriotes soulevés. Sa dette grossissait. La Banque d'Angleterre avait, en 1797, suspendu ses paiements en espèces qu'elle ne devait reprendre que 22 ans après ; l'*income-tax* avait été pour la première fois établi en 1799. Pitt voulut du moins donner quelques satisfactions à l'Irlande et fit prononcer en 1800 son union avec la Grande-Bretagne. Ce fut la cause de sa perte. Le roi, le Parlement, la nation entière semblaient pris de vertige. A ce moment, « rien de plus sec, de plus dur, de plus rogue que l'âme anglaise : aux nègres, aux catholiques, aux prisonniers de guerre, aux Irlandais, aux condamnés, elle est impitoyable[1] ». L'Espagne a traité avec la France, à

---

1. A. Chevrillon, *Sidney Smith*. Paris, Hachette, 1864, p. 163. Cf. Angellier, *Robert Burns*, I, p. 479 et sq.

Saint-Ildefonse (1796) : l'Angleterre détruit sa flotte, se jette sur ses colonies, comme elle a fait pour la Hollande. L'Europe proteste contre cette tyrannie maritime. Paul Iᵉʳ ressuscite, avec la Suède et le Danemark, la ligne des neutres : Copenhague est bombardée.

Et cependant le ministère Addington se croira obligé de se rapprocher de la France. L'expédition d'Égypte a été pour nous une équipée à la fois malheureuse et glorieuse, une conquête scientifique durable à défaut d'une conquête politique ; Bonaparte y a conquis le Consulat, l'Angleterre y a gagné Malte.

La dictature de Bonaparte a été acceptée en France par la majorité de la nation comme une garantie contre une réaction royaliste et comme la fin de l'anarchie. Son prestige militaire, ses victoires, la forme de son gouvernement et les aspirations générales à la paix, finirent par imposer à l'Angleterre elle-même la conclusion de la paix. Si à la longue liste de nos victoires, elle opposait sa domination assurée sur les mers, à ses attaques contre les procédés de notre politique, nous pouvions riposter par le bombardement de Copenhague. Et à la haine d'une partie du peuple anglais contre les Français révolutionnaires et athées, les plénipotentiaires du premier Consul ne pouvaient-ils pas répondre par le spectacle de la France réorganisée, en possession d'une constitution presque monarchique et réconciliée avec l'Église ! La détresse financière dont nous avions tant souffert, avait pris fin. Le traité de Lunéville avait, comme celui de Campo-Formio, ratifié nos conquêtes sur le continent. L'Angleterre à son tour conclut la paix d'Amiens (1802). La paix générale était rétablie : trêve trop courte au milieu d'une si terrible mêlée !

CHAPITRE III

**De la paix d'Amiens aux traités de 1815. — Le Consulat
et l'Empire. — Le blocus continental.**

Toute l'Europe avait accueilli avec joie le rétablisssement
de la paix générale. La mer allait enfin se rouvrir au commerce ! Plus les relations s'étendaient, plus se développait
entre États la solidarité commerciale ; le contre-coup des
guerres se faisait partout sentir. A plus forte raison, le sou-
lagement devait-il être grand, quand la piraterie s'était aussi
officiellement exercée sur toutes les mers et dans tous les parages, quand le droit des neutres, que l'on pouvait croire
inscrit dans le code maritime international, avait été aussi
outrageusement méconnu.

La France possédait tous les éléments d'une reprise sérieuse des affaires. Dès qu'un gouvernement eut été constitué,
elle s'était mise au travail. La réorganisation du système
financier et le rétablissement du crédit public avaient ranimé
le crédit privé et le commerce. La Banque de France, créée
en 1800, mais alors simple banque privée, ayant un compte
courant au Trésor, fit, en l'an VIII, 111 millions d'escomptes, et ce chiffre s'élevait en l'an X à 443 millions. Au
lieu de 111 exposants qui avaient pris part à l'Exposition de
1798, il y en eut 229 à celle de 1801, 540 à celle de 1802.
Nos anciennes industries retrouvaient leur clientèle, de nouvelles avaient été créées ; les machines apparaissaient ; Jacquart avait exposé en 1801 son métier, que l'étude des mé-

canismes imaginés par Vaucanson allait lui permettre de
perfectionner ; les industries chimiques faisaient leur apparition et la Société d'encouragement pour l'industrie nationale, fondée en 1801, avait à sa tête, autour de Chaptal, les
Berthollet, les Monge, les Fourcroy, les Conté qui allaient
s'efforcer de diriger toutes les recherches des laboratoires et
les découvertes vers les applications pratiques.

En 1803, le premier Consul, pour favoriser la circulation
fiduciaire et augmenter les garanties que le public, défiant,
demandait pour le papier-monnaie, attribua à la Banque de
France, placée sous la surveillance de l'État, le privilège
exclusif d'émettre des billets. En 1807, il mettait à sa tête
un gouverneur et deux sous-gouverneurs nommés par l'État ;
la Banque prenait donc un nouveau caractère, elle allait
puiser dans le lien qui l'unissait désormais à l'État, des éléments de force et de faiblesse, dont l'action s'est fait souvent
sentir dans son histoire, mais elle devait être aussi, dans
des circonstances critiques, la véritable sauvegarde de son
crédit.

La période d'anarchie du Directoire devait nécessairement être suivie d'une réaction qui s'étendrait à toutes les
branches de la vie nationale. Bien rares et bien peu écoutés
étaient ceux qui parlaient de liberté ; ce n'était pas seulement dans l'administration du pays, c'était dans son activité
économique que l'on désirait sentir, que l'on invoquait la
main du pouvoir. L'industrie et le commerce réclamèrent des
prohibitions, des restrictions à la liberté du travail ; les exagérations et les folies du blocus continental, excitèrent pendant quelque temps l'enthousiasme des industriels. Napoléon
était naturellement porté à faire en tout acte d'autorité, à
tout réglementer ; il était convaincu qu'il pouvait et devait

protéger l'industrie et le commerce; qu'un Auguste enfantait aussi aisément des industries que des Virgiles; il s'appliqua avec une véritable ardeur à favoriser cette base de notre fortune nationale. Si l'esprit qu'il y apporta est empreint d'étroitesse et de minutie, s'il exagéra l'intervention du Gouvernement dans des affaires où elle doit être sagement départie, il y était poussé par cette tendance générale à trop attendre du pouvoir et élever trop souvent vers lui des mains suppliantes. Sauf certains accès, où la passion lui fit dépasser la mesure, il resta le plus souvent en deçà de ce que lui demandaient les députations que le commerce envoyait vers lui. Il maintint énergiquement, malgré les exceptions qu'il lui fit subir, le principe de la liberté industrielle et si, au dehors, la liberté commerciale fut anéantie, elle subsista du moins à l'intérieur de son empire, et le commerce lui dut plusieurs créations heureuses.

Les efforts pour le rétablissement de notre empire colonial échouèrent douloureusement. L'expédition de Saint-Domingue n'aboutit qu'à un désastre; la Louisiane ne fit que repasser entre nos mains; le rétablissement de l'esclavage dans celles de nos possessions où il avait été supprimé, ne leur rendit pas une prospérité qu'elles ne pouvaient retrouver que dans la réouverture de leurs débouchés. La paix avec l'Angleterre ne dura que 18 mois. La guerre de tarifs n'avait jamais cessé. De 1804 à 1814, la France se trouva dans un état permanent de guerre.

C'était un duel à mort qui s'était engagé entre l'Angleterre et l'Empire. La première en a tiré tout le profit. Les funestes conséquences du blocus continental et les fautes de Napoléon ont même fait oublier ce qu'avait eu, et conserva jusqu'au bout, de barbare et d'odieux la conduite de l'Angleterre. Les

procédés par lesquels elle a édifié sa tyrannie maritime ne
le cèdent en rien pour la violence et l'iniquité à ceux par
lesquels la combattit Napoléon.

Le malheur initial vint de l'insurmontable défiance qui
régnait, au fond, de part et d'autre. La France ne se résignait
pas à abdiquer l'empire des mers, l'Angleterre ne sentait pas
sa rivale assez écrasée. La France ne pardonnait pas à l'Angleterre les secours prêtés à l'émigration, les subsides fournis
aux coalisés, tous les maux que la croyance populaire faisait
retomber sur l'or anglais ; les masses anglaises avaient été
tellement excitées par les tories, la haine contre les libéraux
et les Français à ce point échauffée, que la paix avec les *Jaco-
bins* semblait une trahison ; aussi les différends au sujet de
Malte prirent de suite une tournure aiguë. C'était pour les
Anglais une si bonne station navale, un poste si favorable
pour la contrebande, qu'ils ne l'ont pas abandonné, même
après notre expulsion d'Anvers.

La France et l'Angleterre allaient en somme se disputer le
marché du monde. La France s'était laissé devancer dans l'emploi des machines ; l'Angleterre prenait dès ce moment sur
nous cette supériorité qu'elle doit à l'abondance de ses mines.
La France était lancée dans la voie des productions de luxe ;
l'Angleterre avait persévéré dans celle qu'elle avait choisie dès
le XVIIᵉ siècle, de la fabrication des articles courants et à bon
marché sur lesquels le bénéfice est moindre en détail, mais
supérieur par la masse des ventes, et qui occupe un plus grand
nombre de bras. Les cotonnades se fabriquaient déjà chez
elle en grande quantité et cette industrie n'était encore que
faiblement développée en France. Notre grande supériorité
pour le commerce des denrées coloniales avait disparu par le
fait de la guerre et de la révolution de Saint-Domingue, et

l'Angleterre ne voulait pas renoncer à l'avantage qu'elle avait conquis. Nos tentatives même pour rétablir l'ordre dans cette île, excitaient sa jalousie. Il lui fallait la guerre pour poursuivre librement la campagne de contrebande qu'elle avait entreprise dans l'Amérique espagnole et achever de nous expulser commercialement des États-Unis. L'extension de nos frontières assurait de plus vastes débouchés à notre industrie et restreignait le marché anglais. La question des rapports commerciaux entre les deux pays n'avait pas été touchée par le traité d'Amiens. Sur quelle base allaient-ils être repris?

L'Angleterre avait de suite dirigé sur nos ports des marchandises qu'elle prétendait introduire aux conditions du tarif de 1786. La France protesta. Déjà les tarifs de 1786 avaient été remplacés par ceux de 1791. Un nouveau fut rédigé (an XI) protecteur, mais modéré, et des ouvertures conciliantes furent faites par le premier Consul offrant, sur cette base, le traitement de la nation la plus favorisée. En France, des protestations s'élevaient. « Jamais, écrit Mollien, la frénésie des prohibitions n'avait été plus générale, plus populaire en France qu'en 1800, au moment où Napoléon prit le timon des affaires. » — « Napoléon, dit Chaptal, était ennemi de tout traité de commerce. Il pensait avec raison qu'une grande nation ne peut avoir pour traité avec les autres puissances qu'un bon système de douanes. Elle doit le présenter aux puissances comme la condition à laquelle elle laissera entrer et sortir les marchandises. Elle peut alors menacer de représailles si d'autres puissances sont favorisées à son détriment. Il est encore un autre point de vue, sous lequel on peut envisager les traités de commerce, c'est qu'à peine sont-ils mis à exécution que l'une des parties s'aperçoit qu'elle a été lésée... »

Toutes les mesures prises contre l'Angleterre seront donc avant tout des mesures de guerre. Malheureusement, la lutte ne resta pas circonscrite entre la France et l'Angleterre ; la France aurait trouvé une compensation aux inconvénients et aux souffrances qui résultaient du blocus de ses côtes dans le développement et la prospérité de ses propres manufactures ; Napoléon voulut entraîner toute l'Europe à sa suite et par là il retourna contre lui les opinions et les intérêts que l'Angleterre aurait vus se prononcer contre elle. La vassalité et la domesticité économiques qu'il imposa indisposèrent autant les masses que leur sujétion politique à laquelle il offrait du moins partout comme compensation une administration, des lois, des codes supérieurs à ceux qu'il avait renversés et détruits.

Jusqu'en 1806, Napoléon s'en tint à la guerre de tarifs, relèvement de droits sur les marchandises anglaises ou les denrées coloniales. Le décret du 4 mars 1806 accentue les hostilités : la France a été victorieuse à Ulm et à Austerlitz, l'Angleterre a vaincu à Trafalgar. Pitt est mort, Fox a ouvert avec la France des négociations pour le rétablissement de la paix ; mais ni l'Angleterre, ni Napoléon ne sont disposés à traiter. Les toiles anglaises sont prohibées ; les denrées coloniales, le coton lui-même frappés de droits excessifs. L'Angleterre frappe d'interdit, comme en 1792, tous les ports français (16 mai 1806) ; Napoléon, par le décret de Berlin (21 novembre 1806), déclare à son tour l'Angleterre en état de blocus ; tous les Français capturés sur navires de commerce sont traités par les Anglais comme prisonniers de guerre ; il il en sera de même pour tous les Anglais arrêtés sur le continent ; les marchandises anglaises saisies sur le continent seront traitées comme contrebandes de guerre à l'égal des

marchandises françaises prises sur mer par les Anglais ;
plus tard, l'Angleterre forcera tous les navires à passer par
Londres pour y acquitter des droits ; Napoléon les déclarera
devenus anglais par ce fait et saisissables dans tous les ports
du continent où ils aborderont. C'est un duel à mort dans
lequel l'Angleterre a la première violé toutes les règles du
droit. Mais comment exiger que l'Europe s'enchaîne à nos
intérêts ? Que des peuples vaincus, soumis, asservis par nous
acceptent sans murmurer les privations qui résultent de cet
état permanent de guerre ! que nos alliés nous suivent dans
cette voie ! que les souverains indifférents, neutres et hostiles se soumettent aux ordres de Napoléon voulant leur imposer l'acceptation de cette politique ! On sait à quelles
entreprises téméraires, à quelle série de fautes ce blocus
continental entraîna Napoléon.

Même lorsqu'il faisait saisir et brûler sur les places publiques, devant une population malheureuse et les regardant
avec colère disparaître dans les flammes, des étoffes dont elle
se serait si volontiers vêtue, des denrées que leur cherté rendait inabordables, il sentait fort bien tout ce qu'avait d'ex-
cessif cette politique. « Les personnes qui, à cette époque,
sont restées dans l'intérieur de la France, écrit Bourrienne,
ne peuvent se faire idée de la désolation qu'une mesure aussi
sauvage répandit dans les pays habitués à vivre du commerce. Quel spectacle offert à des populations pauvres et
manquant de tout que l'incendie d'objets dont la distribution
aurait été un allégement à leur misère ! » Il frappait sans
doute rudement l'Angleterre ; elle étouffait sous l'abondance
de ses produits ; elle s'ingéniait pour les écouler ; Gibraltar,
Jersey, Heligoland, Malte, Corfou, la Sicile, étaient des entrepôts d'où ses corsaires et les contrebandiers du continent,

alléchés par l'énormité du gain, faisaient passer sur le continent les marchandises prohibées ; les douaniers, dont le zèle diminuait à mesure qu'on s'éloignait des territoires de l'ancienne France, ne pouvaient en empêcher le débarquement, mais une fois même sur le continent, elles se trouvaient sous le coup de continuelles saisies. L'*income-tax* avait été rétabli ; les billets de la Banque d'Angleterre étaient au-dessous du pair. Les pays en guerre avec la France devenaient, sans doute, pour notre ennemi des marchés sans concurrence ; son commerce avec l'Espagne s'élevait de 50 millions de francs en 1807 à 275 millions en 1811 ; son commerce total, dans le même intervalle, de 1,175 millions à 1,400 millions ; mais les corsaires français lui faisaient subir partout de rudes dommages ; ceux de Maurice, dont elle s'empara en 1810, étaient pour son négoce avec l'Inde des ennemis redoutables. Le prix du blé montait jusqu'à 54 fr. l'hectolitre ; la déclaration de guerre que lui firent les États-Unis, poussés à bout par ses exigences et sa tyrannie, diminua dans de fortes proportions ses échanges (1812). Mais l'aristocratie trouvait dans l'élévation du taux de la rente des terres un surcroît considérable de richesse ; l'argent refluait sur les campagnes où, en même temps que la culture s'étendait, la population diminuait pour émigrer vers les villes [1]. Elle s'entretenait dans sa rage et son implacable despotisme par la confiance dans le résultat fatal des fautes de Napoléon et des guerres nationales qui s'allumaient de toutes parts.

Napoléon, de son côté, reconnaissait par les *licences*, par la vente faite au profit du Trésor des marchandises déclarées

---

1. De 12 p. 100 en 1689, la population industrielle s'était élevée, en 1815, à 66 p. 100.

prises par les corsaires, l'impossibilité de faire exécuter ses décrets dans toute leur rigueur. Il s'ingéniait à limiter ces infractions, à régler minutieusement la contrebande officielle. « Il prétendait, dit Chaptal, faire manœuvrer le commerce comme un bataillon... Je l'ai vu plusieurs fois donner des ordres pour qu'on n'exportât pas tel article dont il avait permis la sortie, parce qu'il venait de lire dans les papiers anglais qu'on voyait avec plaisir que l'Empereur laissait sortir cet objet. L'armateur se voyait alors forcé de refaire sa cargaison à grands frais. Il s'indignait de la résistance qu'opposait le commerce à ses vues. Il eût voulu le diriger au gré de ses fantaisies. Tantôt il lui prescrivait des débouchés pour ses expéditions, tantôt il désignait les seuls objets qu'il convenait d'importer et ceux qu'il fallait exporter... pendant quelque temps ; il désigna lui-même les seules maisons qui pouvaient expédier tel ou tel article et prescrivait les objets qu'il fallait importer au retour[1]. »

Cependant la nécessité, le besoin d'activité qui travaillait tous les peuples, ses encouragements enfin, donnèrent quelque temps à la France l'illusion de la prospérité. « La prospérité était grande (sous l'Empire), disent les Mémoires de Pasquier ; l'industrie française, soutenue par un million de baïonnettes et par une armée auxiliaire de douaniers, était parvenue à suffire aux besoins d'une énorme consommation... Les résultats, à cet égard, ont été prodigieux. »

La réorganisation des Chambres de commerce avait été une des premières mesures du Consulat. Des enquêtes sur la situation du commerce avaient été faites par ses soins ; l'exposé de la situation de l'Empire lui consacrait une attention spé-

---

1. Chaptal, *Mémoires sur Napoléon*. Paris, 1893.

ciale. Il avait, par la loi de germinal an XI, fixé, au moins pour près d'un siècle, notre système monétaire, arrêté définitivement notre système de poids et mesures ; le Code de commerce parut en 1807, « réglant, bien qu'incomplet, non sans méthode, comment les entreprises sont formées, détruites et jugées » (Levasseur); des prix avaient été créés en faveur des inventeurs, bref il s'était efforcé de mettre la France hors de page et en état de se passer de l'étranger.

Mais, si Napoléon dut en grande partie ses victoires aux armées et aux généraux qu'avait formés la République, la régénération de notre industrie sous son gouvernement avait été préparée par les travaux et les savants de l'époque précédente. Aux procédés découverts par Monge pour fondre des canons avec les cloches, par Fourcroy pour fabriquer l'acier, par nos chimistes pour produire le salpêtre, le raffiner et fabriquer la poudre, par Leblanc pour la soude ou à l'invention du télégraphe aérien par Chappe, la période consulaire et impériale ajouta de brillantes et utiles découvertes. De nouveaux produits furent trouvés, des machines inventées, des industries nouvelles, mousselines de Tarare, velours, satins, brocards, châles cachemire, toiles peintes, maroquinerie, caoutchouc, créées ; d'autres, orfèvrerie, horlogerie, fabrication d'instruments de précision et de chirurgie, etc., transformées et développées. Les noms de Philippe Lebon, Philippe de Girard, Ternaux, Richard-Lenoir, Oberkampf, Jacquart sont restés célèbres. Si Napoléon, malgré quelques efforts locaux en faveur de la culture du coton, empêche cette industrie de prospérer, il prodigue à celle du lin les encouragements. Les machines s'introduisaient dans l'industrie, bien que leur impulsion par la vapeur fût presque ignorée et que Fulton lui-même, lorsqu'il renouvela l'expérience de

Jouffroy pour la navigation à vapeur, n'ait pas été compris par Napoléon. La découverte du sucre de raisin et surtout du sucre de betterave était féconde pour l'avenir. Les pays annexés ou alliés participaient à ce développement général : les usines d'Essen datent de 1810 et l'Angleterre allait être étonnée, à la réouverture du continent, de trouver en face d'elle des rivaux qu'elle ne soupçonnait pas.

A défaut de la mer que 1,500 navires français parcouraient encore après la paix d'Amiens, la terre était ouverte. Si le blocus faisait tomber la population de Marseille de 120,000 à 80,000 habitants et si la moitié de ce qui restait était réduit à implorer les secours des administrations de bienfaisance, notre zone continentale d'échanges s'était accrue de tous les pays entrés dans le système impérial. Ce recul des frontières, cet envoi à distance de tous ces surveillants, gabelous, douaniers ou autres dont la présence à leur côté pesait tant aux habitants des campagnes, les avait attachés au régime. Les anciens impôts rétablis, sel, corvée, l'avaient été avec des tempéraments et des mesures qui les rendaient acceptables et les travaux publics accomplis facilitaient à l'intérieur de ce territoire libéré la circulation et le commerce. 13,000 lieues de routes réparées et entretenues, de grandes routes nouvelles créées à grands frais à travers les Alpes, les Cévennes et les Vosges, vingt fleuves ou rivières améliorés, des ponts construits, dix canaux achevés ou créés, des ports, Anvers, Cherbourg, Flessingue, Dunkerque, Calais, Brest, Savone agrandis et transformés, témoignent encore aujourd'hui de son activité.

Mais à partir de 1812, avec les revers, les charges que les guerres imposaient firent oublier les bienfaits si pompeusement célébrés naguères. Le marché se rétrécissait avec le recul de nos armées ; les bras manquaient aux manufactures comme aux champs. La substitution de la chicorée au café avait créé une industrie nouvelle, mais on se lassait de cette contrainte. En Allemagne, à Hambourg surtout, on supportait avec une peine de plus en plus grande l'occupation française. Jérôme se plaignait comme Louis autrefois, comme Murat, des exigences de Napoléon. « Partout, écrit-il (décembre 1811), la misère accable les familles, les capitaux sont épuisés ; le noble, le paysan, le bourgeois, sont accablés de dettes et de besoins... Le désespoir des peuples, qui n'ont plus rien à perdre parce qu'on leur a tout enlevé, est à craindre. » — « On a fait la Prusse et une partie de l'Allemagne si pauvres, écrit Fiévée, qu'il y a plus de profit à prendre une fourche pour tuer un homme que pour remuer du fumier. » Partout le blocus continental a laissé le souvenir le plus amer et, en France même, bien qu'il ait fait tuer de 1804 à 1815 plus de 1,700,000 Français nés dans les limites de l'ancienne France, l'on pardonne mieux au vainqueur d'Iéna sa passion pour la guerre qui, du moins, a enrichi nos annales de brillants et consolants souvenirs que cette faute économique dans laquelle on se plaît à voir l'origine et la cause des fautes et des malheurs qui ont amené sa chute et celle de la France !

CHAPITRE IV

Le système protecteur de 1815 à 1830. — Premières manifestations d'une tendance nouvelle en matière économique et commerciale. — Huskisson et Canning. — Le Zollverein.

L'ordre régnait en Europe. L'Angleterre, maîtresse de Tabago, de Sainte-Lucie, de Maurice enlevées à la France, du Cap, de Ceylan pris à la Hollande, de Malte et de Corfou dont elle a le protectorat, règne sans partage sur les mers. La France, dépossédée non seulement de ses conquêtes excentriques, mais des bouches de l'Escaut et ramenée à ses limites de 1790, trouve maintenant grâce à ses yeux et avec Alexandre, le plus généreux de nos vainqueurs, elle la défend contre les âpres convoitises et la haine brutale des Prussiens. Tout le décor de l'Europe est changé, mais, sous les vieux oripeaux reparus, le fond reste le même. Deux mondes sont superposés, celui de la Sainte-Alliance et celui de la Révolution, entre lesquels l'Angleterre garde une sorte de position d'observation. Rassurée, elle retourne elle aussi en arrière, mais pour reprendre, au point où la Révolution l'avait interrompu, le mouvement de réforme et de sensibilité du XVIIIe siècle. Pendant 25 ans, son piétisme intransigeant a rappelé la dévotion de Louis XI demandant à sa Notre-Dame de plomb le pardon de tous ses crimes avant de les commettre, maintenant elle expiera la presse exercée contre les équipages des navires capturés, les tortures imposées à nos prisonniers sur ses pontons, par une œuvre philanthropique.

L'affranchissement des noirs sera le rachat des crimes commis contre les blancs. Elle le prépare par la clause insérée dans les traités de 1815 interdisant la traite et se fait concéder le droit de visite qu'elle continuera à exercer non plus pour faire violence, mais pour affranchir.

Pendant ces 25 ans, elle a fait de grands progrès aux Indes. Elle va les poursuivre. Elle a par Maurice, le Cap et Malte, des grand'gardes qui en défendent de tous les côtés les approches ; elle fortifiera ces avant-postes en occupant Socotora, Aden, plus tard Périm, plus tard Chypre et l'Égypte. Elle défend l'équilibre sur le continent, mais n'admet personne au partage des mers.

Les marchandises anglaises avaient suivi partout la marche des alliés. N'allait-on pas aussi imposer à la France l'entretien de l'armée d'occupation avec les produits des manufactures anglaises ? Forcé de céder sur ce point, le gouvernement de la Restauration se montre moins facile sur d'autres. La réaction économique devait suivre la réaction monarchique. Les grands propriétaires terriens réclamèrent en France la protection dont leurs semblables avaient joui en Angleterre.

C'était les principes de l'ancien régime qui remontaient à la surface. La démocratie, le peuple, voilà l'ennemi. On comprend cependant, malgré les prétentions des ultras qui réclament dans tous les pays, la nécessité de transiger, plus ou moins selon le tempérament des princes et des nations, avec elle. De plus, le grand mot de 1813, le cri de soulèvement a été partout : liberté ! ce qui pour les moins exigeants et les plus rétrogrades signifie tout au moins indépendance. Cette indépendance, chaque groupe y prétend économiquement aussi bien qu'en matière politique. La période qui commence en 1815 est donc une période de triomphe pour le protectionnisme. La liberté de la circulation intérieure n'est toutefois pas mise un instant en discussion sérieuse. Nous la verrons même appliquer en Allemagne entre États semi-indépendants. Elle est comme la manifestation sensible de l'unité d'un pays. Le Zollverein préludera à l'unité politique allemande.

La période du blocus considérée comme une inavouable orgie, la situation de la France au point de vue douanier se trouvait réglée par le tarif de 1806. Les grands propriétaires, les grands manufacturiers, la force de la Restauration, le trouvaient naturellement insuffisant. Dès 1814, il avait fallu ramener à des taxes modérées les droits sur les denrées coloniales et les cotons venus en masse dans les fourgons de l'étranger. Les détenteurs de ces denrées, les filateurs de coton avaient protesté. Les lois de douanes qui se succèdent à intervalles très rapprochés sous la Restauration la montrent toujours en lutte avec des réclamations pressantes, forcée souvent de céder, mais ne cessant en somme de résister à des pressions extravagantes et s'efforçant de se maintenir dans une mesure qui devait satisfaire, pensait-elle, aux besoins d'une protection dont elle admettait le principe et des ménagements dus au pays dont, par une administration financière des plus prudentes et des plus sages, elle s'efforçait d'alléger les charges.

En 10 ans, de 1816 à 1826, il n'y eut pas moins de deux lois sur les céréales et six sur les autres objets agricoles et les produits manufacturés. La loi sur les céréales établissait le système qui régit la matière jusqu'en 1860 et que l'on désigne sous le nom d'*échelle mobile*. Interdite lorsque le blé n'atteignait pas un certain prix, l'importation était soumise,

au delà de ce prix, à un droit variant suivant le prix moyen
des marchés régulateurs et dans un sens inverse à la variation de ces prix. La législation sur les blés avait jusqu'alors visé leur exportation, c'était maintenant à leur
importation qu'elle s'attaquait, preuve évidente des progrès
faits pendant la période qui venait de s'écouler dans la culture
et la production. L'Angleterre avait adopté des mesures analogues. La législation sur les céréales qui devait durer jusqu'en 1836 suscita même par son exagération des troubles
assez graves. Quant aux autres articles visés par les lois, des
droits très élevés et des prohibitions assuraient aux producteurs de matières premières, comme à ceux qui les mettaient
en œuvre, une sorte de monopole sur notre marché. Il fallait payer 7,000 fr. de droit en 1822 pour introduire à Saint-
Étienne une machine à vapeur. Pour protéger l'industrie du
fer au bois, les droits sur le fer à la houille étaient portés à
120 p. 100 de leur valeur; les droits sur les laines brutes
étrangères, taxés 10 fr. en 1820, l'étaient à 40 fr. en 1826;
les bœufs et les chevaux acquittaient à l'entrée 50 fr. par
tête. Tout en reconnaissant l'exagération des mesures qu'on
lui demandait en invoquant à la moindre variation des prix
la nécessité de prévenir une ruine imminente et d'assurer le
pain de nombreuses familles, le Gouvernement cédait. On
dut s'arrêter en 1827. Une crise prolongée, née de la trop
grande élévation des prix, troubla l'industrie et le commerce.
Les escomptes de la Banque, qui de 253 millions en 1820
s'étaient élevés à 668 en 1826, descendirent à 407 en 1828.
Notre commerce extérieur, dépassant en 1827 1 milliard,
atteignit 1,168 millions, dont 566 à l'importation, 662 à l'exportation, en 1829 et 1,211 millions en 1830. Le système protecteur aidé par la science, le développement général de la

richesse, l'accroissement de la population, l'introduction des machines, la vitalité de la nation qui s'affirmait d'une manière si éclatante dans les arts, les lettres et les sciences semblait en recevoir une consécration. Les machines à vapeur s'étaient élevées de 15 en 1815 à 625, d'une force de 10,000 chevaux, en 1830. La consommation de la houille montait, en 1829, à 2,300,000 tonnes ; l'extraction en avait été portée en France de 600,000 à 1,700,000 ; la filature de coton en employait 30 millions de kilogrammes en 1830 au lieu de 10,000,000 en 1815 ; la fabrication des soieries occupait à Lyon 27,000 métiers. L'Alsace faisait sortir de 27 manufactures 527,000 pièces de toiles peintes ; la production du sucre de betterave montait en 1828 à 6 millions et demi de kilogrammes[1], produits par 58 fabriques. Les expositions imitées par la Restauration des époques précédentes voyaient s'accroître le nombre des exposants (1,795 en 1827) et s'améliorer les produits. Des secrets et des procédés de fabrication dérobés aux Anglais avaient été introduits en France et l'on ne souffrait pas encore de la crise qu'avait provoquée déjà en Angleterre et devait bientôt amener chez nous la multiplication des machines.

L'agriculture avait, de son côté, par l'augmentation et l'amélioration de ses produits, contribué au développement du commerce. Mathieu de Dombasle avait perfectionné ses instruments et ses méthodes ; l'Empire avait développé la culture du pastel et de la garance, on généralisa celle de la pomme de terre et l'usage des prairies artificielles ; les races domestiques furent améliorées et la circulation fut favorisée par les routes, ponts et canaux que la Restauration fit achever

---

1. M. Leroy-Beaulieu dit : à peine 3 millions. — La plupart des chiffres ci-dessus sont empruntés à M. Levasseur (*Histoire des classes ouvrières depuis 1789*, t. I, liv. III).

ou construire. Les écoles spéciales, les établissements modèles se multipliaient. La vie moderne mêlait ses manifestations à des agissements et à des recettes trop souvent solli-
cités par des souvenirs d'un autre âge. Le premier chemin
de fer de France fut inauguré en 1824.

En même temps que la navigation intérieure, notre marine
marchande s'était développée. Elle comptait, en 1830, 14,530
bâtiments. Nos Antilles, dont le sucre était protégé par une
surtaxe sur les sucres étrangers, nous envoyèrent dès 1821
50 millions de kilogrammes de sucre. Leurs relations avec
les autres pays furent favorisées par des traités de réciprocité
conclus avec l'Angleterre et les États-Unis et, grâce aussi à
une bonne administration intérieure, la production de nos
sucres coloniaux, qui n'était que de 17,677,465 kilogr. en
1817, atteignit 80,996,914 kilogr. en 1829, si bien que la culture de la canne finit par en chasser toute autre culture. Des
efforts furent faits pour peupler et mettre en valeur la Guyane,
où la tentative de la Mana n'eut pas plus de succès que celle
du Kourou; au Sénégal, où furent créés le poste de Bakel et
le jardin d'acclimatation de Richard-Toll, et pour rétablir
notre domination à Madagascar. Les croisades entreprises
par Charles X contre les Ottomans avaient affranchi les mers
de la piraterie, délivré la Grèce sans nuire à notre influence
en Orient et en Égypte et posé par la prise d'Alger la première base de notre empire africain. Cette période fut donc
incontestablement pour nous une période de prospérité commerciale.

La question des céréales s'était posée en Angleterre dès
1814. Les grands propriétaires, arrivés à être les seuls fournisseurs du marché, virent avec stupeur débarquer dans les
ports des blés de Prusse et de Pologne et le prix de l'hecto-

litre, qui avait atteint 54 fr. 37 c. en 1812, descendre à 28 fr. 18 c. en 1815. L'importation fut immédiatement interdite tant que le blé serait au-dessous de 34 fr. 50 c. Il monta, en 1817, à 41 fr. 65 c. et l'on craignit une famine. Ces variations continuelles du prix du blé eurent jusqu'au delà du milieu de ce siècle une importance économique considérable. On compte encore, en effet, dans sa première moitié 13 disettes et 5 famines. Le prix variait dans des proportions énormes d'un pays à l'autre. L'Angleterre adopta, pour les mêmes motifs que la France, une législation analogue à la sienne et plus dure encore, puisqu'elle interdisait l'importation tant que le blé restait au-dessus de 36 fr. l'hectolitre. Jusqu'en 1846, il y eut pour cette denrée entre les deux côtés du détroit une différence considérable, les prix restant toujours plus élevés en Angleterre et quelquefois même dans d'énormes proportions [1].

Depuis 1807, l'or faisait prime en Angleterre. Par suite d'une émission trop considérable, les billets de la banque avaient perdu une partie de leur valeur. L'intérêt grossissant de la dette, dont le capital en 1815 dépassait 20 milliards, avait forcé de recourir à des élévations successives de tous les impôts. Elle fut déçue dans son espoir de devenir le fournisseur de l'Europe, mais, malgré les crises intérieures

---

1. La loi sur l'échelle mobile et la loi des céréales ayant eu à cette époque un retentissement considérable, il peut être intéressant de connaître les prix qu'elles contribuèrent à établir pour l'hectolitre :

	ANGLETERRE.	FRANCE.		ANGLETERRE.	FRANCE.		ANGLETERRE.	FRANCE.
1814 . .	31f94	17f73	1819 . .	32f02	18f42	1835 . .	16f90	15f25
1815 . .	28 18	19 53	1820 . .	29 14	19 15	1840 . .	28 51	21 84
1816 . .	33 74	28 31	1821 . .	24 11	17 29	1845 . .	21 84	19 65
1817 . .	41 65	36 16	1825 . .	29 44	15 74	1846 . .	23 49	24 05
1818 . .	36 99	24 65	1829 . .	28 47	22 39			

(Extrait des *Annales de l'économie politique*, par M. Maurice Block, 1888.)

qu'elle eut à subir, une série de circonstances favorables lui permirent de maintenir sa production et de conserver son avance industrielle : la supériorité de sa marine, qui trouva dans l'exploitation de ses mines de houille, le développement de l'industrie métallurgique et l'ouverture des colonies espagnoles de précieux éléments de fret, et l'abondance de ses capitaux auxquels dut recourir toute l'Europe. La série des emprunts contractés dans les premières années de la Restauration le fut en grande partie en Angleterre et en Hollande. Ces deux pays purent acquérir ainsi à un taux qui descendit jusqu'à 52 fr. 50 c. des rentes 5 p. 100 qui, en 1821, s'émettaient déjà à 85 fr. 55 c. et valaient 109 fr. 50 c. au commencement de 1830. La plus grande partie des sommes qui nous furent imposées passa, comme notre matériel naval, entre les mains de l'Angleterre, de sorte qu'en 1819 la Banque put reprendre ses paiements en espèce.

Une autre mesure préparait l'immense essor que prit sa puissance commerciale et financière, l'adoption de l'unique étalon d'or comme base de son système monétaire. La construction des chemins de fer dont elle allait prendre l'initiative, le développement de la navigation à vapeur, l'importance croissante qu'allaient donner à son industrie ses mines de houille, allaient lui permettre de prendre vis-à-vis de l'Europe enragée de protectionnisme et même de prohibition l'initiative d'une politique commerciale plus libérale et plus favorable au développement des échanges internationaux.

La nouvelle politique commerciale de Canning et d'Huskisson s'inspire au surplus des mêmes principes que la politique contraire suivie sur le continent, les seuls qui président en somme à tous les systèmes économiques de quelque nom qu'on les pare : l'intérêt bien entendu. C'est dans la manière de comprendre cet intérêt, dans l'objectif en vue, et dans l'extension donnée au groupe à satisfaire et à servir que gît toute la différence. En proclamant, en présence des agitations libérales, la politique de non-intervention, Canning vise un intérêt anglais, celui du maintien de la paix. En reconnaissant l'indépendance des colonies espagnoles, il assure à l'Angleterre la possession d'un marché dont elle s'est déjà rendue irrégulièrement maîtresse, mais qu'il faut empêcher l'Espagne de lui fermer à nouveau en y rétablissant son autorité; en protégeant don Miguel, il veut s'assurer le maintien de la vassalité du Portugal; c'est malgré lui, par un « malentendu déplorable », qu'il contribue à l'affranchissement de la Grèce dans laquelle il redoute une alliée pour la Russie et à la destruction de la marine ottomane qui faisait contrepoids dans la mer Noire à la marine russe.

Les transformations économiques qui se préparent s'inspirent de l'élargissement du commerce, de la chute définitive prochaine du régime colonial, du besoin d'assurer à l'industrie anglaise les matières premières à bon marché, c'est-à-dire des besoins immédiats de l'Angleterre et de l'intelligence du rôle nouveau qui allait lui échoir. Les produits se dirigeant toujours vers les points où ils sont le mieux assurés de trouver acheteurs, il voulut faire de Londres ce qu'avait été Amsterdam pour certains articles, un entrepôt où arriveraient de toutes parts et par tous les moyens les provenances de tous les pays. Pour cela, détruisant en partie l'acte de navigation, il permettait l'entrée de ces provenances dans les ports anglais par navires de tous les pays sans différence de traitement avec les navires anglais, ne réservant à ceux-ci que le commerce direct entre la métropole et les colonies et de colonie à colonie. Ce fut, malgré la crise de 1826, le point

de départ d'une nouvelle ère de prospérité pour la marine et
le commerce anglais.

Remplaçant les 1,500 lois douanières derrière lesquelles
s'abritait l'Angleterre par 11 lois plus claires, il avait réduit
à un taux variant de 10 à 20 p. 100 les droits d'entrée sur
les matières premières, à 30 p. 100 au maximum ceux qui
frappaient les produits fabriqués et supprimé les prohibitions,
celles qui atteignaient notamment les soieries françaises. La
réexportation de ces marchandises ajoutait aux bénéfices de
la marine ; la réduction des droits enlevait sa raison d'être à
la contrebande et le développement du commerce légitime
en profita. L'effectif de la marine marchande anglaise s'élevait en 1830 à 18,631 navires.

La Hollande avait repris, mais pour peu de temps, car
Londres devait bientôt l'effacer complètement, son rôle
financier.

En 1807, le roi Louis y avait institué des expositions industrielles régulières. Leyde et Teilbourg pour la fabrication
des draps, Hilversum et Deventer pour les tapis, Zutphen
pour les cuirs, Amsterdam pour la porcelaine, le Brabant
pour les toiles, y tenaient encore un rang honorable. La contrebande l'avait enrichie pendant le blocus et les combinaisons de l'Angleterre lui avaient fait attribuer, en 1814, la
Belgique, compensation pour la perte de Ceylan et du Cap.
L'industrie belge était de beaucoup supérieure à celle de la
Hollande ; Java et les îles de la Sonde allaient lui ouvrir un
débouché, ses produits remplaçaient en Hollande même ceux
que fournissait autrefois l'Angleterre et en revanche l'argent
hollandais allait permettre le développement des manufactures de Gand, de Bruges, de Liège, de Verviers. Une banque était fondée à Bruxelles ; Anvers partageait l'activité

d'Amsterdam et de Rotterdam. La politique protectionniste
y dominait aussi. La Belgique industrielle faisait la loi à la
Hollande commerçante et Anvers, la cité catholique, mais
marchande, ne suivra que bien malgré elle la révolution de
1830. Amsterdam, reliée depuis 1819 au Helder par un canal,
voyait grandir encore son commerce de denrées coloniales.
Mais ce fut surtout à partir de l'application du système van
den Bosch que Java devint pour les Pays-Bas, réduits à l'ancienne Hollande, une source considérable de richesses.

Partout ailleurs dans le nord, au centre, à l'est de l'Europe, domine également le protectionnisme ; après la grande
mêlée militaire, chacun se retire sous sa tente et se prépare
à de nouveaux combats. Rien d'étonnant donc à ce que le
Danemark, dont la capitale a deux fois payé, par un bombardement et la ruine de sa flotte marchande, sa résistance aux
prétentions anglaises, ait maintenu sans protestation le péage
du Sund, que les douanes subsistent intégralement (jusqu'en
1873) entre la Norvège et la Suède comme avant leur attribution à un même souverain. Le canal de l'Eider dans le
Sleswig, celui de Trolhalta en Suède, établissent des communications intérieures d'une mer à l'autre. Aucun de ces
pays n'est industriel ; le Danemark, tout agricole, échange,
principalement avec l'Angleterre, ses produits contre les
étoffes et les articles manufacturés de celle-ci ; la Norvège a
ses bois et son poisson, la Suède ses bois et ses métaux à lui
livrer en échange.

La Russie, elle aussi, renonce à « cette libre circulation
qu'elle avait considérée en 1815 comme un remède aux maux
de l'Europe et établit un tarif protecteur ; mais, malgré le secours que présentent pour la circulation et le transport les
fleuves liquides ou glacés, l'absence de routes, l'ignorance

des populations, le servage, rendaient encore les relations avec le dehors rares et difficiles. » L'Angleterre restait la grande pourvoyeuse de l'empire. C'était pour lui vendre ses blés et ses chanvres que l'aristocratie avait assassiné Paul Ier en 1801. Alexandre, qui le savait, ne s'était jamais prêté de bonne grâce à l'exécution du blocus. Il avait étendu à tous les articles de luxe les prohibitions prononcées contre les marchandises anglaises et atteint ainsi le commerce français ; nos vins avaient été frappés de droits énormes. Si en 1810 il avait usé de tels ménagements avec l'Angleterre, à plus forte raison devait-il subir après 1815 la nécessité de ne pas rompre les relations commerciales avec elle. Agrandie de la Finlande, de la Bessarabie, de la Pologne, des provinces du Caucase, devenue la première puissance du continent, la Russie avait dû subir la fermeture du Sund et du Bosphore, mais avait seule la permission d'entretenir dans la mer Noire une marine de guerre. Odessa, fondée pendant l'émigration par Richelieu, comptait 50,000 habitants en 1830 ; son port franc exportait les grains, les laines et les suifs de sa contrée tout agricole et pastorale. Toutefois, son commerce le plus actif se faisait par la Baltique ; les toiles, sa principale industrie, en partaient pour la Grande-Bretagne et même l'Amérique sur des navires anglais qui apportaient en échange des articles de luxe et des denrées coloniales.

La Pologne, dotée d'institutions à part, modernisée pendant la période napoléonienne, était alors florissante. Jamais Varsovie n'avait brillé d'un tel éclat. Sa population était de 180,000 âmes, celle du royaume passait, de 3,138,728 en 1815, à 4,139,222 en 1830. Des routes s'étaient ouvertes de tous les côtés, et le commerce pour lequel les Polonais n'avaient montré jusque dans les derniers temps de l'indépendance qu'indifférence et mépris, l'abandonnant presque entièrement aux juifs, commençait à l'enrichir.

Au centre de l'Europe, le Saint-Empire formait maintenant la Confédération germanique. Le morcellement y était moindre qu'avant la Révolution, mais les quarante États conservés formaient commercialement autant de citadelles protégées par des remparts de douanes. Le courant unitaire et patriotique persistait et cherchait à qui se rallier. Politiquement, ni la Prusse, ni l'Autriche ne pouvaient avoir les sympathies des libéraux, mais la Prusse, ayant pour elle le souvenir de 1813, était encore préférée par eux. Elle avait affiché commercialement des principes bien différents de ceux qui régnaient alors. Elle avait déclaré en effet dans sa loi de 1818, « que le principe de la liberté du commerce devait à l'avenir servir de base aux rapports que l'on aurait avec les autres États, que l'on accorderait aux étrangers les mêmes avantages commerciaux dont jouissaient ou jouiraient les Prussiens dans leur pays, qu'on soumettrait leur commerce aux mêmes droits et aux mêmes mesures restrictives, etc. »

Si la période de la domination française avait été dure pour l'Allemagne du Nord, elle l'avait été beaucoup moins pour celle du Sud qui avait fait avec la France un commerce très avantageux. Loin d'essayer de le maintenir, la France avait verrouillé ses portes ; ces États commencèrent à se liguer entre eux. La Bavière, le Wurtemberg et le grand-duché de Bade s'unirent par un traité (1822) et frappèrent toutes nos provenances, surtout nos vins. La Prusse avait déjà fait de même (1821); nos importations y tombèrent de 250,000 hectolitres environ en 1821, à 50,000 l'année suivante et ne s'étaient relevées qu'à 75,000 en 1828. En revanche, de 1818 à 1828 la Prusse avait conclu des traités de réciprocité avec le Danemark, l'Angleterre et ses colonies, le Mecklembourg-Schwérin, la Suède et la Norvège, les villes libres de Hambourg, Brême et Lubeck, le Brésil et les États-Unis. L'Angleterre s'était ouvert de ce côté un énorme marché. Tandis que la France envoyait dans les ports prussiens, pendant les trois années 1826, 1827, 1828, 7 navires de 936 tonneaux de jauge, l'Angleterre y expédiait 2,357 navires de 557,550 tonneaux. En 1824, nous envoyions à Hambourg 105 navires, en 1827, 94 seulement. Tandis que de 1815 à 1817, le Sund était franchi par 47,062 navires anglais, et 20,829 navires prussiens, il ne voyait que 688 navires français. La Prusse achetait à l'Angleterre pour 112 millions 500,000 fr. de marchandises année moyenne pendant la même période et à la France pour 6,160,787 fr.

Reprenant les projets du Grand-Électeur, la Prusse aspirait même, sinon à devenir une puissance coloniale, du moins à prendre pour elle-même le bénéfice du commerce des denrées coloniales. En 1821, une *Compagnie rhénane pour le commerce avec les Indes occidentales* s'était formée à Elberfeld, se proposant de chercher des débouchés pour les produits industriels et agricoles des provinces prussiennes. C'était l'Amérique espagnole affranchie que visait cette association dont le principal port d'expédition était Hambourg ; elle chercha même plus tard à se créer des relations avec la Chine. En 1826 elle avait exporté pour 15 millions de francs, dont 6,500,000 fr. de toile de lin et de chanvre, le reste en laine, coton, soieries, fer, acier, armes, porcelaine, verrerie, etc.

Le régime intérieur du commerce prussien était lui-même assez libéral et ne comptait que deux monopoles, celui du sel et des cartes à jouer.

Leipzig continuait à être une des grandes places du commerce allemand. Chacune de ses trois foires annuelles était visitée par 30,000 ou 40,000 personnes et il s'y faisait pour 80 millions d'affaires. Le commerce attirait de plus en plus l'attention des Allemands. Heeren l'avait étudié historiquement, une école publique de commerce fut fondée pour en apprendre la pratique, en 1829, à Leipzig. L'idée d'une union commerciale avec la Prusse faisait chaque jour des progrès. Des unions partielles se faisaient dans le Nord à l'exemple de celle du Sud. On y voyait le seul moyen de résoudre certaines questions qui intéressaient au plus haut degré le commerce allemand, celle de la navigation du Rhin par exemple, dont il fallait obtenir la liberté des Pays-Bas afin d'avoir une route vers la mer. Le développement des voies de communication avait sérieusement attiré l'attention ; on avait réglé entre les États intéressés la navigation du Weser et de l'Elbe, projeté des canaux, des voies ferrées, ouvert même des services de navigation à vapeur sur le Rhin et sur l'Elbe. Le Zollverein était presque conclu.

L'Autriche voyait l'esprit public allemand s'éloigner d'elle de plus en plus. Sa capitale, Vienne, était la plus originale des villes allemandes ; aimable, riante, elle avait vu dans ses murs les empereurs, rois, princes et ministres assemblés en congrès pour se partager nos dépouilles et leur existence joyeuse, leur vie d'intrigues, de fêtes et de plaisirs lui avaient fait quelque temps oublier ses misères. L'Autriche avait eu jadis de bonnes finances, mais depuis 1792 la situation était bien changée. En 1811 elle avait fait banqueroute. L'indemnité que nous lui payions aurait pu rétablir ses affaires, mais elle avait pour créancière l'Angleterre et celle-ci préleva sa part. Son empereur n'était pas plus absolutiste et n'avait pas l'esprit plus étroit que le roi de Prusse, mais il y avait traditionnellement autour des princes de cette maison une atmosphère d'intolérance, de despotisme et de réaction que n'étaient faits pour dissiper ni l'empereur, ni son *alter ego* Metternich. Le nombre même de couronnes qu'il portait en faisait moins un prince allemand qu'un prince cosmopolite. Ses royaumes, archiduchés, duchés, comtés, margraviats et seigneuries n'étaient pas seulement divisés de races et d'aspirations. L'Autriche n'avait pas su créer entre eux des liens d'intérêts. Les douanes qui les séparaient ne seront abolies, en partie, qu'en 1827. La vie intellectuelle n'y était plus la même qu'en Allemagne, et le gouvernement faisait tout pour l'éteindre. A la variété ethnique des provinces, les besoins financiers avaient fait ajouter un autre élément disparate, la banque, représentée surtout par les israélites, entre les mains de laquelle est placée la fortune publique. Le système commercial n'est pas plus libéral vis-à-vis de l'étranger que de l'intérieur de l'empire. Il est nettement prohibitif. Et cependant Venise appartient maintenant à l'Autriche. Le Lombard-Vénitien est sa plus riche province. Une belle route, celle du Stelvio, sera même ouverte pour la réunir plus étroitement au cœur de la monarchie, route militaire plus que marchande. A Trieste, il est vrai, François II a fondé en 1827 le Lloyd autrichien. Mais les corsaires grecs ont fait subir au commerce autrichien de grandes pertes. La situation économique de l'empire est donc mauvaise pendant toute cette période. L'Autriche ne s'ouvrira que lentement et tardivement au progrès.

La Méditerranée avait perdu beaucoup de son importance commerciale. Ce que, pendant le blocus, faisaient les Américains pour les pays du Nord, les Grecs l'avaient fait pour ceux du Midi. La plupart de nos établissements commerciaux

en Orient avaient péri à la suite de l'expédition d'Égypte ; la
nature des relations entre l'empire Ottoman et la France variait incessamment pendant la période napoléonienne ; mais,
bien que non seulement la France et l'Angleterre, mais l'Angleterre et la Russie y aient fait éclater leur rivalité, le grand
théâtre de la lutte s'était écarté de la zone méditerranéenne.
Les Grecs en avaient profité ; leurs navires légers couraient
toute cette mer, commerçants ou pirates ; en 1815, les armateurs d'Hydra et de Psara possédaient 600 bâtiments montés
par 30,000 matelots. La carte des colonies grecques dans
la Méditerranée orientale en ce siècle ressemble singulièrement à celle de ces colonies au ve siècle avant notre ère.
Elles peuplent tout le rivage et les îles, laissant, comme
autrefois, à des populations diverses la région des plateaux.
A Constantinople, ils sont les maîtres ; si les Turcs ont les
fonctions et la souveraineté officielle, ils ont avec les Arméniens et les juifs le commerce et l'argent. Le Fanar, leur
quartier, est le centre des affaires et des banques. Il fallut
pour soudoyer l'insurrection des sommes énormes. Partout au
reste où il y avait des Hellènes, l'enthousiasme, le dévoue-
ment et l'héroïsme furent poussés au même point. La mer
fut, comme autrefois déjà, leur salut. Leurs pirates, si dangereux en tout temps pour toutes les marines, le furent alors
surtout pour les navires musulmans ; la Grèce affranchie sera
pour toutes les puissances méditerranéennes une rivale redoutable. Comme leurs ancêtres, s'unissant à quelques-uns
pour construire une bélandre, n'étant astreints à aucune règle
pour le gréement et l'équipage, sobres, sans besoins, ils
s'offrent à des conditions particulières de bon marché pour
les transports, et malgré les risques que l'état un peu som-
mairement contrôlé du bâtiment et le petit nombre d'hom-

mes qui le montent font courir, ils deviendront les rouliers
de cette mer.

La Turquie subit ce nouveau démembrement, comme celui
de la Serbie, comme la perte des bouches du Danube, la révolte de l'Albanie, la demi-indépendance de la Moldavie et
de la Valachie, l'autonomie de l'Égypte avec un calme fataliste dont les énergiques efforts de Mahmoud ne peuvent la
faire sortir. La destruction des janissaires a fait disparaître
les dangereux, mais énergiques soutiens du vieil empire
turc. Eux morts, la Turquie ne se modernise pas. Sauf les
Turcs, tous les peuples exploitent les richesses que le pays
produit de lui-même. La France a renouvelé les capitulations
et son rôle historique et religieux lui assure toujours dans
les échanges avec les Échelles du Levant, Alexandrie, Salonique et Constantinople un commerce important. La prise
d'Alger va faire de la protectrice séculaire des Lieux saints
et des chrétiens d'Orient une puissance musulmane.

L'Égypte offrait alors sous Méhémet-Ali un intéressant
spectacle. Il y avait accaparé toutes les terres et s'était fait
seul agriculteur, seul industriel, seul commerçant. Il y introduisit à côté de la culture des plantes alimentaires, céréales, riz, celle des plantes industrielles, coton, avec l'aide du
Français Jumel, indigo, opium, mûrier, ouvrit des chantiers
de construction et des usines et entreprit l'ouverture du canal
Mahmoudié du Nil à Alexandrie (1820). 1,000 navires furent
bientôt employés à l'exportation des produits du pays. Par
l'extension de sa puissance sur les villes saintes de l'Arabie,
la Nubie, le Kordofan, le Darfour, il ouvrait au commerce de
nouvelles contrées. L'Égypte, grâce à lui et aux Français
qui l'entouraient, revenait à la vie. Il voulait en faire une
puissance indépendante et forte, capable de défendre cette

route de l'Inde qu'elle commandait et cet isthme de Suez que déjà l'on parlait de percer.

Si les algues encombrent les marches des quais de Venise, les autres ports de la péninsule italienne ne sont pas beaucoup plus prospères. Les Deux-Siciles et les États romains sont mal gouvernés. Les pêcheurs d'Amalfi exploitent toujours les côtes algériennes ; Naples languit ; la Sicile, sans route, vit du commerce du sel et du soufre ; Civita-Vecchia a quelque vie parce qu'elle dessert Rome, Livourne, parce que sa population de juifs espagnols et portugais a su lui conserver son rôle d'entrepôt, et que la Toscane dont elle est le port, est le pays le mieux administré de la péninsule. Gênes communique avec la Sardaigne, mais la difficulté de ses communications à travers l'Apennin avec le Piémont dont elle est le port, et le régime auquel est soumise la péninsule ne lui permettent pas de développer son commerce. Elle était ruinée quand les Français avaient mis fin à son existence indépendante, mais les conditions du commerce moderne devaient lui rendre sa prospérité, conspirant en sa faveur comme elles conspirent contre Venise. Les pirates barbaresques étaient, pour les marins italiens, un dangereux voisinage. Leurs attaques contre le pavillon pontifical allaient être une des causes de l'expédition d'Alger.

L'Espagne subissait alors une terrible crise. Elle n'avait pas encore perdu l'habitude de vivre par ses colonies et pour elles. Presque toutes les institutions de Charles III avaient dépéri sous la mauvaise administration de Charles IV et pendant la guerre contre Napoléon. Aux incontestables bienfaits que lui apportait l'administration française, elle avait opposé le noble désir d'être elle-même l'artisan de ses destinées, mais elle était ruinée et mal récompensée des sacrifices qu'elle avait faits par un tyran à l'esprit dur, étroit et fourbe. Le premier mouvement d'indépendance avait éclaté au Mexique dès 1808. Le feu, un instant apaisé, reprit bientôt. L'Angleterre n'avait défendu l'indépendance de l'Espagne que pour entretenir sa faiblesse et pouvoir s'emparer du commerce de ses colonies. L'affranchissement de cet immense domaine colonial espagnol est un des faits commerciaux les plus importants du xixe siècle. Le Brésil se détachait au même moment pour former un empire indépendant de la domination portugaise. Un nouveau monde s'ouvrait à l'action concurrente de toutes les nations européennes. Toutes se précipitèrent à l'assaut. Les traités de commerce se succèdent pendant cette période, avant même que les États nouveaux soient organisés. Ils se préoccupent malheureusement longtemps beaucoup plus de se déchirer entre eux ou même dans leur propre sein, que de mettre en valeur les magnifiques contrées dont ils disposent et qui offrent à leur activité un champ si fertile.

CHAPITRE V

Les applications de la science à l'industrie. — Protectionnisme et libre-échange. — La réforme douanière de la Grande-Bretagne. — Robert Peel (1830-1848).

La Restauration nous orientait vers l'alliance russe et une politique de conquêtes territoriales ; la monarchie de juillet se tourna vers l'alliance anglaise et une politique pacifique, à l'excès même lui reprocha-t-on. La Russie nous aurait aidés à reporter nos frontières à la rive gauche du Rhin ; l'Angleterre ne permit même pas à un prince français d'accepter le trône de Belgique. Cette attitude d'effacement, de désintéressement ne nous valut, au surplus, au dehors que des affronts et des déboires ; au dedans elle permit de poursuivre l'œuvre de développement économique commencée et à laquelle l'esprit même de la révolution de 1830 ne pouvait être que favorable. Des grands propriétaires fonciers, l'influence passa aux grands industriels ; ils continuèrent à confondre leurs intérêts. Dans les 18 années du règne de Louis-Philippe, notre système douanier subit à peine de modification. Les chambres se montrèrent même beaucoup plus intransigeantes que le Gouvernement, en matière de concessions libérales, et le contraste est complet entre l'évolution hardie de l'Angleterre vers le libre-échange et l'âpre ténacité avec laquelle la France se barricade dans sa citadelle protectionniste.

La Belgique qui nous devait Anvers aurait pu conclure une union douanière avec nous : le Nord et la Normandie en frémirent. La France introduirait ainsi des rivaux et des con-

currents dans son sein. On ne se demanda pas si cette concurrence et cette rivalité ne s'exerceraient pas plus tard d'une
façon plus redoutable pour nos industriels eux-mêmes, sur
tous les marchés où les produits des deux pays se trouve-
raient en présence. Les Chambres étaient absolument hostiles à toute transaction, à toute concession, si minime fût-
elle. Non qu'elles ne sentissent, les événements de Lyon
l'avaient trop nettement mise en évidence, l'importance de
la révolution qui s'opérait dans l'industrie. C'était même la
crainte de ces perturbations, des grèves, des agitations ouvrières qui les poussait à la résistance. La concurrence c'est
l'abaissement des prix, l'abaissement des prix c'est la diminution des salaires, et la diminution des salaires c'est la révolution ; rien ne put les faire sortir de ce raisonnement à
l'abri duquel toutes les branches de la fortune publique prirent, au surplus, un grand développement.

Ce qui caractérise cette période, c'est l'application de la
science à l'agriculture, à l'industrie et au commerce, la transformation non plus, comme jusqu'alors, partielle et éche-
lonnée à de longs intervalles, mais rapide et surtout générale et simultanée des procédés et par suite des conditions
du travail. La curiosité des esprits plus éveillée, la liberté des
recherches, l'affranchissement de toute tutelle intellectuelle,
la suppression de tout dogme scientifique avaient donné à l'é-
tude des sciences, non seulement plus de fervents, mais plus
d'ampleur et une direction nouvelle. A côté de ceux que
guidait le culte désintéressé de la science, d'autres ne crai-
gnaient pas d'avouer la poursuite d'un résultat pratique immédiat, d'un but intéressé. La science appliquée prenait place
dans l'estime publique à côté de la science pure. La seconde
arrivait même quelquefois plus rapidement que la première

à des découvertes utiles et ne perdait rien pour cela de ce qu'on appelait sa noblesse. Utiliser au profit de l'homme toutes les forces apparentes ou cachées qui existent dans la nature; mettre à sa portée des auxiliaires qui l'affranchissent le plus possible des fatalités jusqu'alors considérées comme irréductibles du climat, du temps et du milieu; lui donner le moyen de faire plus et mieux, dans de meilleures conditions physiques et morales, tel est le but vers lequel elle marche. En exigeant une dépense et une déperdition moindre de ses forces musculaires et une plus grande application de ses facultés intellectuelles, elle aboutira au relèvement de la dignité morale de l'individu et le bénéfice en rejaillira sur la société tout entière. Noble idéal qu'elle poursuit avec une rapidité parfois déconcertante, et cependant trop lente encore au gré de ceux que tourmentent des souffrances trop réelles, une pitié trop impatiente ou une méconnaissance sincère ou affectée des conditions de temps et d'éducation indispensables aux évolutions de l'humanité.

Ces manifestations du progrès scientifique se sont, en effet, d'abord traduites par un immense bouleversement des anciennes conditions du travail. La substitution des machines aux métiers à main et l'application de la vapeur à la locomotion ont rendu sensibles à tous, par rapprochement et par comparaison, les modifications apportées dans l'existence antérieure des artisans. Des préoccupations nouvelles en sont résultées, et cette entrée en scène des questions sociales a eu sa répercussion sur les théories et les lois relatives au commerce.

Un des plus anciens chefs d'école de cette philosophie humanitaire, Fourier, le supprime nettement dans sa société idéale : « Qu'est-ce que le commerce? écrit-il ; c'est le mensonge avec son attirail, banqueroute, agiotage, usure. » Un docteur du moyen âge n'est pas plus sévère. Dans tous les plans des réformateurs, la répartition des produits est un des plus graves problèmes à résoudre. Ceux mêmes qui, comme les saint-simoniens, veulent attribuer au développement des voies de communication et des moyens de transport une partie des forces de *l'association universelle* et donnent le concours le plus énergique au progrès industriel, le suppriment aussi en faisant du couple-prêtre ce que d'autres font de l'État, le dispensateur des produits selon les besoins de chacun.

En fait, l'accroissement de la production exigeait que les produits, sous peine de demeurer inutiles, fussent mis avec rapidité à la portée des consommateurs, que le commerce, qui les dispense, fût muni des moyens nécessaires de les offrir partout, sans quoi la production s'arrêtait, le travail était suspendu, la misère et son cortège de maux sévissaient partout. Cette nécessité, chacun la comprenait, mais où commençait la divergence, c'était dans les mesures à prendre pour y satisfaire.

La révolution de juillet était survenue en pleine crise industrielle et commerciale. Elle ne fit naturellement que l'aggraver. Ses auteurs demeurèrent convaincus que le rétablissement de l'ordre, la défaite des partis hostiles, la pacification des esprits et de la rue, le maintien de la paix européenne, la satisfaction ou la répression rapide des aspirations qui, sous des formes plus ou moins violentes, s'étaient sur tant de points fait jour, suffiraient à ramener la prospérité. Discipliner la société par le retour aux anciennes institutions corporatives, limiter la production et maintenir les salaires par la suppression de la concurrence, apparaissait à quelques autres comme le meilleur remède.

Le Gouvernement s'efforça de tenir un juste milieu entre les utopies révolutionnaires ou rétrogrades. Il sentit que les dissertations politiques et constitutionnelles devaient cesser de préoccuper exclusivement les esprits ou même d'avoir le premier pas ; les doctrinaires les considérèrent comme définitivement réglées par la charte et dès les premières années du règne se mirent à l'œuvre pour donner satisfaction aux aspirations nouvelles. Il put leur sembler que la France était encore trop meurtrie pour risquer une mêlée générale en vue d'agrandir son territoire, que le mieux était de travailler à l'aménagement de celui que les traités lui avaient laissé, à la mise en valeur de toutes ses richesses. De là, au point de vue moral dont il fit, avec une remarquable netteté, le point de départ de toutes ses créations, la belle et féconde loi Guizot sur l'instruction primaire (1833), la loi sur le travail des enfants dans les manufactures (1841), toutes les lois d'assistance, toutes les fondations charitables ; au point de vue matériel, les grands travaux publics, le développement et la transformation de la viabilité et des transports. La loi sur les chemins vicinaux (1836) est tout un plan sagement et utilement combiné en vue d'avantages durables ; celle sur les chemins de fer (1842) qui eut à vaincre tant d'oppositions redoutables, jeta les bases d'un réseau de voies, conçu de manière à répondre aux besoins les plus immédiats du pays, sans sacrifier aucune de ses parties. En combinant les efforts des particuliers et ceux de l'État, laissant l'exploitation à des compagnies sous le contrôle du Gouvernement, faisant de Paris le centre du réseau, mais lui conservant le caractère d'une œuvre vraiment nationale ; en faisant adopter la loi sur l'expropriation pour cause d'utilité publique, la monarchie de juillet avait bien mérité du pays. En s'ajoutant aux

routes déjà existantes et dont le décret de 1811 avait réglé
les conditions d'entretien, le réseau vicinal facilita les relations. C'était dans l'histoire des voies de communication une
phase nouvelle qui s'ouvrait. Ces routes de terre, ces belles
et larges routes pavées et plantées, tracées à travers toute la
France allaient dans un avenir prochain, devenir toutes des
voies vicinales, des tributaires des voies ferrées ; pour le moment, routes, chemins de fer, encore peu nombreux, canaux,
fleuves, se partagent le mouvement de la circulation. Les
lourdes diligences utilisent, dès qu'elles les rejoignent, les
tronçons de voies ferrées qui existent (Paris à Rouen, Paris à
Orléans, 1843). En 1848, 6,000 kilomètres étaient concédés,
4,762 en construction, 1,830 en exploitation; 4,230 kilomètres
de canaux et 36,000 kilomètres de route s'ajoutaient aux parties navigables de nos rivières et de nos fleuves. Des bateaux
à vapeur circulaient sur des cours d'eau que nous avons peine
à nous représenter aujourd'hui utilisés pour des services
réguliers. De Nevers et de Moulins-sur-l'Allier jusqu'à
Nantes, tout le cours de la Loire était fréquenté par ces bateaux à vapeur. Les canaux donnaient une recette, comme
droits de navigation, de 9,144,000 fr. en 1846 contre 3,734,000
en 1832 ; la circulation des voitures publiques avait presque
doublé, et le commerce extérieur, malgré les douanes, s'élevait à 2,613 millions. La Banque de France, bien que ses
opérations fussent restreintes par celles de quelques banques
locales, atteignait en 1839 un mouvement général de fonds
de 7,478 millions.

La poste avait doublé le nombre des lettres transportées,
triplé celui des imprimés et le chiffre des dépôts. Enfin, en
1845 une première ligne de télégraphie électrique avait été
établie entre Paris et Rouen. La découverte qui avait permis

ces communications à distance, faite en France, avait déjà reçu ailleurs ses applications. L'Angleterre avait créé sa première ligne dès 1839, l'Amérique en 1844.

L'usage des machines s'était encore développé ; il y en avait en 1847, en France, 4,853 développant une force de 61,630 chevaux. Le mouvement devait s'accentuer dans la période suivante. Il était désormais irrésistible. Par suite de la baisse de prix, l'équilibre s'était peu à peu rétabli entre la production et la consommation. Le nombre des ouvriers, un instant déprimé par l'emploi des machines, était plus considérable qu'avant leur introduction ; la population urbaine avait par suite de l'accroissement du travail industriel augmenté de 2 millions de 1836 à 1846, au détriment surtout de celle des campagnes. Les mœurs se modifiaient ; les grands ateliers n'étaient peut-être pas plus malsains que les caves où vivaient précédemment les ouvriers des villes. « Le bien et le mal se mêlaient, dit M. Levasseur ; les classes ouvrières commençaient à s'instruire, à épargner, à multiplier leurs associations de prévoyance et à sentir le besoin de réformer leurs mœurs ; mais leur instruction était encore bien insuffisante, leurs habitudes bien grossières, leur moralité bien peu solide et peu capable de résister aux tentations du cabaret ou de la toilette. » Les anciens compagnonnages n'avaient pas cessé d'exister ; le tour de France était encore dans les habitudes de certains corps de métiers. La facilité des communications activa la circulation des voyageurs ; la nécessité d'écouler les produits allait progressivement substituer au marchand ambulant, allant de bourg en bourg avec sa pacotille, le voyageur de commerce prenant des commandes sur échantillon. La presse enfin donnait à la réclame, depuis longtemps usitée sous les formes les plus

diverses, écriteaux, pancartes, circulaires, prospectus, boni-
ments des charlatans, etc., une forme nouvelle, *l'annonce* qui
allait pénétrer partout, relancer jusque dans les campagnes
les plus éloignées l'acheteur, comme ses articles de propagande politique ou socialiste allaient éveiller dans les classes
ouvrières des colères dangereuses ou des espérances irréa-
lisables.

Les principaux produits que l'industrie demandait ou
fournissait au commerce étaient les matières premières, laine,
lin, coton, métaux, dont le marché allait prendre une extension considérable. A mesure qu'elle abaissait ses prix et
diminuait ses gains sinon sur la totalité de ses opérations, du
moins sur chacun de ses articles de vente, elle devait se
préoccuper davantage d'obtenir ses approvisionnements à bon
compte. De là des déplacements d'industries. Des contrées
où par suite de l'aridité du sol, de la maigreur des productions agricoles, certaines industries familiales à la portée
d'une population disséminée, tissage des toiles, fabrication
de la dentelle, etc., s'étaient fixées et prospéraient furent
désertées par les manufactures au profit des pays riches en
cultures industrielles, en houille, en main-d'œuvre, en communications, en débouchés. Les habitudes du commerce
allaient donc subir encore, de ce fait, des métamorphoses.

La fabrication du fer émigrait des régions boisées aux
pays houillers, des forges catalanes aux hauts fourneaux. La
consommation de la houille montait de 2 millions de tonnes
en 1831 à 7,500,000 en 1847. La consommation de la fonte
et du fer augmentait dans de grandes proportions ; la production de l'acier commençait. La métallurgie variait à l'infini
et perfectionnait ses instruments et ses outils de fabrication
comme le travail et l'emploi des métaux. La filature portait

le nombre de ses broches de 1 million et demi en 1834, à
3 millions et demi dix ans après, se développant principalement en Alsace, en Normandie, dans le Nord où le chiffre
des broches passait de 4,000 à 5,000 à 700,000[1]. Au lieu de
30 millions de kilogrammes de coton en 1830, il en fallait
64 millions en 1848. La teinture, l'impression sur étoffes,
la fabrication des toiles, des draps, des soieries, du linge fin,
des peluches, des tapis, etc., celle des produits chimiques
étaient en progrès. La production du sucre de betterave enfin
s'élevait à 64 millions de kilogrammes. Et cependant l'hiver
de 1847 avait été, à la suite d'une mauvaise récolte, le té-
moin de scènes regrettables de désordres et de pillage. Le
commerce ne pouvait, avec la mobilité des taxes sur les céréales, entreprendre d'opérations au dehors et se trouvait
paralysé par la législation comme par les préjugés. L'élévation du prix du pain avait amené des souffrances et soulevé
des plaintes. L'Angleterre venait d'abolir sa loi des céréales.
N'y avait-il pas là un exemple à suivre ?

L'Angleterre avait en effet marché pendant ces dix-huit
ans. Son aristocratie avait mieux compris que la bourgeoisie
française la marche des idées et des faits ; elle prenait les
devants. La réforme électorale et parlementaire de 1832 était
plus libérale que la loi française ; l'esclavage était aboli dans
les colonies anglaises en 1834 et la France en était encore à
préparer sa suppression quand tomba la monarchie de juillet ;
la loi des céréales avait disparu en 1846 et un tory, sir
Robert Peel, avait opéré dans la législation douanière une
révolution complète.

Les tentatives d'Huskisson avaient été trop heureuses pour

----

1. Levasseur, *op. cit.*, II, p. 125 et passim.

qu'on s'arrêtât dans cette voie. Les matières premières, de plus en plus recherchées partout, s'accumulaient à Londres, devenue le véritable fournisseur de l'Europe. Mais des raisons plus sérieuses encore entraînèrent la résolution de Peel.

Une ligue pour l'abolition des lois des céréales s'était formée dès 1835 sous l'impulsion de Richard Cobden. Manchester en était le siège. Cobden, encouragé par l'exemple d'O'Connell, fit en faveur de la liberté commerciale une campagne qui rappela celle du grand tribun pour l'émancipation des catholiques d'Irlande. Alimentée par de fortes souscriptions, la ligue entretenait un journal, répandait des brochures, embrigadait les électeurs, tenait des meetings. Son chef était non un politicien, mais un riche manufacturier. Sa parole trouvait d'autant plus d'écho que l'Irlande était en proie à la famine, que le prix du blé s'était élevé à un taux exorbitant en Angleterre, que les salaires subissaient par suite d'une crise une diminution considérable, des deux tiers dans certaines industries. Le commerce souffrait de la dépréciation des papiers de certaines banques d'émission, le budget était en déficit. Bref, lorsque Peel prit possession du pouvoir, une crise politique et sociale profonde agitait les trois royaumes.

Cependant les voies ferrées se multipliaient (les 3,918 kilomètres de la Grande-Bretagne avaient transporté en 1845 34 millions de voyageurs) et des lignes régulières de navigation à vapeur étaient ouvertes entre l'Angleterre et l'Inde en 1837, entre l'Angleterre et l'Amérique en 1838. Le réseau de canalisation intérieure commencé en 1759 venait d'être achevé (1840). Dès 1830, un ancien président de la commission des finances de la Chambre des communes, Parnell, avait proposé une réforme des finances au moyen de l'abolition des droits sur les matières premières et sur les denrées, un dégrèvement des spiritueux et du tabac et leur remplacement par un droit sur le capital et les revenus.

Peel, homme d'État, chef du parti conservateur, capable, il l'avait prouvé en proposant le bill d'émancipation des catholiques d'Irlande, des résolutions les plus énergiques et les plus contraires à ses convictions premières, obéit dans ses réformes financières et commerciales, non pas à une irrésistible poussée du dehors dont il condamnât les mobiles et les principes, mais à une conviction raisonnée. S'il imposa de durs sacrifices à ses amis, ce fut sans doute pour éviter à l'Angleterre une révolution violente, mais aussi pour lui ménager par l'application d'idées nouvelles répondant à une situation nouvelle une indiscutable prépondérance. Des mesures transitoires et de préservation précédèrent la présentation du bill. L'échelle mobile fut substituée à l'interdiction absolue d'importation des céréales ; les droits sur les denrées alimentaires et les matières premières diminuées, *l'income-tax* rétabli (1842). Le Trésor était dès lors garanti contre les perturbations que la réforme douanière aurait pu jeter dans les finances de l'État. En 1844, les règlements de la Banque étaient révisés, son droit d'émission et celui des autres banques autorisées enfermé dans des limites précises ; des conventions avantageuses pour l'État et le public conclues avec les chemins de fer. En 1845, des concessions étaient faites à l'Irlande où la situation économique était grave et le bill d'abolition présenté une première fois, malgré les protestations de la contre-ligue pour le maintien des lois des céréales ; en 1846 enfin, le ministère reconstitué faisait adopter un bill portant la suppression pure et simple, après un délai de 3 ans pour le blé, immédiate pour la viande, de tous les

droits, modifiant 750 articles du tarif des douanes, en supprimant un grand nombre d'autres, bref, établissant, sans
aucune condition de réciprocité, le libre-échange. L'agriculture anglaise était sacrifiée, l'évolution industrielle consacrée; le Royaume-Uni allait devenir dans des proportions
plus considérables encore que ne le prévoyait Peel, tributaire
de l'étranger pour sa subsistance, mais son maître pour l'industrie et le commerce. Les débris de l'ancien système restés
debout tombèrent en 1850 avec l'abolition de l'acte de navigation vieux de deux siècles; le régime colonial disparut
comme le régime maritime; les ports anglais furent ouverts
à tous les navires, nationaux et étrangers, sans différence de
traitement; les colonies furent affranchies de toute sujétion
économique vis-à-vis de la métropole. L'Angleterre avait industriellement par le développement du travail mécanique,
financièrement par ses fonds placés à l'étranger, maritime-
ment par le développement de sa flotte et de son empire colonial, une situation qui lui permettait de faire cette expérience. Elle prévenait, par cette rupture avec les anciens
errements, les agitations qui allaient bientôt remuer toute
l'Europe. Peel et ses continuateurs whigs ne méconnais-
saient pas la contingence de toutes les doctrines économiques.
Tout ce qui tient à l'existence même des sociétés se modifie
avec ces sociétés elles-mêmes. L'habileté consiste à prévoir
la marche des événements, trouver avant les autres la formule qui s'y applique et adapter aux conditions nouvelles les
procédés et les lois.

Le grand mérite de Peel est d'avoir compris, contre ceux qui
lui reprochaient d'ouvrir ainsi l'Angleterre aux produits des
nations qui proscrivaient les siens, quels genres de bénéfices
en pouvaient résulter pour elle. Héritière de Bruges, d'An-

vers et d'Amsterdam, elle devint comme un dock immense où s'entassèrent les marchandises librement amenées, où de toutes parts on'venait librement s'approvisionner, lui laissant le bénéfice, minime en soi mais considérable par la masse, de l'entrepôt et de la commission. Elle recueillait le profit du séjour de ces bâtiments dans ses ports, des réparations, des approvisionnements en charbons, en vivres, en objets de gréement ou d'équipement qu'ils y faisaient. Elle savait que, sûres de trouver chez elle des navires en partance pour toutes les directions, les marchandises étrangères y seraient dirigées en masse ; qu'acheteurs ou vendeurs, s'ils trouvaient chez elle des articles manufacturés à meilleur compte, profiteraient de leur séjour pour renouveler les vêtements, le linge, les ustensiles à leur usage ; que les règlements de compte ne se feraient pas sans laisser de bénéfice à leur banque ; que par la force des choses son marché deviendrait le marché régulateur du monde entier. Son sous-sol, ses navires et ses manufactures suffiraient pour occuper, malgré la substitution de plus en plus active des machines au travail humain, tous ceux que ne retiendrait plus l'agriculture. Cet exode qui s'accomplissait au profit des colonies et ressemblait même à une véritable désertion pour l'Irlande ne tarderait pas, pensat-elle, à ouvrir de nouveaux débouchés pour ses articles manufacturés, de nouveaux champs d'approvisionnement pour ses entrepôts ; elle avait compris que la période du commerce universel allait s'ouvrir et que la prépondérance appartiendrait au peuple qui entrerait le premier et le mieux armé dans la lice.

Le même caractère d'hésitation et de prudence exagérée d'une part et de l'autre de décision et de hardiesse se retrouve dans les entreprises extérieures des deux peuples.

La France, maîtresse d'Alger, allait-elle abandonner ou retenir, limiter ou étendre sa conquête? Les Chambres passèrent alternativement d'une opinion à l'autre, ne consentant qu'avec restriction aux sacrifices demandés, compromettant par leur parcimonie les expéditions qu'elles autorisaient, prolongeant la guerre et doublant les sacrifices en hommes et en argent faute de se décider à mettre immédiatement et sans arrière-pensée à la disposition du Gouvernement les ressources nécessaires et ne se résignant qu'avec peine à nous donner cette France d'outre-mer. L'Angleterre, poursuivant méthodiquement, sous tous les ministères et quel que soit le parti au pouvoir, l'extension de ses possessions aux Indes, s'agrandissait aux dépens de la Birmanie, s'établissait à Singapour (1820), à Malacca (1826) et entreprenait en 1841 la guerre de l'opium qui lui donnait Hong-Kong. L'Algérie n'était séparée de la France que par la largeur de la Méditerranée, et plus rapprochée de Marseille que Marseille de Paris; c'était un ancien grenier de Rome, une terre fertile par conséquent; elle pouvait devenir pour nous une magnifique colonie de peuplement, un précieux débouché pour nos manufactures, un puissant aliment pour notre marine marchande. Elle avait fourni une occasion de montrer sa force à notre marine; elle était une école pour notre armée qui s'illustrait par de brillants faits d'armes. Tous ces mérites lui valaient à peine grâce auprès des timorés. Cependant Abd-el-Kader était prisonnier et la conquête à peu près achevée en 1848, et la monarchie de juillet nous avait assuré en outre, dans les mers lointaines, des stations importantes : Sainte-Marie de Madagascar, Nossi-Bé, Mayotte, Taïti, les Marquises. Un traité avait même été signé à Whampoa avec la Chine (1844). Nous avions pris dans ces parages lointains et sur la côte du Maroc la revanche de nos déboires dans la question d'Orient.

Depuis plusieurs siècles, les puissances européennes commerçaient avec la Chine ; leurs navires y étaient tolérés plus qu'admis, mais, nous l'avons vu, tous les peuples voulaient au xviiie siècle avoir part aux échanges avec cet immense empire. Canton en était le centre principal. Les Portugais étaient établis à Macao ; les Hollandais avaient le droit de trafiquer à Nangasaki avec le Japon.

En 1792, la Compagnie anglaise avait réussi, malgré les prohibitions, à vendre 300,000 kilogr. d'opium aux Chinois. Ce commerce n'avait fait qu'augmenter depuis lors. Le gouvernement chinois s'en émut. Le bruit qui se faisait sur toutes ses frontières l'avertissait d'un péril prochain. Il résolut donc d'agir et provoqua par là une guerre dont l'issue fut malheureuse pour lui. Il dut non seulement recevoir l'opium, mais ouvrir cinq de ses ports aux Européens et céder Hong-Kong aux Anglais. L'extension de ce droit de commercer avec la Chine à tous les Européens était une stipulation tout à l'honneur des Anglais. Elle rentrait dans le cadre du nouveau système commercial qu'ils allaient adopter, mais elle était aussi fort habile. Tout retour de la Chine sur cette concession atteignait non plus la seule Angleterre, mais toutes les puissances. Ce n'était pas de trop de la coopération, sinon active, du moins morale, de l'Europe entière pour maintenir la position conquise. Le monde chinois se présentait avec son apparente unité de domination, son énorme population, le mystère qui l'entourait, ses races si différentes des nôtres comme une masse difficilement pénétrable. L'Europe lui achetant beaucoup plus qu'elle ne lui vendait, la Chine recevait, en échange de son thé et de sa soie, notre métal blanc qu'elle accumulait dans ses temples. Le riz était le principal de ses articles d'importation et l'Europe ne le produisait pas. L'opium que l'Angleterre tirait de ses possessions indoues n'en était que plus précieux pour elle. Par l'Hindoustan, par Singapour, par l'opium elle avait assez d'avantages sur les autres puissances pour se montrer généreuse et désintéressée avec elles.

Les affaires de la Perse et d'Hérat lui avaient assuré également à Bender-Abbassi un bon poste d'observation et de commerce. Elle était maîtresse d'Aden et de Socotora. Son habileté à choisir ses stations et ses postes n'avait d'égale que sa science à en tirer tout le profit qu'ils pouvaient rapporter.

PÉRIODE CONTEMPORAINE

CHAPITRE VI

Le commerce et la démocratie. — La découverte des mines d'or de la Californie et de l'Australie. — Avènement et progrès du commerce universel.

Deux grands faits ont donné à l'année 1848 une importance considérable dans l'histoire du commerce : l'avènement du suffrage universel à la suite de la révolution de février et la découverte des mines d'or de la Californie et de l'Australie. Bien que d'ordre absolument différent, et sans lien entre eux, ils ont contribué à donner au commerce la physionomie toute nouvelle qu'il prend à partir de cette époque. Tous les éléments de transformation amassés dans la période précédente se révèlent ou s'affirment avec une force inattendue. L'évolution se fait avec une vitesse et une vivacité qui tournent quelquefois à la violence. L'enchaînement qui relie les unes aux autres toutes les formes de l'activité humaine, toutes les manifestations de l'intelligence, éclate à chaque pas. Aux affirmations lyriques et sentimentales de solidarité humaine, la science apporte par ses découvertes et ses applications le moyen de se transformer en faits. Les spéculations métaphysiques, les bouleversements politiques, les élans religieux, les théories économiques, les inventions, les découvertes dues au génie comme celles que

l'on doit au hasard, tout concourt à renouveler l'aspect extérieur de la terre habitable comme la vie politique et morale
des sociétés qui la couvrent. La suppression des distances
dans la vie économique comme dans la constitution sociale,
l'intensité de la vie matérielle comme de la vie intellectuelle
rapprochent tous les hommes. Le commerce prend dans cette
nouvelle phase du développement humain une extension et
une intensité inconnues jusqu'alors. Il devient un des principaux mobiles et presque le régulateur des rapports internationaux, met simultanément en mouvement les points les
plus éloignés du globe, et lance comme par un immense le-
vier sur un même point les représentants de tous les peuples
à la conquête de nouveaux éléments d'échanges et de nouveaux clients.

Dans sa marche progressive à travers le continent européen, le régime constitutionnel, la monarchie parlementaire
avait revêtu ou conservé, non par essence, mais par suite des
circonstances et du moment du développement social auquel
il se produisait, le caractère d'un gouvernement de la classe
moyenne. Le droit de suffrage, même dans les constitutions
à l'esprit le plus large, appartenait exclusivement à des censitaires, c'est-à-dire, qu'elle soit de naissance, de fortune ou
de talent, à une aristocratie. Propriétaires, industriels ou
savants, tous rentraient dans la catégorie des producteurs.
Quelle que fût la largeur de leurs idées, quelque hardies
que fussent leurs aspirations, ils avaient par éducation conscience de la gravité de tout changement brusque, de la nécessité des ménagements et des transitions. Ce fut cependant
dans cette classe que se rencontrèrent les auteurs d'une des
mesures les plus profondément révolutionnaires de ce siècle:
l'établissement en France du suffrage universel. Le poëte,

le savant, les orateurs, les écrivains qui composaient le Gouvernement provisoire, entraînés par les événements, éblouis
et fascinés par le succès inattendu de cette échauffourée populaire qui les avait portés au pouvoir, hantés par des rêves
de fraternité universelle, et enlevés de terre, pour ainsi dire,
par ce tourbillon de philanthropie sensible et démonstrative
qui, pendant quelques jours, jeta dans les bras les uns des
autres ouvriers et bourgeois, n'hésitèrent pas à proclamer
et faire passer dans les faits cette égalité des droits politiques,
cette attribution à tout citoyen de sa part de souveraineté.
Ils n'hésitèrent pas non plus à abolir sans transition l'esclavage dans les colonies, déplaçant là aussi brusquement l'influence et le pouvoir.

Cependant, ni l'Assemblée constituante, ni la Législative
ne modifièrent dans leur essence les conditions du commerce
et de l'industrie. Leur composition différait peu de celle
des assemblées précédentes. Une majorité compacte défen-
dait contre une minorité divisée non seulement les principes
qui avaient guidé les censitaires, mais leurs intérêts. Au
surplus, le trouble était déjà trop profond dans les affaires
pour qu'on pût risquer une expérience. L'État avait été préservé de la banqueroute, la Banque de France d'une catas-
trophe. La réaction qui s'était faite dans les esprits après les
journées de juin avait remplacé la Constituante franchement
républicaine et gagnée aux idées démocratiques par une
assemblée d'un tout autre esprit. Les conséquences de la
révolution de 1848 étaient ajournées. Toutefois une bonne
mesure fut prise en faveur du commerce. L'élévation du prix
des correspondances et la diversité des tarifs, suivant les
distances, était une grande gêne pour les relations. L'adoption
d'un tarif réduit et uniforme de 20 centimes par lettre pour

toute la France, la vulgarisation de l'emploi du timbre-poste
qui en facilitait la distribution et la rapidité plus grande de
la circulation par les chemins de fer donnèrent de suite aux
transports par la poste une activité dont l'agriculture, l'industrie et le commerce retirèrent de considérables avantages.
Le nombre des lettres transportées par la poste quadrupla
de 1848 à 1865.

Le commerce était, nous le savons, mal vu des réformateurs de plusieurs écoles. La suppression des intermédiaires
était un des articles de leur programme ; la mutualité, l'association coopérative, l'idéal de beaucoup. Les assemblées
elles-mêmes reconnaissaient ce que cette mise en commun
d'efforts pour assurer aux masses laborieuses les objets de
première nécessité à des prix moins onéreux, s'assister, se
secourir, se venir en aide de toutes les façons, pouvait avoir
de fécond et d'heureux. Elles favorisèrent et encouragèrent
toutes ces tentatives, mais sans aller jusqu'aux réformes qui
auraient le plus contribué à rendre meilleures les conditions
de la vie en abaissant les tarifs douaniers et favorisant la concurrence. On demeurait convaincu que les droits prohibitifs
ou protecteurs étaient également nécessaires pour permettre
au fabricant de produire et à l'ouvrier d'avoir du travail.

Cependant le relèvement des masses populaires par l'octroi
du droit de suffrage, l'élargissement du pays légal, cette
remise aux mains du pays tout entier de la gestion de ses intérêts et de sa fortune était une réforme grosse d'avenir.
L'unité de la France était faite. Nos écrivains, nos penseurs,
nos savants, les luttes pour l'indépendance et même les
guerres de conquête, les victoires et les défaites même
l'avaient solidement cimentée. L'application de la loi militaire, le mélange dans un même régiment d'éléments pris

sur tous les points du territoire, les changements de garnison fréquents et à de longues distances avaient encore resserré les liens. Le soldat, rentré dans ses foyers, avait bien la conscience de la patrie française et la répandait partout autour de lui.

Néanmoins, derrière cette unité morale subsistaient encore des diversités provinciales, résultat inévitable des circonstances physiques et des traditions, des habitudes, du genre de vie imposés par l'atavisme et par le milieu. La population agricole et rurale formait encore, malgré les progrès de l'industrie, l'élément de beaucoup le plus nombreux. Partout elle avait un caractère commun, une grande sobriété, un esprit d'épargne poussé parfois à l'excès. L'écu ne valait pour le paysan que par la portion de terre qu'il lui permettrait d'acquérir. Pour toute autre chose, il ne le sortait qu'avec hésitation et regret du bas où il le renfermait. Vivant des produits de sa terre, c'était aussi sur eux et avec eux qu'il préférait acquitter le prix de son fermage ; il en payait une partie en *menues faisances :* beurre, œufs, volailles, grains, paille, etc. À la petite ville même, la circulation monétaire se trouvait de ce fait restreinte et bornée. Le commerce proprement dit était réduit à son minimum.

Le dimanche, sur la place du village, on causait bien de tous les faits de la semaine, de l'état des récoltes, des prix, de ce qui serait désirable. Chacun avait son idée, sa manière de voir, l'exprimait rarement, attendant et ne pouvant rien. Le citoyen passif a maintenant le droit et le moyen de manifester son opinion. Il est une puissance, on le courtise par intervalles, et il n'y a qu'un seul moyen de le prendre : son intérêt. La loi faite surtout pour le propriétaire devra se préoccuper aussi du fermier ; en présence du progrès que font parmi les ouvriers des villes les idées socialistes, l'électeur des campagnes, le rural, est un solide point d'appui. Pour lui plaire, et pour obéir aussi à un amour-propre de propriétaire et à un sentiment de sincère philanthropie, de tous les côtés à la fois les habitations rurales se renouvellent; le torchis fait place à une construction en briques, le toit de chaume à une couverture en tuiles; les granges, les étables prennent un meilleur aspect. A un extérieur nouveau, à une situation et à une dignité nouvelles vont répondre des amodiations nouvelles. Le mobilier sera renouvelé, renouvelé le mode de culture, renouvelé surtout ce qui tient le plus à cœur à l'éleveur, son bétail. Les comices agricoles dans lesquels il reçoit des primes et de l'encens l'y encouragent. Des routes agricoles, des canaux sont ouverts pour faciliter l'arrivage des engrais, le Crédit foncier créé pour faire l'avance des fonds nécessaires à la transformation de l'outillage et des constructions.

A ce moment même, l'or de la Californie et de l'Australie commence à se répandre en Europe. Le papier, le billet de banque n'inspirait pas confiance dans les campagnes; il n'aurait pas pu remplacer le métal. Celui-ci est d'autant plus recherché qu'il était plus rare autrefois; dans les villes même en effet, l'or faisait prime. Cette abondance de numéraire pousse aux transactions; en se multipliant, celles-ci font augmenter les prix. A partir surtout de 1857, malgré la crise qui éclatera l'année suivante en Amérique, une hausse générale se manifeste sur tous les produits. Le temps n'est plus où, comme en 1848, en Auvergne, à la suite d'une récolte de vin prodigieusement abondante, on donnait à boire *à un sou l'heure* dans les cabarets. Sous l'impulsion de toutes ces causes, les chemins de fer aidant, le bien-être se développe,

les besoins augmentent. « L'empereur des paysans » veut
leur assurer des débouchés plus étendus et des approvisionnements à meilleur compte.

Or, la révolution de 1848 avait eu son contre-coup dans
toute l'Europe. Presque partout elle avait, comme en France,
abouti à un échec apparent. La Prusse et l'Allemagne continuaient à n'avoir que des libertés fort restreintes ; l'Autriche
avait repris partout sa politique absolutiste et comprimé durement les élans particularistes ; l'Italie était, sauf le Piémont
doué d'institutions libérales, retombée sous son ancien joug ;
mais il restait acquis que partout existaient des ferments démocratiques ; que les masses populaires prenaient conscience
de leur force ; que de nouvelles couches sociales tendaient à
monter à la surface, inférieures en intelligence et en énergie
à celles qu'elles éliminent ou tendent à noyer dans leur sein,
disent nos modernes anthropologistes, en tous cas certaine-
ment moins cultivées, moins riches et au service desquelles
l'industrie doit mettre des produits moins raffinés et plus
abordables. Cette démocratie qui se développe aussi au delà
des mers ne craint pas l'uniformité, apprécie peu l'élégance
et est surtout sensible au bon marché. Ce que l'on appelait
autrefois les classes supérieures va bien se recruter, par
suite de la constitution rapide de nouvelles fortunes, d'éléments nombreux qui fourniront à l'industrie de luxe des
clients d'autant plus avides de jouir, qu'à la différence de
l'ancienne fortune territoriale, la fortune mobilière procure
non de la puissance mais le moyen de satisfaire ses caprices ;
mais celle-ci, dont le goût n'a pas encore eu le temps de se
former, dont l'éducation artistique n'est pas faite, sera moins
sensible aux solides qualités de l'industrie française qu'au
clinquant et aux apparences de richesse.

Dans les villes aussi où, à la suite du coup d'État de 1851, les préoccupations matérielles étaient seules permises, les affaires marchaient. Notre commerce extérieur avait, dès 1851, repris et dépassé le chiffre de 1847, grâce surtout à un accroissement considérable de nos exportations (1,620 millions contre 1,271 seulement en 1847). Les perfectionnements mécaniques se multipliaient, la production croissait, le nombre des ouvriers augmentait et l'on célébrait à l'envi (l'on n'aurait pas pu sans danger dire le contraire) la prospérité réelle de l'industrie sous Napoléon III.

Une innovation datant de 1851 l'avait, alors pourtant que nous étions encore en pleine crise politique et sociale, nettement mise en relief : l'Exposition universelle de Londres. L'Angleterre avait réalisé une idée née en France. Le palais de cristal de Sydenham avait abrité les produits de 17,062 exposants ; le palais de l'industrie en reçut 24,000 en 1855. Ces débuts d'une institution appelée à être durable furent pour beaucoup une révélation et eurent, mieux que les réunions qui suivirent, le caractère d'un enseignement.

Le succès de la France avait été immense. Notre supériorité dans les industries d'art avait été indiscutable et aucun peuple ne nous égalait pour le goût, l'ingéniosité, l'élégance de la forme, la grâce et la science du décor. Par contre, non seulement l'Angleterre, mais l'Allemagne du Nord et la Belgique produisaient les articles communs à meilleur marché que nous.

Si notre industrie peut espérer de ce côté quelques clients nouveaux, c'est, de l'autre, vers les produits communs que va se jeter la masse des consommateurs qu'il faut satisfaire, c'est la clientèle qu'a dès le début recherché de préférence l'industrie anglaise, celle qui assure le débit le plus cons-

tant, celle qui donne le moins de chance de perte par suite
d'un changement subit du goût et des modes. Tous les peuples orientent de ce côté leur travail industriel, mais aucun
ne se résigne à son infériorité artistique. L'Angleterre va
créer le South-Kensington Museum ; l'Autriche et l'Allemagne du Sud, puis la Suisse, l'Allemagne du Nord, la Belgique et l'Italie, plus tard la Hollande, le Danemark et la
Russie, plus récemment enfin les États-Unis créeront école
sur école, ouvriront des expositions, distribueront des prix,
des médailles, des encouragements de toutes sortes pour
élever leurs industries d'art à la hauteur des nôtres. La production croîtra plus rapidement que le débit. Nous maintien-
drons notre supériorité, mais, la nécessité de vendre beaucoup
s'imposant, la fabrication ne pouvant continuer qu'à la condition de multiplier par un débit croissant le gain diminuant
de plus en plus sur chacun des articles offerts, celle-ci devra
être mise par tous les moyens à même de satisfaire à ces exigences pour sauvegarder le travail national. Les expositions
universelles devaient avoir ainsi pour principal résultat de
stimuler la concurrence internationale, de dépouiller les
vieux États de ce prestige qui les entourait autrefois et de
ces monopoles de fabrication qu'on respectait par une sorte
d'habitude et que l'esprit nouveau entraînait dans le gouffre
où s'engloutissaient chaque jour quelques-unes des vieilles
traditions.

Dès que les premières résistances eurent été vaincues, la
construction des chemins de fer progressa rapidement dans
toute l'Europe. La question de leur rachat aux compagnies
avait été agitée en France, dans les assemblées républicaines,
mais on s'en était finalement tenu au système des concessions.
Celles-ci, la constitution des compagnies, le groupement des

lignes, les rapports des compagnies avec l'État avaient été l'objet d'une revision complète après 1851, à la suite de quelques mécomptes. Le réseau français avait été définitivement partagé, de 1852 à 1856, entre six grandes compagnies, l'achèvement de l'ancien réseau accéléré et la construction du nouveau réseau amorcée. Le nombre des kilomètres en exploitation était monté de 2,200 en 1848 à 8,820 en 1860. Avec la longueur des lignes, la vitesse augmentait, le matériel s'améliorait, le nombre des voyageurs et des marchandises transportés croissait sans cesse. A l'étranger, même émulation. L'Autriche, un des pays les plus arriérés, se couvrait de chemins de fer. L'Amérique en construisait avec fièvre.

Le tempérament de chaque État se retrouvait dans les règles admises pour les concessions et l'exploitation ; l'Angleterre abandonnait tout à l'initiative privée, sans concession ni don de l'État et avec l'interdiction d'acquérir un seul pied de terrain en dehors des besoins immédiats ; les États-Unis, où la colonisation était la grosse affaire, subventionnaient au contraire ces entreprises par la concession, de chaque côté de la voie, de larges bandes de territoire ; la France ne craignait pas d'allonger le parcours pour desservir des villes qui seraient restées en dehors du tracé direct et préparer la construction de nouvelles lignes ; la Russie tirait une ligne droite de Pétersbourg à Moscou, sans se soucier de ce qui pouvait se trouver ou manquer sur le parcours ; en Espagne, en Italie, en Belgique, en Allemagne, l'État construisait et exploitait lui-même tout ou partie du réseau ; partout en somme les communications par voies ferrées se multipliaient et rapprochaient les distances que supprimait la télégraphie électrique.

Sur mer, le mouvement avait été plus vite. Là en effet,

pas de voies à établir, de tunnels à percer ; aussi la navigation à vapeur, favorisée par l'usage de l'hélice, rendue plus sûre par l'établissement des phares et le perfectionnement de leur éclairage, prenait-elle de jour en jour de l'extension. Les arrivages de blés étrangers avaient, en 1854 et 1855, sauvé la France d'une disette.

L'industrie métallurgique et l'industrie extractive avaient, du fait de toutes ces transformations, pris un développement prodigieux. Les pays bien outillés, comme l'Angleterre et la France, construisaient locomotives et rails, non seulement pour eux, mais pour l'étranger, et fournissaient de matériel fixe ou roulant les lignes construites avec leurs capitaux. En France, où la préoccupation des intérêts économiques était la seule permise, le gouvernement impérial qui voulait « faire grand » encourageait partout les grands travaux publics : Paris et beaucoup de villes étaient bouleversées de fond en comble et modifiaient heureusement, sinon au point de vue du pittoresque, du moins à celui du confortable et de l'hygiène, leur aspect traditionnel. Tous ces travaux amènent une énorme circulation, un déplacement de population, une désertion des campagnes au profit des villes, de Paris surtout. L'approvisionnement en vivres de la capitale donne lieu à un commerce de plus en plus actif, laissant entre les mains des intermédiaires libres ou privilégiés plus de bénéfice qu'entre celles des producteurs, et cependant une hausse des prix en résulte, qui des produits se répercute sur le prix des terres elles-mêmes, s'étend aux salaires et dans laquelle intervient comme facteur considérable l'abondance de l'or.

Due au hasard, la découverte de l'or dans les placers de la Californie (1848) et trois ans après dans les « champs d'or » de l'Australie, allait révolutionner le monde. A l'émotion générale que souleva la nouvelle tombant dans une Europe en pleine crise politique et sociale, à la poussée qui se produisit vers cet eldorado californien et fut le point de départ d'une émigration de plus en plus active vers le territoire américain, cette découverte allait ajouter des conséquences bien autrement sérieuses. Il avait fallu plus d'un demi-siècle pour qu'après les voyages de Colomb, la perturbation causée par l'afflux des métaux précieux se fît sentir ; moins de dix ans après la révélation des richesses minérales de la Californie, les mêmes effets se manifestèrent avec une intensité plus vive encore.

La révolution de 1848 avait amené en France un resserrement de l'argent. Comme toutes les crises, elle avait eu pour premier effet de faire disparaître toutes les monnaies de la circulation. Les réserves même de la Banque avaient été presque épuisées. Il avait fallu donner cours forcé aux billets, soutenir le crédit par des mesures énergiques et même des expédients. La Banque de France réorganisée avait seule le droit d'émettre des billets, elle abaissait ses coupures à 200 fr. et à 100 fr., et publiait son bilan tous les huit jours ; le Comptoir d'escompte était créé à Paris, des établissements similaires dans les départements ; on importait d'Angleterre le système des warrants, c'est-à-dire de bons représentant des marchandises entreposées et admis à l'escompte. Bref on avait multiplié la circulation fiduciaire pour satisfaire à un besoin urgent de numéraire.

La solidarité déjà manifeste du commerce européen jointe aux agitations et aux guerres avait étendu les mêmes souffrances et les mêmes besoins à toute l'Europe. Et c'est au moment de ce resserrement du crédit et de la circulation monétaire qu'éclatait le bruit de ces trouvailles. De 1851 à

1860, la valeur moyenne de la production de l'or s'éleva à près de 700 millions de francs par an. Or, quelque développement qu'ait prise la production industrielle et agricole, ralentie, après la fin de la crise de 1848, par la guerre de Crimée (1854-1856), la guerre d'Italie (1859), la crise américaine (1857), elle était loin d'atteindre de telles proportions. La surabondance de métaux précieux amena donc une hausse rapide des prix. Les pays les plus pauvres et les plus éloignés des grandes voies commerciales et des grands marchés en ressentirent vivement le contre-coup. A Bilbao, le prix de la viande, du pain et des œufs, doubla de 1854 à 1860 ; le prix des mêmes denrées tripla en Irlande de 1857 à 1867 ; en 29 ans (1848-1877) le prix moyen de toutes choses devait s'élever de 50 à 60 p. 100.

Cette crise heureuse pour les uns, malheureuse pour les autres, accompagnée d'une énorme spéculation sur les titres de chemins de fer et de sociétés qui arrivaient en masse sur le marché de la Bourse, produisit nécessairement une accélération des échanges. Ceux qu'atteignait la dépréciation des métaux précieux, ou, si l'on veut, la diminution de leur puissance d'achat, rentiers, salariés, fonctionnaires ne pouvaient guère restreindre leur genre de vie généralement très modeste, les autres entre les mains desquels les métaux arrivaient plus abondants sans que l'effet de leur multiplication se fût encore répercuté sur ceux auxquels ils servaient à un titre quelconque des revenus fixes, usèrent, selon l'usage, sans mesure de cet excédent imprévu de richesses. « Ce fut l'âge d'or de la Bourse, dit M. Levasseur (de 1852 à 1856). Londres qui avait été, depuis le commencement du siècle, le principal marché des capitaux et des grandes entreprises en Europe, céda le pas à Paris. L'élan

était tel, qu'il permit au commerce de franchir le choléra, la
disette, la guerre d'Orient et à l'État d'emprunter un milliard
et demi sans briser le ressort du crédit. Les capitaux, à peine
formés, étaient absorbés ; les travaux publics, les emprunts,
la disette elle-même, tout y contribuait ; on spéculait à la
hausse, et les cours s'élevaient. » Le Crédit foncier, le Crédit
mobilier (1852), le Comptoir d'escompte réorganisé (1854),
la Société générale de Crédit industriel et commercial (1859),
bientôt le Crédit lyonnais (1863), la Société générale pour
favoriser le commerce et l'industrie (1864), prenaient naissance. Le machinisme avec ses perfectionnements incessants
nécessitait des installations coûteuses, des approvisionnements considérables et assurés d'avance, une production abondante et par là même plus lentement écoulable. L'abondance
des capitaux n'eût servi de rien, sans la facilité de se les
procurer rapidement et à bon compte. Le rôle du commerce
pour suffire à ces approvisionnements et à ces ventes croissait
en importance. Mais si la science avait mis à sa disposition
les moyens de répondre à ces exigences, la législation et le
système douanier entravaient de mille façons son action.
L'échelle mobile avait été une gêne et parfois même une
cause de ruine pour les négociants en blé pendant la disette
de 1855.

Le développement, la facilité, le bas prix des transports,
principaux facteurs de l'abaissement des prix pour le commerce en gros, avaient étendu le champ de l'achat et de la
vente. On voyait entrer en lice dans des proportions de plus
en plus grandes des éléments que l'on avait négligés jusqu'a-
lors. La fertilité des terres noires de la Russie inquiétait peu
les agriculteurs de l'Ouest. Faire venir des blés d'Odessa
semblait encore vers 1850 une mesure à laquelle on n'avait

recours que dans les jours de grande détresse, une opération
des plus hardies. L'abondance du bétail dans les prairies et
les steppes voisines de la mer Noire n'était qu'un médiocre
souci pour l'éleveur de l'Europe centrale et occidentale. Ce
bétail ne comptait que pour les peaux, cuirs, laines et déchets
que l'on en retirait, car c'était là la seule partie vendable, et
la viande était laissée sur place, abandonnée comme pâture
aux oiseaux de proie et aux fauves. Les États-Unis avaient
fourni à l'Europe, en 1856-1857, 5,338,000 hectolitres de
froment. On voyait dans l'accroissement de la production de
ce pays une ressource pour les mauvais jours, sans soupçon-
ner qu'il pût devenir un danger. Les Indes, où l'Angleterre
venait de réprimer, durement et à grand'peine, la terrible
insurrection des Cipayes, étaient toujours dans l'esprit public
le pays de Cocagne, une source intarissable de richesses et
les Anglais appelaient volontiers leurs mines de houille les
Indes noires. Personne à Manchester ne soupçonnait en elles
de futures rivales industrielles.

En somme, à cette date, deux puissances marchaient nettement à la tête du monde commercial et industriel, l'Angleterre et la France, l'une prépondérante par son industrie et
sa marine, la seconde par son agriculture. La prépondérance
de l'Angleterre était toutefois mieux assise que la nôtre. C'é-
tait sur des forces d'avenir, ses riches mines, solide et fécond
appui de son industrie, ses abondants moyens de transport
qu'elle reposait. La nôtre avait surtout pour fondement des
avantages qui avaient fait leur temps, si je puis dire, « une
variété de cultures qui faisait de la France comme le résumé
de toute l'Europe », une pondération bien équilibrée de forces
industrielles et de forces agricoles, notre situation sur deux
mers. L'Angleterre était tributaire de l'étranger pour ses cé-

réales, la France pour ses houilles, « le pain de l'industrie ».
Toutes deux voyaient cependant s'élever des rivales. Pour la
production des laines, elles allaient être distancées toutes
deux dans des proportions identiques par les laines exotiques ;
toutes deux allaient être menacées, l'une industriellement,
l'autre dans son agriculture par les États-Unis. La Russie
allait être pour la France une concurrente agricole redoutable, la Prusse et l'Allemagne, pour le travail du fer et de
la fonte, des antagonistes dangereux pour l'Angleterre. Des
puissances secondaires, la Belgique, la Hollande, étaient sous
certains aspects agricoles, l'élevage du bétail par exemple, en
avance sur la France, mais celle-ci dominait sans conteste
pour la production des vins (40 millions d'hectolitres, plus
du tiers de la production totale) ; elle était la première puissance du monde alors pour celle du froment, 90,000,000
d'hectolitres en moyenne, tandis que la Russie n'en récoltait
que 80,000,000 et les États-Unis 50,000,000. La France
était mieux faite avec ses proportions et le bon équilibre de
ses facultés productives pour un monde réduit que pour un
univers immensément élargi. Une œuvre d'art placée au milieu de constructions gigantesques en perpétuel mouvement
d'instabilité, court risque d'être écrasée par elles. Valait-il
mieux pour la préserver l'entourer, selon les vieux procédés,
d'une triple muraille de Chine, ou la tirer en plein air et,
faisant appel à toutes les forces naturelles ou acquises dont
elle émane, engager hardiment la lutte de l'esprit contre la
matière, s'efforcer de parer par l'ingéniosité et la science aux
dangers qui la menaçaient ?

CHAPITRE VII

Nouvelle politique commerciale. — Les traités
de commerce.

La nouvelle politique commerciale inaugurée en 1860 par le traité de commerce entre la France et l'Angleterre (23 janvier) ne fut, sous ses apparences de coup d'État commercial, que la conclusion logique du mouvement économique et social dont la Révolution de 1848 avait précipité la marche. Ce n'était plus, comme les réformes de Peel, simplement un acte de politique intérieure. Les intérêts de la France et ceux de son gouvernement en étaient sans doute les principaux inspirateurs, mais il y avait aussi des préoccupations extérieures, une intention marquée de fonder sur la satisfaction des intérêts matériels un nouveau système de politique internationale. Le besoin ou le désir de renouer plus étroitement l'alliance anglaise compromise par les événements d'Italie et leurs suites, de rétablir avec la Prusse et l'Autriche, avec la Belgique et la Suisse, des rapports qu'avait brisés ou tendus cette guerre, put en hâter l'adoption, mais les mesures prises ou proposées antérieurement par le gouvernement impérial montrent nettement qu'elle ne fut pas le résultat d'un caprice ou d'une nécessité de circonstance, mais bien d'un plan mûrement et longuement combiné.

Sans parler des manifestations socialistes de sa jeunesse, phraséologie sentimentale qui alors ne tirait pas à conséquence, Napoléon III savait que son pouvoir reposait surtout sur le prestige qu'exerçait son nom sur les masses populaires et qu'il n'était que difficilement supporté par la bourgeoisie libérale. Si celle-ci lui avait su quelque gré de la guerre d'Italie, cette même guerre allait lui attirer des inimitiés et des haines parmi ceux qu'inquiétaient dès ce moment la situation nouvelle faite au Saint-Siège et l'avenir de sa domination temporelle. Sa détermination put s'en trouver brusquée, mais il lui fallait faire quelque chose pour ses partisans, pour les paysans qui lui étaient acquis, pour les ouvriers qu'il voulait gagner. Il ne s'agissait même pas de favoriser les consommateurs au détriment des producteurs, car les paysans le sont aussi, mais d'approprier aux nouvelles conditions sociales une législation surannée, d'opérer ces changements, ces réformes que les ministres peu révolutionnaires de Louis-Philippe avaient déjà jugés inévitables, de légitimer l'autorité qu'il tenait du suffrage universel en accomplissant au profit du plus grand nombre ce que les représentants de la bourgeoisie censitaire avaient empêché le gouvernement précédent d'accomplir.

En vertu du traité dont Cobden et Michel Chevalier furent les principaux négociateurs, la France supprimait les prohibitions sur les objets manufacturés anglais, coutellerie, voitures, fils de laine, de coton, de soie, de chanvre, et les remplaçait par un droit de 30 p. 100 au maximum et de 25 p. 100 à partir du 1er octobre 1864 et abaissait les droits à l'entrée sur la houille, les fers, les fontes, les aciers, les ouvrages en métaux, les produits chimiques, etc., mais progressivement de manière à ce que les droits les plus bas ne fussent appliqués que dans un certain nombre d'années. L'Angleterre supprimait tous droits sur nos soieries, articles de Paris, bijouterie, orfèvrerie, bronzes, modes, gants, fleurs artificielles, et réduisait les droits sur les autres à des taxes purement fiscales et, par conséquent, très amoindries. Nos vins notamment ne payaient plus que 22 fr. 50 c. au lieu de 158 fr. par hectolitre et nos eaux-de-vie 218 fr. au lieu de 619 fr.

Des traités analogues furent conclus avec la Belgique (1861), la Prusse et le Zollverein (1862), l'Italie et la Suisse (1864), les villes hanséatiques, les Pays-Bas, le Mecklembourg, la Suède et la Norvège, l'Espagne (1865), le Portugal, le Pérou, l'Autriche (1866), etc.

En même temps, des lois ou décrets permettaient l'entrée libre en France, sous pavillon français, des matières premières destinées à l'alimentation de nos manufactures : laine, coton, gomme, potasse, drogues tinctoriales, etc. ; des blés, moyennant un simple droit de statistique de 0 fr. 50 c. par 100 kilogr. sur navire français, 1 fr. sur navire étranger ; du seigle, de l'orge, du maïs, etc. Les droits sur les sucres étaient réduits de moitié ; le régime colonial supprimé et les colonies ouvertes au commerce libre sous tout pavillon avec tous les pays ; les droits protecteurs en faveur de notre marine marchande étaient abolis à leur tour, les commerces de la boucherie et de la boulangerie déclarés libres, bref l'initiative privée était appelée à jouer pour le développement et la défense de nos industries et du travail national une grande partie du rôle réservé ou imposé jusqu'alors à l'État.

Celui-ci ne renonçait pas à son rôle naturel et légal de tuteur et curateur de la fortune publique, mais en ramenait l'exercice à des proportions plus modestes et plus rationnelles. L'impulsion donnée aux travaux de chemin de fer, la réduction des droits sur les canaux, la création de grands services maritimes subventionnés (Messageries maritimes, Compagnie transatlantique), les encouragements donnés à l'agriculture (drainage, desséchement des marais, plantations des landes, repeuplement des rivières, etc.), la création d'écoles professionnelles, le développement de l'enseignement spécial et de l'étude des langues vivantes, du service des postes, de la télégraphie, etc., les grands travaux publics entrepris en Algérie, l'ouverture à notre commerce de la Chine et du Japon, l'occupation de la Nouvelle-Calédonie et de la Basse-Cochinchine, la protection accordée à l'entreprise du canal de Suez inauguré en 1869, rentraient bien dans son rôle et témoignaient du souci qu'il avait de le remplir.

Il n'est pas jusqu'à la malheureuse expédition du Mexique qui n'ait eu en vue, par le rêve d'une union des races latines, l'ouverture plus large à notre commerce de l'ancienne Amérique espagnole.

En dehors même de ces entreprises et mesures intéressant directement la France, le gouvernement impérial prêtait tout son concours au rachat du péage du Sund, à l'ouverture au commerce libre de l'Escaut inférieur, aux travaux de la commission du Danube et conviait l'Europe en 1867, après Sadowa, à une nouvelle exposition universelle dont le succès dépassait celui des précédentes.

Toute l'Europe était donc entrée dans la même voie. Tous les États faisaient entre eux des traités sur la base de la réciprocité, c'était ce système et non celui du libre-échange qui triomphait. « La démocratie coulait à pleins bords », selon un mot fameux. Il s'agissait de lui creuser son lit, de régler son courant, « d'en purifier les eaux et les rendre fécondes ». Comme toujours, et ce qui s'était passé déjà en 1786 se renouvela en 1860, chacun des pays contractants se déclara sacrifié. Parmi les producteurs, ceux dont les marchandises voyaient s'agrandir leurs débouchés applaudirent, ceux aux produits desquels on permettait d'opposer la concurrence des produits étrangers protestèrent. Il était évident que cette réforme, comme toutes les innovations, devait léser certains intérêts, que ce progrès comme tous les autres exigeait certains sacrifices. On les avait demandés surtout antérieurement au consommateur au profit du producteur, c'était à celui-ci qu'on les imposait cette fois, un peu brusquement peut-être, bien qu'il eût pu le pressentir, mais non sans lui offrir le moyen d'alléger et réparer promptement ses pertes. Indépendamment de toutes les mesures générales prises en sa faveur dans le remaniement des lois et la révision des tarifs, 40 millions furent mis à la disposition des industriels pour refaire leur outillage.

La crise cotonnière, survenue au début même de l'expérimentation du nouveau régime douanier, en compromit un instant le succès. La cessation, à la suite de la guerre de Sécession, de l'arrivage des cotons d'Amérique occasionna, en Normandie surtout et en Angleterre dans le Lancashire, une affreuse misère. L'intensité en fut atténuée par le développement que prit alors l'industrie des laines (Roubaix, Tourcoing, Fourmies, Amiens, Reims, etc.) et les idées économiques qui avaient triomphé en 1860 en reçurent une nouvelle consécration. Rien n'était plus dangereux, on l'éprouvait durement, que de réserver à un seul pays le monopole d'une production.

En fait, la France se trouvait alors en bonne posture pour tenter une inévitable expérience, et les résultats se traduisirent pour elle par un immense développement de son commerce. De 1851 à 1860, ses exportations avaient été de 1,752 millions par an; de 1861 à 1870, elles s'élevèrent à

2,750 millions; de 1871 à 1880, malgré la perte de l'Alsace et de la Lorraine, à 3,489 millions; de 1881 à 1890, à 3,411 millions; en 1891, enfin, elles atteignaient 3,569 millions, dont 1,926 millions d'objets fabriqués.

L'extension du marché, la multiplication des échanges, la spécialisation des articles et la variété des marchandises sur lesquelles les opérations peuvent se conclure ont nécessité la suppression du privilège des courtiers et des modifications au droit commercial et aux habitudes de commerce. Le besoin de capitaux a engendré l'association sous toutes ses formes : sociétés anonymes n'engageant les participants que pour les fonds versés par eux à la société ; sociétés à responsabilité limitée, au capital maximum de 20 millions, pouvant se constituer sans autorisation préalable ; sociétés à capital variable jouissant pour l'admission des nouveaux associés ou le retrait de nouveaux membres de facilités étendues, etc. Toute une législation nouvelle surgit pour favoriser ces associations et garantir, dans la mesure du possible, le prêteur contre les dilapidations et la fraude. La création d'entrepôts et le fonctionnement du prêt sur gages (warrants) durent être facilités ; la circulation du chèque fut autorisée, mais avec des restrictions gênantes ; les ventes publiques même de marchandises neuves furent permises sans restriction en Angleterre et dans d'autres États, dans certaines conditions déterminées en France. Enfin par des tarifs spéciaux internationaux, dits de pénétration, les compagnies de chemins de fer se disputèrent la clientèle du transit, lucrative et par les recettes qu'il procure pour le transport et par celles qu'il assure en manutention, droits de statistique, de port, de navigation, frais de séjour, etc. Ces avances faites au commerce étranger sont même souvent l'objet de récriminations passionnées et injustes. Que pour faire prendre aux soieries de Zurich la route de Marseille de préférence à celle de Gênes on leur fasse des conditions spéciales, c'est une trahison des intérêts nationaux, etc. Or, c'est simplement des recettes et du travail assurés à la France au détriment d'une nation voisine sans aucun préjudice pour l'industrie et le commerce français.

Cette lutte de tarifs de transport, ces offres de service au rabais sont un des grands éléments de la concurrence. La réduction du fret et des transports est avec celle du coût de production la grande préoccupation de tous ceux qui achètent ou qui vendent. De là, à cause des avantages spéciaux faits pour les grandes quantités et de la réduction au minimum de la prime de commission, des opérations en grand calculées sur les probabilités d'écoulement qui revêtent l'apparence du jeu et de la spéculation, mettent quelquefois le marché à la discrétion d'un seul opérateur et attirent sur le commerce même le plus honnête de la part des écrivains socialistes des anathèmes que, sur la foi des pontifes, répète la masse disciplinée et crédule.

Quelquefois aussi ces opérations ont la réalité d'une spéculation dont le contrepoids se trouve dans les chances égales de gain et de perte et dans la concurrence.

L'union monétaire latine conclue entre la France, la Belgique, l'Italie, la Suisse et la Grèce avait pour but de parer à un des aléas du commerce en garantissant les marchands de tous ces pays contre les agitations du change et de favoriser les échanges entre eux. Elle permettait, en outre, en autorisant l'interdiction de la frappe de l'argent d'obvier à la dépréciation possible de ce métal, et les quelques inconvénients qu'elle a présentés dans la suite, ont été largement compensés par l'avantage qu'elle a eu de mettre les États contractants à l'abri de la crise monétaire actuelle, en conservant à l'argent, dans le cercle de l'Union, son pouvoir libérateur et faisant que la Bourse de Paris soit aujourd'hui la seule grande bourse d'Europe où toute prime sur l'or ait disparu.

Dans l'existence relativement simple d'autrefois, où les événements laissaient entre eux quelque intervalle, il était possible de supputer exactement l'influence qu'ils exerçaient sur les affaires. Il n'en est plus de même aujourd'hui. Les causes concomitantes se multiplient tellement et sont si vite contrariées par des causes agissant en sens inverse, que vouloir abstraire un seul fait de tous les autres pour le prôner comme un bienfait ou le condamner comme un méfait exposerait à de cruels mécomptes. En ce qui concerne les traités de commerce, il serait aussi injuste de leur attribuer tous les progrès des échanges dans la période qui a suivi leur conclusion que de les rendre responsables de toutes les souffrances. Somme toute cependant, il est des résultats qu'on ne saurait séparer d'eux. Les conditions dans lesquelles la France affrontait la lutte sont invoquées en faveur du système protecteur, mais ce qui s'est passé depuis montre qu'il était incapable de suffire aux exigences nouvelles. Une longue habitude, une longue sujétion à des règlements étroits ont pour ainsi dire immobilisé certains types de fabrication. Une lutte s'est engagée entre le goût public qui se transforme incessamment et nos fabricants qui persistent à vouloir imposer les types anciens. A côté de certaines cités (Roubaix, par exemple) tout américaines, c'est le mot consacré quoiqu'à tort, débrouillardes, ayant accepté cette inconstance du goût et s'appliquant à le satisfaire, réglées par lui et le réglant à leur tour, combien d'autres s'immobilisaient et s'endormaient, rebelles à toute transformation, laissant leur échapper les marchés où elles étaient maîtresses, mourant dans leur ancien décor et représentant, au milieu du changement général, ces vieilles échoppes que l'on rencontre encore quelquefois dans les villes, devant lesquelles on s'arrête, curieux et attendri peut-être, mais dans lesquelles on n'entre pas. Il fallait un coup de fouet à notre industrie. Elle grincha, mais partit. Il en fut de même partout.

Le commerce de la France avec l'Angleterre, qui de 1827 à 1846 avait augmenté de 72 à 192 millions, monta, de 1847 à 1866, de 192 à 1,800 millions de francs. L'exportation de nos tissus de laine, dont la moyenne annuelle avant le traité était de 220 millions, atteignit pour les années 1865-1866-1867 une moyenne de 371 millions. Roubaix importait en 1860, 16,900,000 kilogr. de laine et coton ; en 1868, elle en importait 21 millions ; 5 millions de kilogrammes de tissus sortaient en 1860 de ses manufactures ; en 1869, le chiffre passait à 11 millions. Nous vendions avant le traité pour 124 millions de soieries à l'Angleterre ; en 1867-1868-1869, nos ventes s'élevaient à une moyenne de 218 millions ; l'industrie parisienne (modes, fleurs, etc.) voyait le chiffre de ses achats par l'Angleterre passer dans la même période de 50 à 60 millions ; notre viticulture plaçait dans ce pays 60,000 hectolitres en 1859 ; en 1868, elle lui en vendait 263,000. Notre production du fer, loin d'être écrasée par la concurrence anglaise, suivait sa marche ascendante : elle était de 177,000 tonnes en 1836, de 377,000 en 1847, de 602,000 en 1859 ; en 1868, elle atteignait 916,000 tonnes. L'invasion des cotonnades anglaises avait été particulièrement redoutée ; en 1860, nous importions 80,000,000 de coton brut, 100,000,000 en 1870; le nombre de nos broches montait de 6,000,000 en 1860 à 6,800,000 en 1870; nous produisions pour 433 millions de francs de coton filés et l'Angleterre n'en faisait entrer chez nous que pour 5,900,000 fr. (1867). Nos ventes de fruits, beurre, œufs, graines, légumes, pommes de terre, etc., prenaient un magnifique essor. L'exportation des fruits, qui était de 3 millions de francs avant le traité, était en 1870 de 15 à 20 millions ; elle atteignait une valeur de 50 millions pour le beurre, 35 pour les œufs, 50 pour les légumes, etc. L'agriculture et l'industrie avaient donc eu également leur part aux bénéfices du nouveau régime commercial.

L'Angleterre voyait en même temps le chiffre de ses exportations passer de 2,900,000,000 de francs en 1854, à 4,130,097,550 fr. en 1864 et 6 milliards en 1874.

En Allemagne, l'entrée en 1867 dans le Zollverein des États du Sud modifiait en même temps que les traités de commerce conclus avec les puissances étrangères la situation économique. Des éléments étrangers à la marche normale des transactions venaient donc en modifier l'allure. La valeur des échanges entre le Zollverein et la France était loin d'égaler celle des échanges entre la France et l'Angleterre, mais, bien que tous les yeux fussent tournés de l'autre côté du détroit, on pouvait déjà percevoir dans la direction de l'Europe centrale l'œuvre d'une situation nouvelle. La Prusse entraînait bon gré mal gré les petits États dans son orbite. Elle leur imposait son hégémonie économique comme sa direction politique ; les peuples suivaient plus docilement que les princes ; le principe des nationalités n'avait pas été évoqué en vain ; le souvenir d'Arminius hantait toutes les imaginations allemandes et c'était vers l'industrie et le com-

merce que se portait, en attendant mieux, la fièvre patriotique. La région du Rhin, la Saxe, se couvraient d'usines ;
la fabrication du sucre faisait d'incessants progrès; l'industrie textile augmentait le nombre de ses broches (2,500,000
en 1869), la métallurgie coulait la statue colossale de Guil-
laume I⁵ pour l'exposition de 1867, les canons fondus par la
maison Krupp à Essen commençaient à fixer l'attention. En
1861, les statistiques enregistraient 265,701,464 fr. à l'importation d'Allemagne en France et 183,599,977 fr. à l'exportation de France en Allemagne (commerce général) en
1868, les importations allemandes en France étaient de
391,845,051 fr., les exportations de France pour l'Allemagne
de 241,394,911 fr. La progression avait été plus accentuée au profit de l'Allemagne. Le développement du chiffre
des affaires était sensible dans tous les États. Les chemins de
fer, comme l'abondance de l'or, la direction des esprits, les
progrès de la science contribuaient à l'accentuer. Le mouvement dessiné dans les périodes précédentes arrivait à son
apogée.

L'accentuation de l'émigration européenne, les appels
inusités faits par les pays où elle se portait à l'agriculture et
surtout à l'industrie de l'Europe étaient aussi des agents
sérieux de progrès commercial. L'accroissement des débouchés
marchait de pair avec celui de la production. Le rétablissemen
de la paix aux États-Unis avait fait rouvrir ces marchés longtemps fermés. La navigation à vapeur se développait à point
pour la mettre à profit, et la télégraphie sous-marine unissait
plus étroitement les deux mondes.

Le premier câble transatlantique réunissant l'Europe à
l'Amérique, de Valentia (Irlande) à la baie de la Trinité
(Terre-Neuve) et long de 3,627 kilomètres, fut immergé en

1865-1866. L'attention avec laquelle ce travail avait été préparé, les sondages et reconnaissances des fonds marins qui l'avaient préparé, la hardiesse de l'entreprise, le but poursuivi, les résultats obtenus, tout avait donné à cette opération un caractère vraiment solennel. C'est par le fond de l'Océan qu'allaient maintenant communiquer les deux hémisphères!

> C'est là qu'immense et lourd, loin de l'assaut des ondes,
> Un câble, un pont jeté pour l'âme entre deux mondes,
> Repose en un lit d'algue et de sable nacré ;
>
> Car la foudre qu'hier l'homme aux cieux alla prendre,
> Il la fait maintenant au fond des mers descendre,
> Messagère asservie à son verbe sacré.
>
> (SULLY-PRUDHOMME.)

L'ouverture du canal de Suez (17 novembre 1869) devait avoir par le déplacement des grandes routes et l'abréviation du parcours vers l'Extrême-Orient et les Indes une influence plus grande encore sur le commerce.

Un aperçu rapide de ses conséquences fera saisir tout ce que recélaient de germes de progrès pour l'avenir les entreprises et les travaux de cette période.

Cette œuvre grandiose avait hanté l'imagination de Bonaparte et de Méhémet-Ali comme de tous les maîtres anciens de l'Égypte, quand celle-ci a eu la trop rare bonne fortune d'avoir à sa tête des hommes de génie. Les travaux de nivellement entrepris pendant l'occupation française avaient, par suite d'erreur de calcul, retardé le travail que des considérations politiques empêchèrent Méhémet-Ali d'entreprendre. Il craignait, et l'événement lui a donné raison, que l'Angleterre ne voulût mettre la main sur le canal et que l'apathie

des puissances européennes ne la laissât imposer son autorité à l'Égypte elle-même. Ses successeurs furent moins
timorés ; la persévérance et l'énergie de Ferdinand de Lesseps
triomphèrent de leurs hésitations, de leur peu de foi dans la
réussite de l'entreprise comme de l'opposition de l'Angleterre, et, en quinze ans, grâce aux capitaux européens et
surtout français, à l'actif concours du gouvernement égyptien,
et à la main-d'œuvre indigène requise par le vice-roi, la voie
de jonction entre la Méditerranée et la mer Rouge fut achevée.
Long de 164 kilomètres, le canal est large de 60 à 100 mètres
entre les rives et de 22 mètres au plafond, profond de 8 mètres à 8^m,50, tantôt contenu par des talus de dunes de 15 à
16 mètres de hauteur (seuil d'El-Gisr), tantôt empruntant
le bassin d'anciens lacs (Menzaleh, Timsah, lacs Amers)
transformés en mers intérieures et garages. Allongeant de
47 mètres la distance à vol d'oiseau qui sépare les deux
mers (117 kilomètres), il part sur la Méditerranée de Port-
Saïd, ville nouvelle créée au milieu des sables et où des
digues énormes et des dragages puissants protègent son entrée contre l'invasion des alluvions du Nil et des sables, et
débouche sur la mer Rouge à 9 kilomètres en avant de Suez,
à port Tewfik, dans un bassin sur les bords duquel docks et
magasins ont été installés par la Compagnie.

La navigation de la mer Rouge, étroite, semée de récifs,
où le soleil réverbéré par les roches blanches du rivage fait
peser sur les passagers une chaleur accablante, présentait
pour la marine à voiles de tels inconvénients et de tels dangers
que la nécessité de n'employer pour sa traversée que des
navires à vapeur s'imposa bientôt. La transformation de la
marine marchande se poursuivit donc, à partir et par suite
de cet événement, avec une rapidité prodigieuse et le rac-

courci des distances opéré par le canal s'accrut des progrès obtenus dans l'augmentation de la vitesse.

L'abréviation du parcours atteint :

29 jours de Hambourg à Bombay ;
28 — d'Amsterdam, Liverpool et Bordeaux, *idem* ;
31 — de Marseille, *idem* ;
32 — de Gênes, *idem* ;
37 — de Trieste, *idem* ;
38 — de Brindisi, *idem* ;
41 — de Smyrne, *idem* ;
43 — d'Alexandrie, *idem*.

C'est-à-dire 48 p. 100 d'Allemagne, 49 p. 100 d'Angleterre et de Hollande, 50 à 52 p. 100 de France, 53 à 60 p. 100 d'Autriche, d'Italie, de Russie, de Turquie.

C'était donc le détrônement de la route du Cap, le retour aux anciennes voies commerciales, un regain de fortune pour les puissances méditerranéennes. Mais aucun pays n'a plus profité que l'Angleterre de ce qui pouvait paraître, de ce qu'elle crut elle-même longtemps, une menace pour sa prépondérance maritime. Elle jalonna d'abord la nouvelle route, comme l'ancienne, de stations navales et de postes de ravitaillement. Elle tenait déjà Gibraltar et Malte. L'occupation de l'îlot de Périm, à l'entrée de la mer Rouge où elle possédait déjà Aden, la rendit maîtresse de la voie de Suez plus encore qu'elle ne l'était par Sainte-Hélène, le Cap et Maurice de la voie qui contourne l'Afrique.

Le canal, dont le coût de revient s'élève en 1893 à 584 millions, a vu son transit grandir plus rapidement encore que ne le prévoyaient ses plus ardents promoteurs, ainsi que le prouve le tableau suivant tiré des rapports de la Compagnie.

1870 . .	486 navires,	436,000 tonnes de perception.	
1875 . .	1,494 —	2,000,984 —	—
1880 . .	2,026 —	8,057,421 —	—
1885 . .	3,624 —	6,336,000 —	—
1890 . .	8,389 —	6,890,000 —	—
1891 . .	4,207 —	8,699,000 —	—
1892 . .	3,559 —	7,712,000 —	—
1893 . .	3,341 —	7,659,000 —	—

Sur les 3,559 navires qui ont transité en 1892 :

2,708 étaient des navires de commerce ;
708 étaient des navires postaux ;
79 étaient des transports militaires ;
51 étaient des bâtiments de guerre.

Sur 189,809 passagers que portait cette flotte :

70,239 étaient des passagers civils ;
21,930 étaient des transportés ;
91,743 étaient des soldats.

Les intérêts politiques le mettent donc à profit aussi bien que les intérêts commerciaux et toutes les puissances qui ont des établissements dans l'Extrême-Orient, et ce sont en Europe les plus nombreuses, ont à sauvegarder l'indépendance et la neutralité du canal.

L'Angleterre y tient cependant de beaucoup le premier rang par le nombre et le tonnage de ses navires.

Ainsi, les documents publiés par la Compagnie fournissent pour 1892 les chiffres suivants qui donnent une idée exacte et digne d'attention de la part respective des États dans le commerce des régions situées au delà du canal.

Anglais	2,581 navires,	5,826,861 tonnes.
Allemands	292 —	553,915 —
Français	174 —	415,973 —
Hollandais	177 —	319,563 —
Italiens	74 —	127,998 —
Austro-Hongrois	61 —	124,625 —
Norvégiens	66 —	108,349 —
Espagnols	26 —	68,580 —
Portugais	23 —	50,952 —
Turcs	43 —	46,703 —
Russes	22 —	43,750 —
Grecs	6 —	10,074 —
Belges	4 —	5,121 —
Japonais	3 —	3,726 —
Chinois	2 —	2,388 —
Égyptiens	2 —	1,569 —
Siamois	1 —	1,279 —
Américains	2 —	564 —
Total	3,559 navires,	7,711,028 tonnes.

L'Europe est donc jusqu'ici presque seule à utiliser cette grande artère. Le ralentissement constaté dans le transit des deux dernières années 1892-1893 est la conséquence de l'affaissement général qui les a signalées, au point de vue commercial. Mais les mouvements de troupes à destination des possessions européennes ont aussi, suivant les années et les circonstances, une importance notable dans la circulation du canal.

Le port d'Alexandrie a nécessairement subi le contre-coup du déplacement vers Port-Saïd d'une partie des relations commerciales. La création du chemin de fer d'Alexandrie à Suez par le Caire et le mouvement occasionné par les travaux du canal lui avaient donné pendant quelques années un surcroît d'importance et d'activité. La route des Indes aboutissait de nouveau à son port et de nouveau elle prenait la tête de la renaissance égyptienne. Si restreint que soit le bénéfice d'un point de passage, quelque peu de prospérité qu'ait donné, à Brindisi, par exemple, avec la rapidité actuelle du transbordement, sa qualité de port d'attache pour certains services postaux, il se joignait à celui du commerce propre d'Alexandrie. Grâce au développement de la prospérité de l'Égypte, à l'ouverture du canal de Mahmoudieh qui le réunit au Nil et à ce transport de marchandises qui suit toujours les voyageurs et fait une partie essentielle du trafic de ces navires postaux, cette ville tirait de sa situation de réels avantages. Aujourd'hui encore cependant, son port est fréquenté, son commerce actif et les touristes ont en partie remplacé les voyageurs d'affaires. L'interruption des relations avec le Soudan à la suite de la révolte du Mahdi a été pour elle un coup peut-être plus sensible encore que l'ouverture du canal.

La guerre néfaste de 1870 était commencée quand fut achevé le tunnel du mont Cenis. Déjà les routes du Sommering et du Brenner traversaient les Alpes. La route du Sommering, construite de 1848 à 1854, comprenait bien 15 tunnels dont un de 1,428 mètres de long à l'altitude de 899 mètres et 16 viaducs dont l'un de 46 mètres d'élévation ; celle du Brenner (1867), 27 tunnels, mais le col lui-même était franchi à la hauteur de 1,362 mètres sans le secours d'aucun de ces travaux. Au Cenis, il avait fallu ouvrir la roche à une altitude de 1,335 mètres sur une longueur de 12,333 mètres et consacrer 14 années (1857-1871) à ce gigantesque travail. Ce devait être un trait d'indissoluble union entre l'Italie et la France ! Les événements ne tardèrent pas à montrer ce qu'il y a de vain et de chimérique dans les combinaisons même en apparence les mieux fondées.

CHAPITRE VIII

Le commerce européen depuis la guerre franco-allemande.

I. — *Causes générales qui ont modifié l'allure et les conditions du commerce. — Retour au système protectionniste.*

Bièn que le traité de Francfort qui termina la guerre franco-allemande (1871) n'ait rien innové en matière commerciale, la situation politique de l'Europe se trouvait si profondément changée, qu'il devait en résulter fatalement de grandes modifications dans les relations internationales. Le déplacement de l'axe politique, le contre-coup des événements de l'Occident dans l'Europe orientale, la constitution d'un nouvel échiquier politique se combinaient pour les produire avec la crise provoquée par le développement incessant des applications de la science à toutes les branches de l'activité économique et les prodromes d'une évolution sociale qui, des esprits et de la théorie où elle était restée confinée jusqu'alors, tendait à descendre dans la réalité et dans la pratique.

Une nouvelle phase de l'histoire du commerce était donc en germe dans les événements de l'année terrible. Mais sur quelques nécessités ou apparences de nécessité, sur quelques conceptions nouvelles des droits et des devoirs respectifs des individus et de l'État, des obligations nationales et des lois humanitaires qu'elle s'étaie, elle ne doit pas faire perdre de vue les résultats du système dont s'est détournée aujourd'hui la faveur publique.

En fait, les rêves d'amitié universelle et de fraternité internationale par le commerce étaient évanouis. L'humanité
n'en est pas encore à cette période idéale de son existence ;
les ferments mauvais qu'elle renferme reviendront encore
plus d'une fois à la surface ; la force n'a pas renoncé à primer
le droit ni « la lutte des races » à menacer la paix du monde.

Mais en apparence, et derrière des haines irréconciliables,
l'harmonie était rétablie ; l'institution de l'Union postale universelle (1873) ayant son office central à Berne, où siégeait
déjà celui de l'alliance télégraphique internationale, semblait
un gage d'entente et de futur rapprochement. Un tarif uniforme était établi pour toutes les correspondances, lettres ou
cartes postales entre tous les pays de l'Union ; on se proposait
d'étendre cette unité de tarifs aux mandats, bons de poste,
colis postaux et les relations se trouvaient ainsi facilitées pour
un prix très minime entre les pays les plus distants. Des
tarifs télégraphiques internationaux étaient adoptés ; des ententes conclues pour la circulation plus rapide et plus aisée
sur toutes les lignes de chemins de fer, construites au' reste
dans tous les pays de l'Europe, sauf l'Espagne et la Russie,
sur un même même modèle, et la simplification des formalités douanières ; des conférences internationales préparaient
l'adoption d'un même système de poids et mesures et notre
système métrique pénétrait dans un certain nombre d'États ;
des efforts étaient faits en faveur d'un méridien unique pour
la construction des cartes et même pour l'unification de
l'heure. Des congrès internationaux visaient à l'étude en
commun, à la solution amiable, uniforme et pacifique des plus
graves problèmes. On eût dit que, malgré tous les symptômes
contraires, chacun ne songeât qu'à maintenir relativement
aux échanges, tout en se réservant la faculté de la modifier

en ce qui le concernait, une situation générale dont, à tout prendre, chacun avait tiré profit.

A n'envisager en effet que l'activité commerciale, on peut dire que celle-ci a eu, sous le régime libéral, son plus bel épanouissement et son âge d'or. La rivalité pacifique entre les nations, la concurrence ouverte à tous leurs produits excitaient partout une attention vigilante à profiter de tous les avantages naturels et acquis, ou une recherche tenace et fiévreuse de tous les moyens de compenser ceux que pouvaient posséder les autres. L'agriculture demandait au commerce de placer ses produits où elle les écoulerait aux meilleures conditions, l'industrie de découvrir, là où elles s'acquerraient au prix le plus bas, les matières premières et de faire circuler au mieux et au plus vite ses objets fabriqués. Les marchés se concluaient aux plus grandes distances et à longue échéance, le commerçant étant fixé par la durée des conventions sur les conditions auxquelles il pouvait traiter et garanti par elles contre la fermeture subite d'un débouché ; l'or qui arrivait en abondance mettait à sa disposition un métal plus transportable que l'argent dont le discrédit pour le paiement des fortes sommes allait croissant et qui descendait fatalement au rôle de monnaie de billon que son peu de valeur relative et son abondance croissante semblent devoir lui assigner exclusivement désormais. Les procédés de banque, les maisons de compensation, rendaient les règlements de compte plus faciles et plus rapides encore, et cette activité, cette demande incessante encourageaient et provoquaient le renouvellement des machines et des méthodes, la recherche de perfectionnements mécaniques, industriels ou agricoles, le peuplement et la mise en valeur de nouvelles terres, le désir de chaque individu et de chaque groupe de s'assurer dans les bénéfices à recueillir de cette circulation universelle, la part la meilleure et la plus large.

De cette situation même est née l'évolution néo-protectionniste qui caractérise ces dernières années. De passives qu'elles étaient au point de vue économique, certaines contrées de l'Europe, toutes celles du nouveau monde, celles de l'Asie même et de l'Océanie sont devenues des plus actives. L'abondance de la demande a d'abord entraîné l'élévation des prix, l'abondance de l'offre a provoqué plus tard une baisse plus forte encore. Sur tous les points de la surface du globe l'importance des échanges a grandi, et, si bien peu des marchandises dont la protection favorisait la mise au jour avaient cessé d'être produites par les pays qui les éditaient déjà, en revanche, sous l'effet de cette concurrence et de cette progression des demandes, beaucoup l'étaient maintenant par des pays qui ne les donnaient pas autrefois.

C'est ainsi que créée par les événements même de 1870-1871, la puissance allemande, composée du groupement d'États dont la population totale dépasse aujourd'hui 50 millions d'habitants, s'est portée avec tout l'enthousiasme et toute l'ardeur d'une victoire inespérée, vers le développement de toutes ses ressources industrielles et de son commerce. L'entrée dans l'union douanière allemande des villes hanséatiques, Hambourg et Brême, lui a donné une nouvelle force. Les combinaisons politiques lui ont uni étroitement d'abord l'Autriche et la Russie, puis, après la sortie de cette dernière puissance de cette première triple alliance, l'Italie. L'entrée en scène de ces deux facteurs nouveaux, Allemagne et Italie, l'appel à la vie commerciale, à la suite du traité de Berlin de 1878 et de la guerre russo-turque, des royaumes et principautés créés ou agrandis dans la péninsule des Balkans, la résurrection même de l'Empire ottoman mutilé, l'extension coloniale d'un grand nombre d'États, les changements que des raisons de politique internationale ou d'organisation intérieure ont amenés dans la législation commerciale, ont exercé sur la marche des affaires et la direction des courants commerciaux une influence considérable.

Le développement des voies de communication et des relations internationales, déjà si marqué dans les périodes précédentes, a pris un essor plus grand encore dans celle-ci. Non seulement les chemins de fer étalent dans toutes les directions leur réseau serré et comme unifié, mais les progrès introduits dans l'établissement des voies, le choix, la résistance et l'élasticité des matériaux employés, la construction et l'aménagement des voitures, la rapidité de la marche, l'emploi et le fonctionnement de signaux perfectionnés, la multiplicité des trains, ont amené d'énormes facilités pour les échanges. Le développement de la télégraphie électrique, la multiplication des câbles sous-marins s'ajoutant au réseau aérien ou souterrain, ont supprimé les distances entre les peuples les plus éloignés. La révolution dans les constructions navales, les modifications introduites dans les anciens types pour donner au bâtiment plus de tonnage et de vitesse ; l'application, sans cesse améliorée, aux moyens de transport des forces qui ont régénéré l'industrie, l'emploi, à côté de la vapeur, du pétrole et de l'électricité ont non seulement abrégé la durée des parcours, mais diminué les prix de la circulation et du fret. Par là, les pays de production, mis de jour en jour plus à la portée des pays qui utilisent et consomment ces produits, ont été amenés à les accroître dans la plus large et la plus profitable mesure et par suite excités à en devenir eux-mêmes les metteurs en œuvre.

Puis, par un retour inévitable à d'anciens amis injustement dédaignés, les transports intérieurs par eau reprirent subitement faveur. On creusait les rivières et les fleuves, élargissait et approfondissait les canaux ou en ouvrait de nouveaux. Tous les grands ports étaient partout l'objet de travaux importants, creusement, amélioration des passes, construction de quais, de docks, de hangars, de rails, renouvellement et perfectionnement de l'outillage. Les canaux affranchis de tout péage et de toutes les charges qui pèsent sur les voies ferrées devenaient un instant les rivaux, puis, par une conception plus exacte de leur rôle, les auxiliaires des chemins de fer. Un travail de concentration, de révision des anciennes lois du trafic, s'opérait simultanément partout. Les lits approfondis des fleuves semblaient des véhicules commodes pour la pénétration à l'intérieur du pays. Les ports fluviaux reprenaient faveur. On calculait qu'un port avait d'autant plus de chances de recevoir et d'expédier des marchandises qu'il avait un rayon commercial plus étendu ; que les ports situés sur les bords mêmes de la mer avaient dans le cercle dont ils étaient le centre d'immenses espaces marins peu productifs, que ceux qui se trouvaient en avant d'un massif montagneux, d'une péninsule rocheuse, d'une contrée improductive, étaient moins favorisés que ceux en arrière desquels s'étendait tout à l'entour une contrée fertile, facilement traversable par toutes les voies possibles de communication, de distribution et d'apport. Les villes intérieures s'unissaient à la mer par des canaux maritimes (Rotterdam, Amsterdam, Manchester); des canaux d'un intérêt plus général (Corinthe, Kiel) étaient entrepris. Partout et en tout, le progrès scientifique faisait sentir son action fécondante.

L'agriculture, à laquelle on donnait le moyen de reconnaître

le sol qui convenait le mieux à chaque espèce de plantes,
celui de distinguer les espèces les meilleures, les plus productives, les plus résistantes et de donner à chaque espèce
de terres les engrais les mieux appropriés, pour laquelle le
commerce, la chimie, la géologie, en découvraient de nouveaux (guanos, nitrates, scories, phosphates, etc.), augmentait
ses rendements. Partout des pâtis et des landes étaient dé-
frichés et mis en valeur, la culture rationnelle, l'aménagement
et l'exploitation raisonnés des terres propagés par les comices,
les conférences, les livres, les écoles. L'élevage savait dis-
cerner les races les plus aptes à fournir ce que l'on espérait
d'elles, races de travail, races laitières, races de boucherie;
toutes les espèces animales étaient comme renouvelées par
les sélections et le croisement.

Le sous-sol n'était pas l'objet d'une moins ardente convoitise ni d'une étude moins attentive. La géologie savait reconnaître des gisements minéraux ignorés jusque-là et la mécanique permettait une exploitation moins dangereuse à la
fois et plus fructueuse des richesses souterraines. La production de tous les métaux s'accroissait dans des proportions
énormes, métaux usuels, houille, métaux précieux, etc.; des
produits nouveaux ou dédaignés jusque-là (pétrole) étaient
lancés dans la circulation.

L'industrie n'éprouvait pas une moindre métamorphose.
La spécialisation par la division du travail devenait un des
éléments indispensables du succès pour la fabrication de
chaque produit, et elle n'était permise qu'à la condition d'o-
pérer sur de grandes masses. Les progrès de la grande industrie au détriment de la petite s'accentuaient donc encore et de
plus, le bon marché devenant une condition indispensable de
vente, les fabricants pour l'obtenir rapprochaient leurs usines

des lieux de production ou d'arrivage des matières premières ; les manufactures de produits similaires se groupaient pour obtenir, par leur entente ou leur action, des conditions plus favorables de transport et un écoulement plus facile ; on réunissait sous une même direction, pour diminuer les frais généraux, des établissements concurrents ou succédanés les uns des autres ; on abandonnait les vieux procédés et les vieux systèmes de fabrication en faveur des inventions chaque jour renouvelées ou perfectionnées de la science. La nécessité de se tenir toujours en éveil, de refaire à chaque instant son outillage, de lancer sans cesse de nouveaux capitaux dans une affaire non plus même pour l'agrandir, mais pour la maintenir à flot, amenaient des déplacements d'industrie, l'abandon des manufactures isolées, le développement des grands centres, la désertion des petites villes et des campagnes.

Ainsi partout les vieilles forges au bois disparaissaient, ne se soutenant plus isolément et très éparses qu'en raison de la fidélité de certains clients dont la foi dans la supériorité de leurs produits les entretient. Pour obtenir le bas prix que recherche avant tout le commerce, les usines à fer se concentrent à proximité soit du minerai, qui entre pour deux tiers dans la fabrication, soit de la houille qui y entre pour l'autre tiers ; les verreries, près des mines de houille ou des sablières ; les faïenceries ou porcelaineries, près des argiles ou du kaolin qu'elles utilisent, etc. Les régions minières, celles particulièrement où abonde la houille nécessaire à toutes les industries, voient celles-ci affluer chez elles. Les moulins à eau sont délaissés ; les rivières inconstantes perdent toute vie sur leurs rives ; celles aux allures bien réglées et les canaux attirent par la régularité et le bon marché qu'ils assurent aux approvisionnements et aux ventes.

Les prix subissent des modifications incessantes sous l'influence des découvertes nouvelles. Les 100 kilogr. de fer, qui coûtaient 90 fr. depuis Henri IV jusqu'à Napoléon Ier, n'en valent plus que 12 aujourd'hui. Le kilogramme d'acier, dont le prix était de 2 ou 3 fr. de notre monnaie aux XVIIe et XVIIIe siècles, se vendait 0 fr. 50 c. il y a cinquante ans, 0 fr. 23 c. il y a quinze ans et ne vaut plus que 0 fr. 12 c. aujourd'hui [1]. La fonte est descendue de 300 fr. la tonne en 1840 aux lieux de production à 50 fr. ; sur d'autres produits, l'aluminium par exemple, dont l'usage industriel croît avec une rapidité prodigieuse, les changements sont plus surprenants encore et dépassent toute croyance. A côté de ces industries qui tombent, de ces substitutions générales, de ces déplacements obéissant à une règle universelle, d'autres changements affectent particulièrement certains pays, frappant celui-ci, enrichissant celui-là. Certains ports autrefois très fréquentés ne pouvant plus recevoir les gros navires modernes sont désertés ; la marine à voile disparaît devant la marine à vapeur comme les diligences ont été tuées par les chemins de fer. L'objet du commerce se modifie. Les arrivages de sucre de canne, par exemple, baissent en proportion de l'augmentation de fabrication du sucre de betterave. Celui-ci est produit en énormes quantités par des pays où il y a quinze ans la fabrication n'occupait qu'une place tout à fait secondaire. La maladie des vers à soie a accru dans une très grande proportion les demandes faites à la Chine et au Japon. La mode a délaissé certains articles autrefois de vente courante ; l'acheteur fait la loi au producteur qui, jadis, disposait de lui à son

---

1. D'Avenel, *Le Mécanisme de la vie moderne*, ap. *Revue des Deux-Mondes*, 1895.

gré, et les fléaux accidentels deviennent pour certaines contrées des causes de pertes difficilement réparables. L'industrie, toujours aux aguets, s'empare avec une telle rapidité de
toutes les occasions qui s'offrent à elle, que des intérêts nouveaux se créent sur lesquels les anciens ne peuvent plus prévaloir. L'aniline a tué la culture de la garance comme l'indigo
avait détruit celle du pastel, mais aucune de ces révolutions
n'a produit des effets plus sensibles que celle qu'a opérée la
ruine, par le phylloxéra, des vignobles français.

Après la grande récolte de 1875 qui donna, dit-on, malgré
les progrès déjà faits par la dévastation en Vaucluse et dans
le Gard, 75 millions d'hectolitres, la production s'abaissa
rapidement jusqu'à 24 millions. Ce fut pour la France une
perte qu'on ne peut évaluer au-dessous de 7 milliards de
francs. Le seul département de l'Hérault se trouvait privé
d'un revenu annuel de 250 millions. Depuis que l'oïdium et
la gelée avaient ruiné les vignobles du Centre, les vins du
Midi avaient envahi, grâce aux chemins de fer, des contrées
où ils ne pénétraient pas autrefois. Le progrès des ventes
avait fait délaisser pour la vigne toute autre culture; les oli-
vettes, les plantations d'amandiers, etc., avaient été en grande
partie détruites. Aussi lorsqu'à une période de prospérité
exubérante succéda une période de détresse, la misère fut-
elle profonde. On pouvait suivre dans le mouvement de la
population la marche du fléau; viticulteurs et commerçants
abandonnaient les champs dévastés et presque impropres à
toute autre culture rémunératrice et se portaient là où la
vigne était encore debout, du Gard dans l'Hérault, de l'Hérault dans l'Aude. Vaucluse trouvait une légère compensation
à la perte simultanée de ses deux grandes cultures, la garance
et la vigne, dans la culture des pommes de terre hâtives et

la production de la truffe ; les Pyrénées-Orientales dans celles des primeurs que les chemins de fer transportaient avec celles d'Algérie dans les départements du Nord, mais sur les coteaux et dans les plaines du bas Languedoc, le blé ne rendait que huit pour un ; la ramie ne trouvait pas de débouchés. Il fallait donc reconstituer à tout prix les vignobles et des sommes considérables étaient dépensées en essais, en engrais, en irrigations, en traitements, etc., pour aboutir, il est vrai, à un succès complet, mais laissant le viticulteur en présence d'une situation très modifiée. Les demandes faites à l'Italie, à l'Espagne, à l'Algérie, à la Dalmatie, au Portugal, avaient poussé ces pays à donner une extension considérable à la culture de la vigne ; ils avaient appris des viticulteurs et des négociants français émigrés chez eux pour se procurer le moyen de maintenir et satisfaire leur clientèle, à perfectionner leur fabrication pour rendre leurs produits transportables, à les soigner pour qu'ils se conservent et ils restaient pour la France des concurrents sérieux. L'Allemagne délaissait les ports français pour s'approvisionner en Italie ou en Espagne ; sur bien des points, la cherté du vin avait fait abandonner cette boisson à laquelle on avait substitué l'usage du cidre, de la bière, du vin de raisins secs, de prunelles, etc. La fabrication des alcools de betterave, de mélasse et de grains avait pris dans le Nord et l'étranger un développement inouï. Non seulement l'ordre et la marche des transactions avait subi une révolution complète, mais les vins ne se vendaient plus, l'esprit-de-vin trouvait le marché encombré. Une crise succédait à une autre.

L'Europe eût peut-être surmonté victorieusement toutes ces difficultés, si, même avec le poids des charges de toutes sortes que lui a léguées la guerre de 1870, elle n'eût eu à

compter qu'avec elle-même comme puissance productrice.
Mais le développement de l'agriculture et de l'industrie dans
les pays hors d'Europe lui créait en ce moment même des
concurrences dangereuses et à la crise économique venait
s'ajouter une crise sociale d'une exceptionnelle gravité.

Les questions sociales prenaient une part de plus en plus
grande dans les préoccupations publiques. L'insurrection
communaliste de 1871 avait montré quel esprit de revendica-
tion, même par la violence, de certains droits dont elle se prétendait injustement privée, quels ferments de révolte, quelles
colères existaient dans une partie de la population parisienne
et des grandes villes. A mesure que se développait le luxe,
que se répandait l'aisance, que disparaissaient les mœurs
simples et les habitudes patriarcales d'autrefois, ce déploie-
ment de vie fastueuse, et ces prodigalités que des fortunes
rapidement édifiées étalaient aux yeux des masses ouvrières
rendaient plus sensibles pour celles-ci les privations auxquelles elles étaient soumises, l'existence pénible à laquelle
elles étaient condamnées dans les fabriques. En vain ce dé-
bordement de richesses se traduisait par de grands travaux
publics, le développement de l'industrie, un plus grand souci
de l'hygiène, la participation de la partie aisée de la population à une foule d'œuvres d'assistance et de mutualité, à
de nombreuses créations et institutions, — œuvres des pouvoirs publics ou de l'initiative privée, — en vue de l'amélioration du sort des moins favorisés, des classes laborieuses
comme on disait quelquefois : celles-ci, investies par le droit
de suffrage, d'une part de la souveraineté, aspiraient toujours avec une impatience fort compréhensible, mais quelquefois mal contenue et mal dirigée, au passage immédiat
dans les faits de certaines théories, d'un certain idéal dont

elles ne mesuraient pas les difficultés d'application ou ne reconnaissaient pas la chimère.

Le bruit qui s'était fait autour des mines d'or avait habitué les esprits à l'idée d'expatriation. Les plus impatients, les moins chimériques, ceux qui rêvaient une autre existence et voulaient la devoir surtout à leur propre énergie et à leur travail, ou que chassait de chez eux l'appauvrissement subit d'une contrée jusque-là riche et productive, partaient pour ces immenses espaces, veufs de possesseurs, ou pour des colonies où des terres vacantes leur étaient offertes, pour ces contrées neuves où l'industrie demandait des bras, et formaient de suite des colons actifs ou des ouvriers précieux dont le concours était grassement rétribué. D'autres, que les vicissitudes politiques ou la haine de l'ordre social établi jetaient hors de leur pays et qui semblaient devoir faire des recrues moins utiles ou moins enviables, transformés par le milieu nouveau et poussés par les nécessités de l'existence, devenaient à la longue, eux aussi, des instruments de régénération et de progrès.

Cette émigration qui depuis 1815 n'avait pas cessé d'enrichir l'Amérique et dont les progrès avaient été constants depuis lors, prit à ce moment un développement tel, qu'elle constitue un des faits les plus graves de l'histoire économique de la période qui nous occupe.

On a calculé que de 1820 à 1890, dans l'espace de 70 ans, 13,492,506 émigrants avaient ainsi quitté l'Europe pour se rendre directement aux États-Unis. Les îles Britanniques (6,235,277 dont 3,481,074 pour l'Irlande) avaient vu le plus grand nombre de départs. Après elles venaient l'Allemagne (4,504,128 émigrants), la Scandinavie (1,067,348), l'Autriche-Hongrie (431,488), l'Italie (388,558), la France

(366,346), la Russie et la Pologne (324,892), la Suisse (171,269), chiffres auxquels la Chine ajoutait de son côté 291,655 Célestes.

En 1888, le chiffre des émigrants européens pour cette seule destination était de 506,213, parmi lesquels 100,756 Anglais ou Écossais, 71,761 Irlandais et 106,924 Allemands ; l'émigration scandinave, italienne et russe, bien que n'atteignant pas ces chiffres, était encore considérable et en progrès. En 1891, les États-Unis ont reçu 613,221 immigrants. L'effet des circonstances locales se traduit dans les tableaux d'émigration par des variations très sensibles ; mais, en somme, on peut évaluer à 800,000 environ le nombre d'habitants dont s'appauvrit annuellement l'Europe au profit des pays étrangers. L'Argentine (260,000 immigrants en 1889) et le Brésil (191,000 en 1891) sont après les États-Unis les pays sur lesquels cette émigration se porte de préférence. Si nous ajoutons qu'un certain nombre de ces émigrants revient, après quelques années de séjour à l'étranger, dans la mère-patrie, soit désillusionné, soit après fortune faite, on voit à quelle activité dans les transports donne lieu ce mouvement considérable de voyageurs, que vient accroître la circulation des Américains du Nord et du Sud, désireux de visiter l'Europe ou même de s'y fixer.

C'est un article d'échanges qui, pour beaucoup de lignes de navigation, devient le fret principal, qui demande un accroissement d'effectif naval construit dans des conditions particulières de vitesse, et pour compléter lequel on offre pour les autres articles, acceptés presque comme lest, un tarif extraordinairement bas. Cet abaissement, cette réduction à rien pour ainsi dire, cette quasi-gratuité de transport a fait affluer sur l'Europe cette surabondance de produits exotiques d'où est résulté, pour tous les produits similaires d'Europe, l'avilissement des prix. Les gains des compagnies de navigation sont des plus restreints ; beaucoup ne subsistent, avec les risques énormes que représente le départ de chacun de ces navires, que par les subventions des États auxquels elles appartiennent, mais la circulation s'est trouvée par suite accrue dans des proportions énormes. La demande des immigrés s'adressant de préférence à leur pays d'origine, toutes les contrées se sont crues appelées à bénéficier de cette aubaine, et toutes se sont mises à produire.

Enfin, l'émigration temporaire, mais difficile à évaluer, car elle se fait en grande partie par les frontières de terre, a pris aussi, par suite de la facilité des relations, un développement énorme. Le commerce lance de tous les côtés des représentants, des courtiers, des commis. Les Anglais ont sur tous les points du globe des nationaux se renouvelant périodiquement pour une bonne partie, mais dont la maison de commerce ou de commission persiste au milieu de ces changements de personnel; les Français fondent sur beaucoup de points des établissements qui prospèrent, mais disparaissent trop souvent avec leur fondateur. Les Allemands se glissent partout comme courtiers, commis de banque, employés, domestiques. L'émigration russe est surtout aristocratique ou étudiante ; celle de Belgique, du Piémont, de la Catalogne, travailleuse de la terre ou des manufactures.

Partout les voyages sont devenus comme un complément, une partie indispensable de l'existence : voyages d'instruction, de curiosité, de plaisir, de mode ; séjours dans les stations thermales ou aux bains de mer, établissement temporaire à l'étranger. Plus d'un million d'étrangers sont ainsi établis en France, où ils forment plus du 1/38ᵉ de la population, et les échanges insaisissables, échappant à l'évaluation régulière des douanes, qui se font par cette population voyageuse, dans les pays surtout où le voyage est pratiqué pour lui-même, où l'étranger est la grande et presque l'unique ressource, entrent aujourd'hui partout pour un chiffre très appréciable dans le mouvement des affaires. Ce besoin de locomotion, ces changements dans le mode d'existence, les exigences de la mode, imposent l'achat et par suite la fabrication d'articles autrefois de vente très limitée et de consommation très restreinte. Ainsi l'excès du luxe et le besoin d'agitation et de mouvement, de nouvelles nécessités factices ou raisonnées de la vie, la mode et le désir de paraître, comme l'hygiène et la thérapeutique, ont amené, parallèlement au mouvement d'émigration résultant de la misère et des difficultés de vivre, une activité de circulation et une fièvre de déplacements qui contrastent singulièrement avec les habitudes sédentaires de la plus grande partie de la population dans la première partie de ce siècle.

Exigeant plus d'apparences et plus d'éclat, ajoutant aux dépenses obligatoires un surcroît de dépenses superflues et devenues presque nécessaires sans que le budget de la famille ait augmenté le plus souvent dans les mêmes proportions, imposant par conséquent la répartition des mêmes ressources sur un plus grand nombre de chapitres de dépense, le genre de vie nouveau a nécessité la création de toute une catégorie nouvelle de marchandises dans lesquelles la beauté et la qualité sont sacrifiées au clinquant et au bon marché, se renouvelant plus souvent et par conséquent donnant lieu à un plus grand nombre d'opérations commerciales. La multiplication des usines et le perfectionnement de l'outillage ont bien amélioré les conditions de production des articles sérieux et solides offerts désormais à des prix plus bas ; mais les caprices et les variations de la mode en imposent plus fréquemment le renouvellement et la transformation, et de ces circonstances nouvelles résulte, en même temps que l'emploi d'un plus grand nombre de bras pour la production, celui d'un plus grand nombre de bras pour la confection et la retouche. Ainsi s'explique par la multiplicité des demandes, à côté de la création des grands magasins présentant comme avantages principaux la variété pour le choix et l'épargne du temps par la juxtaposition sous un même abri des marchandises les plus diverses, l'augmentation du nombre des petits commerçants dont l'infériorité, comme aussi la faveur, consistent dans le *crédit* qu'ils accordent, source souvent pour eux de grands déboires auxquels leurs puissants concurrents imposant le paiement au *comptant* ne sont pas exposés.

Cette concentration des marchés et l'extension du rayon commercial des grands centres était, du reste, une conséquence fatale de la rapidité et de la facilité des voyages. « Il fallait autrefois quatre jours pour venir de Brest à Paris, et la diligence y apportait chaque jour seize voyageurs. Il en était ainsi sur les autres routes nationales, et les voitures publiques ne pouvaient pas amener à Paris et par conséquent remmener plus de 150 à 200 personnes dans les vingt-quatre heures. Aujourd'hui les chemins de fer en enlèvent, pendant les jours de fête, et en ramènent à Paris près de 300,000. Au lieu de passer des journées entières enfermés dans des boîtes étroites et pressés les uns contre les autres, les voyageurs sont à l'aise dans des voitures confortables et arrivent en quelques heures à leur destination[1]. » En revanche, les marchands

1. Jules Rochard, *Revue des Deux-Mondes*, 1er juillet 1895.

trouvent aussi dans ces conditions nouvelles des facilités d'approvisionnement qui leur manquaient : la pénétration rapide des modes et le désir de les suivre imposent à la circulation locale une activité plus grande. Il en est en somme, par suite, du commerce comme de l'industrie, où, en France, sur 256,744 établissements soumis à la surveillance des inspecteurs, 33,690 seulement occupent plus de 10 ouvriers.

Les compagnies de chemins de fer, les sociétés minières et un certain nombre d'industriels ont fondé, en faveur de leurs employés et ouvriers, des économats qui livrent à prix coûtant de gros des denrées et objets de première nécessité, de bonne qualité, dont le prix est alors retenu sur les salaires au moment de la paye. Créés surtout en vue des familles et dans un but essentiellement utilitaire et bienfaisant, ces établissements, flétris par une école du nom d'économats patronaux, sont également attaqués par les débitants et marchands de détail auxquels ils font tort et les ouvriers auxquels ils profitent, et les sociétés coopératives dont le but est le même que celui de ces économats sont encore peu répandues, bien que quelques-unes donnent d'excellents résultats.

En revanche, les débits de boissons, en faveur desquels l'État a renoncé, en France, depuis 1880, à des droits de limitation et de surveillance que justifiaient des raisons d'hygiène, de moralité et de sécurité publique, se sont multipliés jusqu'à atteindre chez nous le chiffre de 400,000, soit 1 pour moins de 100 habitants, et dans le département du Nord, la proportion de 1 pour 46 habitants.

Il suffira de mentionner en passant, comme contrepartie de cette campagne socialiste contre les économats patronaux, la prétention de l'école collectiviste de fonder des établissements municipaux de commerce, pharmacies municipales, etc.

Tous ces indices d'une situation tendue, tous ces symptômes de malaise, toutes ces manifestations de besoins, d'inspirations, de passions, d'antagonismes ardents devaient aboutir nécessairement à une modification des lois et des rapports existants. On crut y trouver un remède dans le moins révolutionnaire encore de tous les moyens proposés, la révision des tarifs douaniers.

Le nouveau mouvement protectionniste, né aux États-Unis en 1875, gagnait l'Autriche en 1878, l'Italie la même année, l'Allemagne en 1879 et arrivait en France.

En Amérique, il était le résultat d'une sorte d'exaltation nationale, l'application en matière économique de la doctrine de Monroë : l'Amérique aux Américains, et de cette maxime regardée par toute une école comme un axiome, que le protectionnisme est nécessaire au triomphe d'une industrie naissante. Ailleurs, c'était le fait d'une combinaison politique, d'un kartell accordant à tout un groupe d'intérêts, en échange de ses votes, un subside sous forme de droit de douane ; ailleurs, il invoquait des prétextes plausibles : l'intérêt du travail national, la défense de la production nationale menacée, le souci même de la défense nationale. L'effarement était général et gagnait même l'Angleterre. La mauvaise récolte de 1879 avait amené des pays hors d'Europe des quantités énormes de céréales ; l'Hindoustan nous inondait de blé. Le prix du fret, la distance, n'étaient plus une protection pour les produits indigènes. Le bas prix du blé empêchait les cultivateurs d'acquitter leurs fermages ; dans quelques pays, les terres ne trouvaient plus preneurs ou n'étaient louées qu'à des prix très réduits : de fortes taxes à l'entrée étaient seules capables d'empêcher la ruine complète de l'agriculture. Pour l'industrie, mêmes plaintes ; la concurrence et la surproduction avilissaient les prix; les salaires des ouvriers allaient en souffrir; déjà dans toutes les villes se pressait une foule de « sans-travail » : des droits à l'entrée pouvaient seuls relever les profits et les salaires. L'industrie, qui arrivait à multiplier, en les tirant sans cesse de nouveaux éléments, par de nouveaux procédés, des produits semblables à ceux qu'elle fabriquait autrefois, demandait secours contre les intrus. La distillerie de pommes de terre et de betteraves s'insurgeait contre la distillerie du maïs; les huileries de colza contre celles d'arachides. Les découvertes de la chimie ruinaient certaines cultures et venaient joindre leurs méfaits à ceux de la concurrence étrangère. A tous l'État apparaissait comme le saint patron, la vierge tutélaire que l'on invoquait dans les siècles passés.

Le temps n'était plus où l'on parlait de la suppression de toutes les barrières, où l'on montrait comme prochaine la relégation comme objets de curiosité, dans un musée des antiques, des uniformes des douaniers et des employés d'octroi; où l'on protestait, au nom de la liberté, de la dignité humaine, de l'indépendance de l'individu et des droits de l'initiative privée contre l'ingérence de l'État, contre tout ce qui pouvait entraver l'action individuelle, corporations, syndicats, etc.

En vain les défenseurs des traités de commerce rappelaient que ces crises étaient périodiques; que dans ce siècle même, et sous le régime protecteur, sur une période de quarante ans, il y en avait eu vingt de bonnes récoltes pour les céréales, mais vingt de mauvaises. La diminution de revenus pour les cultivateurs, et par suite pour les propriétaires, comme pour les industriels, n'était-elle pas parallèle à l'incessante diminution du revenu de l'argent? Depuis 1851, les

fermages n'avaient-ils pas monté dans des proportions exces-
sives? Il y a un demi-siècle, le propriétaire se contentait
d'un revenu de 2 p. 100, qui s'était élevé à 5 p. 100 et au
delà. Le prix de la main-d'œuvre augmentait le prix de revient : cette hausse des salaires et le partage plus égal des
bénéfices entre les patrons et les ouvriers, entre le capital,
travail acquis, et le travail actuel, n'étaient-ils pas dans la
logique de l'évolution sociale? L'équilibre ne se rétablirait-il
pas, par un accroissement de la consommation résultant des
bas prix, entre la consommation et la production? L'augmentation du rendement des terres, assuré par l'emploi de tous
les moyens enseignés par la science, ne compenserait-elle
pas l'abaissement des prix de vente de certains produits?
Cette compensation ne se trouverait-elle pas dans la hausse
et la bonne vente de certaines autres marchandises? Est-il
raisonnable, ajoutaient-ils, de s'insurger contre certaines nécessités inéluctables? Sera-t-il possible d'imposer au public
l'usage du mérinos et des articles classiques si la mode n'est
plus à leur emploi? Abandonnera-t-on le gaz, le pétrole et
l'électricité pour revenir aux quinquets et à l'huile de colza?
La baisse des revenus et des rentes, les conversions qui atteignent le rentier, et tout le monde l'est un peu, ont fatalement leur répercussion sur le genre de vie ; la hausse des
prix ne restreindrait-elle pas les achats? L'industrie enfin
est outillée pour fournir à une consommation plus large que
le marché national ; la fermeture de notre marché n'entraî-
nerait-elle pas, par réciprocité, la fermeture des marchés
voisins? Ne se produirait-il pas une émigration des industries qui ont leur principal débouché au dehors, et l'intérêt
du moment ne compromettrait-il pas l'avenir?

Ces raisonnements étaient accueillis comme ceux du magister de la fable. Nous souffrons, secourez-nous d'abord, nous discuterons ensuite. La masse même des consommateurs ne protestait pas contre les demandes des producteurs, quelque surprenantes que lui parussent des plaintes contre le bas prix du blé, dont elle ne s'apercevait pas à celui auquel elle payait son pain, quand celui auquel elle obtenait la viande semblait indiquer toute autre chose qu'un avilissement dans le prix de vente du bétail. Le mot d'ordre général avait changé. Ce n'était plus la « vie à bon marché », qu'il s'agissait de conquérir, le régime libéral avait, par une baisse générale des prix de vente, en gros tout au moins, réalisé ce rêve dans une certaine mesure, mais la hausse des salaires.

Les associations d'ouvriers pour la défense de leurs intérêts communs et particulièrement la défense ou le débat des prix des salaires, avaient depuis longtemps (trade's union) acquis un grand développement en Angleterre. En France, cette entente, faite d'abord au point de vue seulement de la protection contre la maladie et l'impuissance de travailler (sociétés de secours mutuels), s'était, dès les temps du second Empire, appliquée à des objets plus variés. La loi sur la liberté des coalitions et le droit de grève avait mis entre les mains des ouvriers une arme précieuse pour la défense de leurs intérêts. La loi sur les syndicats (1884) compléta ces mesures. Beaucoup de ces syndicats ont dévié, sous l'influence de causes trop connues, du but de leur institution. La faculté de les constituer était néanmoins une concession juste et opportune. Les syndicats agricoles notamment en centralisant les demandes d'engrais, de semences, de plants, de renseignements, etc., pour tous leurs membres ont permis aux agriculteurs de se procurer, par des achats en gros et directs, les objets dont ils avaient besoin dans des conditions plus avantageuses. L'État n'intervenait dans ces mesures que pour lâcher la bride et étendre les droits individuels, mais on en vint par degrés à lui demander plus. De nouvelles théories se faisaient jour sur l'étendue de ses droits et de ses devoirs, et bien que la France eût passé jusqu'alors pour le pays par excellence de la centralisation et de l'extension des pouvoirs de l'État-Providence, c'était de l'Allemagne que partait cette fois le mouvement.

La puissance politique et la puissance économique ne sont pas en effet les seules que l'Allemagne ait gagnées aux événements de 1870. Ses idées ont acquis également une grande force d'expansion et modifié dans une mesure trop appréciable celles qui avaient jusqu'alors cours dans les pays voisins. Ses systèmes philosophiques, déjà en vogue en France avant cette époque, son érudition, ses travaux scientifiques, son système universitaire ont trouvé de nombreux adhérents et de fervents admirateurs, mais en matière économique elle n'a pas moins influé sur nous. Son unité s'est faite au profit de la Prusse, et quelque résistance que les anciennes traditions puissent opposer dans l'avenir à l'étouffement complet du vieil esprit allemand, l'esprit prussien domine tout aujourd'hui. La satisfaction de la conquête de l'unité, que les universités allemandes regardent un peu comme leur œuvre, et la conscience que la force seule peut maintenir, non pas cette unité que personne ne menace, mais la domination allemande sur les territoires annexés, entretient dans toutes ces universités l'esprit prussien, essentiellement militariste, absolutiste, où tout émane de la puissance royale incarnant l'État et se ramène à elle, où l'État par conséquent est le grand dispensateur auquel doit s'adresser quiconque a besoin d'aide et d'assistance. Les sciences sociales et politiques, la sociologie, les « sciences d'État » étudiées dans cet esprit, aboutissent à ce socialisme d'État qui en toute matière recourt à l'intervention législative et aboutit à multiplier les appels à l'État, jusqu'à faire proposer par les plus conservateurs, les « agrariens », les mesures les plus révolutionnaires : fixation du prix de vente, fixation des salaires, assurances obligatoires, responsabilité absolue des patrons en matière d'accidents, etc.

La théorie venait en somme au secours des intérêts aux abois, des appétits éveillés, des aspirations instinctives, et c'est ce concours de causes si diverses qui a donné au mouvement protectionniste cette quasi-unanimité d'adhésion de la part des États où dominent les races et les intérêts de l'Europe.

II. — *Les grandes puissances.*

Autriche-Hongrie. — Ce fut l'Autriche qui, la première, établit en 1878 un tarif autonome.

La victoire de l'Allemagne en 1870 avait mis le sceau à sa propre défaite. C'en était fait pour elle de tout espoir de reprendre sa prééminence en Allemagne. Les pays allemands de la monarchie cédant à l'entraînement général tendaient même à regarder Berlin comme leur véritable capitale. Le groupe slave, numériquement le plus important, dispersé, sans cohésion, n'offrait pas assez de consistance pour devenir le fond de l'empire transformé des Habsbourg ; seul le groupe hongrois était à même par sa compacité, sa vitalité, son existence légale sanctionnée sur de nouvelles bases par la constitution dualiste de 1867 de fournir les éléments d'un nouvel État, de servir de point d'appui à une nouvelle politique. Le krach de 1873, provoqué par une spéculation exagérée sur

les actions et obligations de chemins de fer, avait été surtout
préjudiciable à la Cisleithanie. Les deux parties de la monarchie des Habsbourg avaient des finances indépendantes, des
intérêts opposés. Les pays de la couronne de Saint-Étienne
étaient surtout agricoles et ne demandaient que la liberté
d'exporter leurs grains et leurs bestiaux, la Cisleithanie était
surtout industrielle et réclamait un retour au système protecteur légèrement entamé par les conventions conclues depuis
1866.

La création d'une compagnie de navigation sur le Danube,
avec service prolongé jusqu'à Constantinople, avait développé
les intérêts commerciaux de l'Austro-Hongrie dans l'Est. Le
rapprochement avec la Russie, bien que celle-ci eût imposé,
lors du conflit franco-prussien, la neutralité à l'Autriche,
était un retour à une politique surannée que rien ne justifiait
plus. La Russie était l'ennemie pour la Hongrie qui gardait
toujours vivant le souvenir de l'intervention russe en 1849.
L'insurrection de Bosnie, la guerre russo-turque de 1876, le
traité de Berlin de 1878, dégagèrent la situation de toute
ambiguïté. Chassée, sans espoir de retour, de l'Allemagne et
de l'Italie, l'Autriche se rejetait vers l'Est, et l'occupation
de la Bosnie et de l'Herzégovine accentuait cette évolution
politique. Ce renforcement du groupe slave imposa toutefois
à la Hongrie une attitude moins intransigeante vis-à-vis du
groupe allemand. Pour être plus forts contre la Russie et les
Slaves, les Hongrois sacrifièrent quelques-unes de leurs pré-
rogatives ; le lien fédératif se resserra entre les deux parties
de la monarchie des Habsbourg. On ferma aux produits de l'é-
tranger la frontière commune ; on créa entre les deux groupes
une union douanière dans laquelle on fit entrer les provinces
restées jusqu'alors autonomes au point de vue douanier :

l'Istrie, la Dalmatie, les îles et même les provinces occupées, Bosnie et Herzégovine ; les privilèges des ports francs de l'Adriatique furent révoqués ; Fiume et Trieste, dépouillées aussi de leurs franchises, furent assimilées l'une à l'autre au point de vue douanier. Le Lloyd autrichien devint « le Lloyd austro-hongrois », la Banque autrichienne, créée en 1816, la Banque austro-hongroise. La Hongrie prenait hautement la direction des affaires communes, sans que le fond même de l'organisation dualiste fût toutefois altéré. La situation financière de la Hongrie était meilleure que celle du groupe cisleithan où le papier était toujours déprécié, où l'or faisait près de 25 p. 100 de prime. La Hongrie, tout en profitant de la nouvelle situation pour écouler ses produits agricoles en Cisleithanie préparait son émancipation industrielle ; plus de 200 manufactures se fondaient en quelques années sur son territoire. La Cisleithanie développait les industries existant déjà chez elle, notamment dans le district bohémien de Reichenberg, en Moravie, en Autriche (articles de Vienne) et en Styrie. Un abaissement des droits de douane en faveur des produits coloniaux introduits par Trieste détournait au profit de ce port l'importation des cafés qui se faisait surtout par la voie de Hambourg et de l'Elbe ; l'influence austro-hongroise s'étendait sur la Serbie et la Bulgarie, plus tard sur la Roumanie avec laquelle un traité commercial était conclu en 1892. Les travaux pour la rectification du cours du Danube à Vienne et aux Portes de Fer, l'achèvement du tunnel de l'Arlberg, porte ouverte sur l'Europe occidentale, celui de la voie ferrée de Vienne-Constantinople attiraient en Austro-Hongrie un mouvement et une circulation considérables. La Hongrie inaugurait pour l'exploitation de ses voies ferrées le système du tarif par zones, établissant à l'intérieur d'une même zone, quelle que fût la distance à parcourir, un tarif uniforme. Enfin la situation devenait assez florissante pour que l'Autriche pût songer à effacer les traces encore subsistantes de la banqueroute de 1811 par la refonte de son système monétaire.

Le traité conclu en décembre 1891 avec la Prusse et l'Allemagne, concédant aux produits manufacturés de l'Allemagne des réductions de droits en échange d'un abaissement correspondant de droits sur les produits agricoles de la Hongrie, était le premier pas vers la constitution de l'Union douanière de l'Europe centrale que devaient opérer les traités de 1892 avec l'Italie et la Roumanie, et vers l'établissement d'une immense barrière politico-douanière entre la France et la Russie. Le système monétaire allemand devint donc la base du nouveau système autrichien. Le florin resta l'unité monétaire, mais sa valeur fut réduite à celle du marc allemand, 1 fr. 25 c. Les papiers anciens furent retirés de la circulation, non sans que cette opération causât provisoirement une grande gêne pour les transactions ordinaires, par suite de la présence simultanée du nouveau florin (1 fr. 25 c.), de l'ancien florin déprécié (2 fr. 10 c.) et du florin-papier plus bas encore. L'adoption antérieure d'une monnaie d'or frappée sur le type de la pièce de 20 fr. de l'Union monétaire latine facilita toutefois cette évolution.

La marine autrichienne n'entre que pour une faible part dans son commerce extérieur. Les 10,764 bâtiments de sa flotte marchande ne sont pour la plupart que des barques; elle ne compte (1892) que 187 vapeurs et son tonnage total n'est que de 242,620 tonneaux. Sur un commerce global de 3,715,000,000 de francs en 1893, en y comprenant les métaux précieux (2,006,600,000 fr. à l'exportation et un milliard 708,500,000 fr. à l'importation), les exportations par mer n'entrent que pour 396,000,000 et les importations pour 94,500,000 fr. Trieste est cependant le point de départ de lignes régulières non seulement avec les Indes, mais avec toutes les îles et toutes les contrées de la Méditerranée orientale et le grand marché du café pour la Grèce et la Turquie.

Italie. — L'Italie a suivi le mouvement. Sa régénération avait été rapide ; le peuple italien avait montré une remarquable vitalité depuis son affranchissement et l'unification du pays. La France lui avait fourni en grande partie l'argent nécessaire à sa reconstitution et à la création de son outillage industriel et commercial. La péninsule n'avait pas toutefois mesuré assez prudemment ses forces. Elle avait exagéré ses dépenses; plusieurs des compagnies auxquelles elle avait confié la construction de ses voies ferrées ne purent pas tenir leurs engagements, l'État se vit forcé de racheter une grande partie des lignes et une crise financière éclata. Ce fut pour donner au Trésor les ressources dont il avait besoin aussi bien que pour satisfaire son ambition de devenir une puissance industrielle que l'Italie publia en 1878 son tarif autonome. Des conventions particulières avec quelques États, France, Autriche, Angleterre, Suisse, en adoucirent sur quelques points les rigueurs. Les circonstances furent favorables à cette tentative douanière. Les achats de vins que la France se trouva forcée de faire en Italie, particulièrement dans le Napolitain (Bari, Barletta, etc.), donnèrent à ces pays, jusque-là malheureux, une richesse inespérée et cette activité commerciale favorisa de son côté la production industrielle des villes du Nord à laquelle elle donnait un débouché. Milan se développait avec rapidité et devenait, malgré la maladie qui arrêtait la production de la soie, une rivale sérieuse de Lyon; Biella et Schio, des centres importants de fabrication pour les lainages. Il se fondait à la base des Alpes et des Apennins, autour de la plaine du Pô laissée à l'agriculture, une ceinture de villes manufacturières utilisant, à défaut de houille, la force considérable que toutes les chutes d'eau mettent au service de l'industrie.

En même temps que des sympathies politiques nouvelles tendaient à orienter vers l'Allemagne et à détourner de la France, protectrice de la Tunisie, le courant commercial de l'Italie, des faits économiques d'une grande importance venaient accélérer cette conversion. Le tunnel du Cenis, achevé en 1871, avait développé les relations par terre entre l'Italie et la France. La nouvelle voie servait en outre au transit des marchandises et des voyageurs venant de l'Angleterre et de l'Allemagne. Brindisi était devenue par suite un point de partance important pour les Indes; la route du Cenis avait complété le canal de Suez pour les communications de l'Angleterre avec ses possessions asiatiques et l'Extrême-Orient. Bien que le chemin du Brenner (1867) eût maintenu dans le cercle d'attraction de Venise une partie des pays dont son détachement de la monarchie autrichienne menaçait de lui faire perdre la clientèle, Trieste, mieux placée pour être le débouché de l'Autriche et de l'Allemagne centrale, reliée à Vienne par un chemin de fer franchissant le Sommering et le col d'Adelsberg, écrasait l'ancienne reine de l'Adriatique. En 1879, une nouvelle voie ferrée réunissait Rome à Vienne par Pontalba et le col de Tarvis; en 1882, enfin, la route du Saint-Gothard était achevée. La Suisse et l'Allemagne occidentale étaient affranchies, pour leurs relations avec l'Italie, du détour par la France. On a calculé que la diminution de

100 millions environ constatée dans le chiffre des importations de France en Allemagne depuis l'ouverture de cette
voie, correspond à peu près à la diminution des exportations
de France en Italie et représenterait par conséquent la valeur
du transit qui s'opérait par le Cenis entre l'Italie et l'Allemagne. Le commerce entre ces deux derniers pays a naturellement profité de cette facilité nouvelle dans les communications. Les exportations d'Allemagne en Italie, qui étaient
de 66 millions en 1880, montaient dès 1885 à 110 millions et
demi et en 1892 à 144 millions, et celles d'Italie en Allemagne, de 23,600,000 fr. en 1875 à 147,800,000 fr. en 1892.
La rupture commerciale entre l'Italie et la France avait accéléré ce mouvement.

Contrée agricole avant tout, l'Italie avait eu sa grande part
dans les souffrances qui avaient atteint tous les pays agricoles de l'Europe. En 1887, un nouveau tarif douanier étendait donc aux produits de l'agriculture les droits protecteurs
qui avaient été précédemment établis en faveur de l'industrie. Ces droits visaient surtout les produits français, comme
le développement de la marine italienne visait surtout la
concurrence à faire à la marine française. Les anciennes
conventions de commerce et de navigation n'ayant pas été
renouvelées, la France dut appliquer à l'Italie un tarif de
représailles et de défense. A partir du 1er mars 1888, nos
achats de vins, qui s'étaient élevés jusqu'à plus de 2 millions
et demi d'hectolitres en une seule année, cessèrent presque
complètement au profit de l'Espagne. Nos grandes lignes de
navigation supprimèrent leurs escales en Italie et comme la
péninsule, engagée de plus en plus dans l'alliance allemande,
multipliait ses armements, la construction de forts, ses constructions navales, ses dépenses militaires de toutes sortes

sans trouver immédiatement du côté de l'Allemagne, de l'Autriche ou de la Suisse, la compensation du débouché fermé, la France ayant en outre cessé de soutenir les valeurs italiennes, une crise nouvelle éclata.

· Dans certaines provinces (Basilicate, Rivière de Gênes), l'émigration prit les proportions d'un véritable exode. En 1888, les États-Unis, où la moyenne de l'immigration italienne était de 27,000 depuis 1880, recevaient 47,422 émigrants de la péninsule, le Brésil en voyait arriver 115,000, l'Argentine 88,000 ; en 1891, l'émigration atteignait le chiffre de 293,631 ; en 1893, elle était encore de 246,286. Elle prenait même le caractère d'une véritable traite des blancs, faite cyniquement par des agences sans aucun ménagement pour les malheureux qu'elles entraînent. Dans la traversée entre Gênes et Rio-Janeiro il en meurt toujours de vingt à trente en moyenne [1]. Cependant par leur masse même ils ouvrent au commerce italien un marché profitable. Gênes a supplanté Marseille et Bordeaux (Compagnie générale de navigation italienne, ancienne compagnie Rubattino) pour l'approvisionnement de l'Argentine en sucre qu'elle tire en grande partie de l'Allemagne et en produits manufacturés de l'Italie du Nord ; les machines sorties des ateliers de Terni et de la Rivière de Gênes (Voltri, San-Pier-d'Arena) remplacent les articles similaires de France. Les colonies italiennes de Tunis et du Levant appellent et reçoivent également les produits agricoles et manufacturés de la péninsule. D'autre part, Palerme, Messine, Catane, Trapani exportent partout les fruits et le soufre de la malheureuse Sicile; Stromboli, sa pierre ponce ; Naples, ses blés, ses pâtes et ses huiles ; Bari, ses vins ; Ve-

---

1. Grossi, *Nuova Antologia*, 1895.

nise, sa verroterie; Rome, ses mosaïques; Carrare, ses marbres; Florence, ses objets d'art; Livourne, les fers de l'île d'Elbe et l'acide borique. Brindisi conserve sa situation de port d'attache pour les paquebots destinés à franchir le cânal de Suez; Venise elle‑même est tête d'une ligne anglaise pour le même parcours; Gênes et Milan développent chaque jour leurs relations avec les pays au delà du Gothard; l'Érythrée enfin attire, surtout pour l'approvisionnement des troupes italiennes, quelques négociants et ouvre des perspectives de relations fructueuses avec les royaumes abyssiniens et les pays du haut Nil. Cependant, malgré ses nombreux chemins de fer, l'amélioration de ses ports, ses grandes lignes de navigation, ses essaims d'émigrants, le chiffre du commerce général est descendu de 2,273,835,534 fr. en 1874 à 2,154,242,548 fr. en 1893. Son transit, de 80 millions en 1883, à moins de 50 en 1893; la moyenne des exportations, par suite du ralentissement des relations avec la France, a diminué de 1888 à 1892 de 133 millions. Le déficit budgétaire est permanent, l'or rare, la dette énorme, et, malgré la réforme des banques, le papier au-dessous du pair. Si en 1894 le chiffre du commerce s'est élevé à 2,288,188,421 fr., les métaux précieux entrent dans ce chiffre pour 131 millions, ce qui ramène en définitive la valeur des échanges à 2,146,789,353 fr., chiffre à peu près égal à celui de l'exercice précédent.

Allemagne. — En Allemagne, la volte-face fut subite. En 1877, le chancelier de fer accentuait la politique douanière suivie depuis 1862 par la Prusse, en supprimant les droits d'entrée sur les fers. En 1878, il préconisait une attitude toute contraire et, le 12 juillet 1879, un nouveau tarif était

promulgué : les droits sur les fers sont rétablis, ceux sur les
tissus, le café, le vin, le riz, le thé, le bétail, etc., sont
augmentés ; des droits sont établis sur les céréales, les bois,
le pétrole, etc. Industriels et propriétaires ruraux doivent
donc trouver satisfaction dans le nouveau régime. Seules, en
effet, les matières premières nécessaires à l'industrie et que
ne produit pas l'Allemagne sont exemptées de tout droit à
l'entrée. Au risque d'aggraver les conditions de la vie, les
objets de grande consommation sont surtout frappés. L'exportation du seigle, la principale céréale allemande, avait cessé
depuis 1850, celle du blé depuis 1860, et aujourd'hui encore,
malgré les progrès faits par l'agriculture dans certaines contrées, l'Allemagne importe pour 300,000,000 de francs de
céréales (1894), le dixième de sa consommation. La grande
propriété qui domine à droite de l'Elbe trouva surtout une
protection puissante dans le droit de 1 fr. 25 c. par 100 kilogr.
établi en 1879 sur le blé et le seigle jusque-là introduits en
franchise, porté à 3 fr. 75 c. en 1885 et à 6 fr. 25 c. en 1887.
Et pourtant la population rurale ne cesse de diminuer depuis
lors. Sa proportion est descendue de 68 p. 100 en 1871 à 55 p.
100 en 1894 ; une grande partie s'est réfugiée, comme partout,
dans les villes, attirée par des salaires plus rémunérateurs et
l'apparence d'une vie plus joyeuse ; une partie a émigré. En
1878, le nombre des émigrants n'était de que 24,000 ; en 1879,
de 33,000 ; il atteignait subitement 106,000 en 1880, 210,000
en 1881 et, sans demeurer à ce chiffre, dépassait notablement
encore dans les années suivantes le contingent antérieur à
1880. Le développement de l'industrie, un des buts visés par
les nouveaux tarifs, se poursuivait avec activité. Le rendement
des mines de Silésie dépassait toute espérance ; la production
de la Saxe et de la Westphalie en houille grandissait sans

cesse ; des travaux remarquables d'approfondissement et de
régularisation des fleuves étaient menés à bonne fin ; la navigation intérieure progressait rapidement, la navigation
maritime ne cessait de s'accroître. L'Allemagne disputait à
la France le marché des objets de luxe en semant partout des
objets à bas prix sans solidité et sans goût, mais trompant
l'œil par la profusion d'ornements et le clinquant ; grâce à une
main-d'œuvre peu rétribuée, elle rivalisait avec l'Angleterre
pour les articles usuels et peu coûteux. L'entraînement national forçait M. de Bismark à adopter une politique coloniale. Les ports, Stettin, Brême, Hambourg surtout, prospéraient. Les grands vapeurs, les grandes lignes de navigation
allemandes se dirigeaient sur tous les points du globe ; ses
émigrants, restant partout en relation étroite avec la mère
patrie, lui créaient dans tous les parages de nouveaux débouchés. Les chemins de fer, exploités par l'État, multipliaient
les lignes commerciales et stratégiques. La réforme monétaire
de 1873 et l'adoption de l'étalon d'or avaient prémuni l'Allemagne contre les dangers de la possession d'une monnaie
d'argent dépréciée. La banque d'Empire enfin, créée en 1876,
instrument puissant d'unité commerciale, favorisait les règlements de comptes entre les villes.

L'industrie se plaignait pourtant. La sucrerie, dont la production était passée de 291,000 tonnes en 1873 à 1,800,000
en 1893, chiffre supérieur de 1,300,000 tonnes à la consommation intérieure de l'Allemagne, se plaignait de ne plus
vendre, malgré les primes élevées accordées à l'exportation,
à un prix rémunérateur ; mêmes doléances de la part des
fabricants d'alcool qui ont élevé leur production à 3,000,000
d'hectolitres et pouvant en exporter 250,000 se plaignent,
alors que partout on réclame protection contre l'intrusion de

l'alcool allemand, de ne plus écouler dans des conditions satisfaisantes. L'on avait voulu élever une barrière contre les importations de produits étrangers; en 1891, l'importation s'élevait à 5,500,000,000 de francs contre 4,172,000,000 à l'exportation. Dans les six dernières années, l'exportation n'avait augmenté que de 5 p. 100, tandis que l'importation montait de 33 p. 100. Malgré les protestations des agrariens, l'Allemagne, cherchant comme tous les autres pays à lutter contre une crise qui sévit partout et sur tout, en est donc revenue à un système commercial moins absolu. Abaissant à 3 marcs et demi (4 fr. 375) les droits sur les céréales, elle a obtenu de l'Autriche, de la Russie, de la Belgique, de la Suisse, de la Roumanie des concessions notables à l'entrée de ses textiles, de ses produits chimiques et métallurgiques, de ses charbons (50 p. 100 en Russie), de ses câbles électriques, tout en prenant ses précautions contre la France, et son tarif, divisé en 43 chapitres subdivisés en 393 articles, désigne les articles « par des descriptions à la fois assez larges pour embrasser toutes les catégories et assez précises pour exclure les articles français du bénéfice de la clause de la nation la plus favorisée à laquelle nous donne droit le traité de Francfort ».

Favorisée par sa richesse en houille dont la production, tirée surtout des grands bassins de la Westphalie, de la Saxe et de la Silésie, atteint aujourd'hui 95 millions de tonnes, l'abondance des minerais et le bas prix de la main-d'œuvre, l'industrie allemande a été aussi puissamment aidée par de grands travaux entrepris avec méthode et persévérance. L'État propriétaire, dans un intérêt stratégique, de la plupart des lignes de chemins de fer est intervenu plus utilement en sa faveur par les soins apportés à l'aménagement de ses lits fluviaux que par des lois socialistes qui n'ont satisfait personne. Grâce à l'approfondissement du Rhin, Strasbourg a pu recevoir dans son port en 1892 un navire venant directement de la mer du Nord. 18,000 bateaux d'une jauge de 1,300,000 tonnes, dont 570 vapeurs, sillonnent ses voies navigables intérieures. Le trafic total du Rhin seul s'est élevé en 1890 pour les ports allemands à 13,151,246 tonnes. Ruhrort a eu cette année-là un mouvement total de 3,446,413 tonnes en charbon et grains exportés, minerais et grains reçus du dehors; Mannheim, au confluent du Neckar, de 2,685,151 tonnes; Francfort-sur-le-Main, de 584,353 tonnes. Rotterdam, Amsterdam, Anvers sont les débouchés maritimes de ce système fluvial dont presque tout le commerce est abandonné à des navires hollandais. Hambourg est devenu, à la suite de travaux considérables, le port le plus important du continent sur la mer du Nord, et le canal de Kiel vise, en même temps qu'un résultat militaire, la mise en communication directe des arsenaux de Kiel et de Wilhelmshafen, le développement des relations des ports allemands de la Baltique avec le dehors et l'affranchissement de toute sujétion commerciale vis-à-vis du Danemark.

Le nombre des navires qui franchissent les détroits est aujourd'hui de 35,000 environ et 4,500 empruntent en outre le canal de l'Eider, construit à la fin du siècle dernier (1777-1784). Long de 98^{kil},65, le nouveau canal est de 57 kilomètres environ plus court que l'ancien, mais plus long encore de 20 kilomètres que la distance directe de Kiel à la mer du Nord. Partant de Brunsbüttel, un peu au nord de l'embouchure de l'Elbe, il remonte vers le Nord jusqu'à Rendsbourg et, se dirigeant ensuite directement vers l'Est, aboutit à Holtenau sur la baie de Kiel. Sa profondeur est de

9 mètres, la largeur au fond, de 22 mètres, et à la surface, de 65 mètres. Deux navires de dimension moyenne peuvent s'y croiser ; pour les autres, des barrages sont établis à 12 kilomètres en moyenne les uns des autres, et à chaque extrémité deux écluses jumelles sont consacrées toujours exclusivement, l'une à l'entrée des navires dans le canal, l'autre à leur sortie. La traversée dure 13 heures environ, réalisant une économie de 40 heures sur le trajet des ports de la Baltique à Hambourg et de 22 heures sur celui de ces mêmes ports à Londres. Au profit de qui, de Hambourg ou des ports baltiques, s'opérera le changement prévu dans les habitudes commerciales ? Hambourg se voit déjà, grandissant en vertu de la vitesse acquise, transformé en entrepôt central de toute l'Allemagne du Nord, dont les ports baltiques ne seront plus que des satellites et, grâce à sa flotte, à ses compagnies de navigation, à ses relations antérieures, recevant de l'Allemagne et du dehors, dans ses docks immenses, des produits de toute sorte dont elle deviendra le marché. Les ports baltiques caressent la perspective de voir arriver directement dans leurs bassins ou leurs rades les achats faits au dehors et la domination tyrannique de Hambourg baisser à leur profit. Hambourg fonde son espoir, justifié peut-être, sur le progrès des échanges de l'Allemagne avec les pays lointains et avec ses colonies. L'alcool et le le sucre allemands y trouvent plus de facilité d'écoulement que dans les ports baltiques, les grains et les denrées, résines, huiles industrielles, thé, café des régions tropicales ou de l'Extrême-Orient un port plus facilement accessible dont le rayon fluvial et les canaux qui s'y rattachent pénètrent jusqu'à la capitale et les régions peuplées de la Saxe. Hambourg a la meilleure part du tonnage de la flotte marchande alle-

mande, montrant aujourd'hui partout son pavillon et ayant puissamment contribué à l'accroissement si notable du commerce extérieur de l'Allemagne. En 1892, cette flotte comptait 3,728 navires d'un tonnage total de 1,511,579 tonnes, chiffres dans lesquels les vapeurs entrent pour 986 bâtiments et 786,397 tonnes. L'Allemagne vient aujourd'hui pour l'importance de son commerce au troisième rang des puissances du monde après l'Angleterre et les États-Unis, la France étant reléguée au quatrième rang. Elle attend de sa nouvelle conception d'un Zollverein de l'Europe centrale un nouveau surcroît de force et de puissance économique et morale.

France. — A peine sortie de la guerre étrangère et de la guerre civile, mutilée de deux provinces, grevée d'une dette de 30 milliards, la France s'était remise à l'œuvre et relevée avec une rapidité qui avait étonné l'Europe et effrayé ses vainqueurs. Bien que les protectionnistes n'eussent jamais désarmé et que la direction des affaires eût été confiée à l'un de leurs plus zélés partisans, Thiers, nous avions trop d'intérêt à ménager l'Europe et à étendre nos relations commerciales pour rompre avec le système des traités. La plupart de nos conventions furent donc renouvelées à leur échéance. Notre agriculture, que ne menaçaient pas encore les produits exotiques, fut un des principaux agents de notre relèvement financier et le chiffre de nos échanges dépassa bientôt celui auquel nous étions arrivés avant la guerre. La réfection de notre armement et de notre ligne de défense, la nécessité de nous mettre à l'abri d'une surprise, donnèrent aux travaux et aux manufactures une impulsion que corrobora le développement de notre outillage pacifique. L'Assemblée nationale avait ordonné une étude de nos voies de communication qui aboutit au rachat d'un certain nombre de canaux, à la construction de quelques autres, la concession de nouvelles voies ferrées, l'achèvement de notre réseau de routes et ; plus tard enfin, à la publication du plan Freycinet (1878) dont l'exécution fut malheureusement peu méthodique et trop hâtive. Nos efforts, pour être éparpillés, n'atteignirent que partiellement le but proposé. Le désir de satisfaire à des exigences et à des réclamations locales ne permit pas de concentrer, comme il eût été préférable, la somme des efforts sur un certain nombre de points vitaux et bien des dépenses sont restées sinon improductives, pourtant moins fructueuses qu'elles auraient pu l'être. Dunkerque, Calais, Boulogne dans le Nord, Rouen, la Rochelle (La Palice), Bordeaux, Port-Vendres, Cette, virent grandir leur activité. De nouvelles lignes de navigation subventionnées furent créées, celles qui existaient développées. Un mouvement remarquable d'expansion au dehors, bien que combattu par une fraction de l'opinion, comme intempestif, se produisit. Notre domaine africain s'agrandit, partie par les explorations pacifiques, partie par la conquête. Notre domination en Indo-Chine fut étendue au Tonkin et à l'Annam, nos anciens droits sur Madagascar remis en lumière. Nous abandonnions, il est vrai, notre situation en Égypte, mais l'Algérie était florissante, la Tunisie placée sous notre protectorat.

Cependant la crise agricole naissait et acquérait vite des proportions inquiétantes. Les campagnes se dépeuplaient. Au lieu de trois paysans pour un citadin que l'on comptait en France il y a cinquante ans, on en compte à peine deux aujourd'hui.

Lorsque l'Italie nous eut, par son tarif de 1887, jeté un défi, les idées protectionnistes, soutenues et propagées par l'exemple de la plupart des États européens, prirent définitivement le dessus. Déjà le système douanier avait fait dans nos assemblées l'objet d'études et de discussions importantes. Les plus fougueux partisans de la protection ne niaient pas la nécessité d'accommoder le régime qu'ils rêvaient aux exigences nouvelles de la politique internationale et de la situation particulière de notre agriculture et de notre industrie. Les deux expositions universelles de Paris en 1878 et 1889, notre participation à celles tenues pendant cette période sur tous les points du globe, avaient assez témoigné de leur développement et de leur force pour qu'on se gardât de toute exagération capable de nous faire fermer par représailles nos débouchés extérieurs. Une grande prudence s'imposait donc, bien que l'on montrât quelque impatience à attendre l'expiration de toutes nos conventions. Ainsi, en 1893 encore, malgré le nouveau régime commercial, sur une production totale de 1,787,000,000 de francs, nos industries textiles en ont exporté pour 782,000,000 de francs, tandis que notre importation ne s'est élevée qu'à 97,145,000 francs ; et encore faut-il ajouter à la valeur de ces exportations celle qui résulte du travail de la confection dans lequel nous occupons toujours une supériorité reconnue. Enfin, en 1892, la France avait repris cette entière liberté si désirée en matière de tarifs.

Une agitation, dont il faut dire quelques mots, car son objet subsiste toujours, avait précédé ce moment et comme risqué de faire dévier de son but la réforme en en faisant une œuvre de passion.

L'article 11 du traité de Francfort accorde, nous l'avons vu, réciproquement à l'Allemagne et à la France, en matière commerciale, la clause de la nation la plus favorisée. Intro-

duite dans le traité sur la demande de nos plénipotentiaires
et d'abord toute à notre avantage, elle avait facilité, en développant nos ventes à l'Allemagne, le règlement de l'indemnité qui nous avait été imposée. L'équilibre s'était rétabli
depuis lors au profit de l'Allemagne ; nos importations, après
avoir été jusqu'en 1873 inférieures à nos exportations, leur devinrent et leur sont restées supérieures. En fait, si le développement industriel de nos anciens ennemis s'est fait surtout à
notre détriment, c'est moins notre marché intérieur que nos
marchés extérieurs qu'ils ont conquis, et le chiffre des importations de l'Allemagne en France, dans lequel même se
trouvent comprises des provenances de la Russie et de l'Autriche, n'a rien qui ressemble à une invasion.

Devenue maîtresse de ses tarifs, toujours dominée par la
préoccupation de se soustraire à l'action de cet article *néfaste*, la
France a compliqué sa législation douanière, compromis peut-
être par des exagérations l'œuvre principale qu'elle poursuivait : la défense de l'agriculture et de l'industrie nationales.

La rapidité des évolutions économiques avait justement
frappé les esprits. Notre agriculture se trouvait en présence de
concurrents que vingt ans auparavant elle n'aurait pas soup-
çonné avoir jamais à craindre. Contre des dangers imprévus
il fallait avoir les mains libres : donc plus de traités à longue
échéance, plus de ces conventions dans lesquelles chacun des
contractants n'obtient de concessions qu'à charge de réciprocité, où l'on peut être dupe d'un adversaire plus clairvoyant
et mieux avisé. L'on ne refuse pas tout pourparler avec les
puissances étrangères, mais on redoute tellement l'habileté
de leurs diplomates, la bonhomie des nôtres et les surprises
sentimentales que l'on profite d'un moment où l'on est ferré
à glace pour les prévenir et les rendre impossibles.

Les tarifs seront donc autonomes : l'un maximum, l'autre minimum. Point de règle précise pour l'établissement de ces tarifs ; aucune proportion fixe entre eux. Il s'agit d'une œuvre pratique ; on obéit, non à une théorie, mais à une nécessité ; pas de parti pris ; la simplicité, la brièveté, la netteté du tarif, l'existence d'une règle conductrice, d'un ensemble importent peu. Chaque article est indépendant de son voisin. Pas d'autre principe avoué que celui d'une protection efficace, tout en restant modérée. Aux États qui nous ferment leurs portes et ont élevé contre nous des droits protecteurs, le tarif maximum, tarif non de guerre, ni même de représailles, mais de légitime défense ; aux autres, à ceux qui voudront bien conclure des « arrangements » avec nous, le tarif minimum.

La surélévation des droits est de 69 p. 100 en moyenne pour le tarif maximum, de 40 p. 100 pour le tarif minimum. Pour certains produits, la houille par exemple, le même droit figure aux deux tarifs. Pour d'autres, certains chiffres frappent par une élévation qui équivaut à une prohibition ; certaines matières premières nécessaires à l'industrie sont exemptes de tous droits ; d'autres, comme les céréales, les bestiaux et les bois sont en dehors des tarifs, leurs taxes pouvant être toujours modifiées. Les défenseurs du tarif citent, pour se prévaloir de sa sagesse, certains droits en effet modérés ; ses adversaires en opposent d'autres dont l'exagération n'est pas niable. Les uns montrent certaines industries prospérant à l'abri des 721 articles du tarif ; les autres, certaines industries sacrifiées et tuées par eux, comme les distilleries de riz et maïs, immolées à celles de betterave. Tous conviennent de la difficulté où se trouvent placés les négociateurs d'ententes avec les pays étrangers par cette barrière du tarif minimum au-dessous de laquelle ils ne peuvent pas descendre.

L'effet produit par ces tarifs sur notre mouvement commercial a été, ce qui était inévitable et cherché, un ralentissement de nos échanges.

Notre commerce total était, en 1885, de 7,176,546,000 fr. ; en 1891, de 8,337,604,000 fr., et en 1894, il était retombé à 7,391,512,000 fr., chiffre qui est de près d'un milliard au-dessous de celui de 1891, mais demeure supérieur de 218 millions à celui de 1885.

Les importations sont retombées, en 1894, au chiffre de 1885 (4,119,465,000 fr. contre 4,088,401,000 fr.), en diminution de 646 millions sur 1891 ; les exportations, en revanche, sont montées de 3,088,145,000 fr. en 1885 à 3,275,047,000 fr. en 1894, en progrès de 187 millions sur cette date, mais en diminution de près de 295 millions sur 1891. Les céréales et les vins jouent dans ces chiffres un tel rôle qu'il est impossible d'édifier sur les chiffres d'ensemble un raisonnement concluant. C'est donc sur l'importation et l'exportation des produits fabriqués que doit se porter surtout l'attention. En 1885, l'importation était de 592,417,000 fr. ; en 1891, elle atteignait 658,335,000 fr. En 1894, elle tombait à 562,881,000 fr. Ainsi nous avons acheté des objets manufacturés non seulement pour 95 millions de moins qu'en 1891, mais encore pour 30 millions de moins qu'en 1885 ; en revanche, si nous avons exporté 180 millions de moins qu'en 1891 (1,704,773,000 fr. en 1884 — 1,924,894,000 fr. en 1891), nous sommes en progrès de 76 millions sur 1885 (1,628,180,000). Notre gain total s'élèverait donc, sous ce rapport, à 106 millions en dix ans. Un document officiel anglais évalue ainsi les résultats moyens de la dernière période

sexennale pour les quatre plus grandes nations commerçantes :

	EXPORTATION.	IMPORTATION.
États-Unis	+ 20 p. 100.	+ 33 p. 100.
France	+ 14 —	+ 6 —
Angleterre	+ 10 —	+ 13 —
Allemagne	+ 5 —	+ 33 —

En somme, le recul sur le chiffre de nos affaires en 1891
est indéniable. Pour quelle part les nouveaux tarifs y en-
trent-ils ? La question est difficile à résoudre et, selon les
chiffres que l'on invoquera, la réponse sera différente. Il y a
donc lieu de mentionner rapidement les raisons autres que
nos droits de douane qui ont pu agir sur nos échanges.

En premier lieu, la reconstitution de notre vignoble, en
diminuant nos achats, en Espagne principalement, a, par
contre, la situation fût-elle restée la même législativement
qu'en 1891, amené forcément une restriction des achats de
ce pays et de ceux où nous étions acheteurs. Elle a inversement augmenté notre puissance d'achat des sommes que
nous n'envoyons plus à l'étranger et de celles que procure la
vente de nos récoltes. Les droits sur les céréales ont, au seul
point de vue du commerce extérieur, diminué nos achats et
nos reventes dans une proportion à peu près identique, pri-
vant notre commerce du bénéfice de la seconde opération,
mais permettant à nos cultivateurs de vendre leurs produits
dans des conditions moins désastreuses.

Le krach de Panama, les crises financières de la Grèce,
de l'Argentine et d'autres pays « aux finances avariées », qui
ont puissamment atteint l'épargne française, frappée également par les conversions ayant, en douze années, ramené
l'intérêt d'une partie considérable de notre dette de 5 p. 100

à 4 $^1/_2$, puis à 3 $^1/_2$ p. 100; enfin la diminution de la rente de la terre atteignant les propriétaires pendant que le bas prix des céréales frappait les fermiers, étaient autant de causes qui tendaient à restreindre la consommation. D'autre part, tous les États ayant adopté une politique identique, l'équilibre se trouvait rétabli au point de vue de l'influence des droits de douane. Les commandes et achats de matériel de guerre, les approvisionnements, les constructions navales, donnent en outre à certaines industries une activité factice.

A l'intérieur, une nouvelle révolution s'est opérée, nous l'avons vu, dans les transports. La navigation a pris une importance qu'elle n'avait jamais eue. Tandis que l'État, par les impôts qu'il prélève, les charges qu'il impose aux compagnies pour la construction de nouvelles lignes très coûteuses et d'un rapport plus que médiocre, force les compagnies de chemins de fer à maintenir leurs tarifs, malgré une réduction notable opérée récemment, à un taux encore assez élevé, la suppression des droits de navigation, l'amélioration et le creusement des canaux et des fleuves, la réfection des écluses, l'éclairage de certains parcours pendant la nuit, a ramené la faveur vers les voies navigables. La concurrence sur les mers a rejeté vers le cabotage entre ports français une partie de notre flotte à vapeur marchande, et les grands travaux faits dans nos ports ont aidé ce mouvement; enfin le développement de nos colonies et de nos relations avec elles a été une autre cause d'arrêt dans la décroissance du chiffre de notre commerce général.

Malheureusement, si nous avons développé nos échanges directs avec certains pays (l'Argentine par exemple, dont les laines arrivent maintenant directement à Dunkerque), la décadence de notre marine marchande en général n'est pas niable. Les navires étrangers sont plus nombreux dans nos ports que les navires français; dans certaines mers, notre pavillon n'est représenté que par les services subventionnés; dans d'autres, il a disparu. La réserve à notre marine du commerce direct entre la métropole et les colonies lui conserve quelque activité, mais notre effectif est réduit, non seulement d'une manière absolue, ce qu'expliquent la transformation générale de la navigation, le tonnage des navires, la rapidité des voyages, la facilité des chargements et des déchargements, l'équivalence d'un vapeur à six navires à voiles, mais aussi relativement aux changements survenus chez les autres puissances. Si le nombre de nos navires a peu varié de 1883 (15,222, dont 895 vapeurs) à 1892 (15,278, dont 1,161 vapeurs), leur tonnage est descendu de 1,003,679 tonnes à 905,606, diminution qui a atteint surtout notre marine à voile, et nous laisse, même pour les vapeurs, très au-dessous de l'Allemagne.

Angleterre. — L'Angleterre a maintenu avec persévérance la politique commerciale qui lui a si bien réussi. Forte de son avance industrielle sur les autres pays, de son matériel et de ses frais d'installation amortis, de ses capitaux, de sa flotte de transports, elle n'a rien négligé pour maintenir contre de nouveaux et redoutables concurrents sa suprématie, et c'est à peine si celle-ci a subi de légères atteintes. Les avantages de sa situation insulaire se sont encore accentués dans cette dernière période, alors qu'elle peut affranchir son industrie d'une partie des charges que le militarisme fait peser sur toutes les puissances continentales, et dont celles même qui, comme l'Italie, aux frontières bien délimitées, n'auraient rien à redouter de leurs voisins, s'accablent comme à plaisir. Des deux branches de l'agriculture que les mêmes puissances s'efforcent également, à juste titre, mais à grands frais, de protéger, l'une, le labourage, est jetée hardiment par-dessus bord. Les blés, toutes les céréales de l'étranger ont libre accès sur son territoire, et le bas prix de la vie qui résulte de l'arrivage à des prix infimes de ces céréales sur tous les marchés anglais, de l'abondance et de la bonne qualité de la viande que son bétail, mieux protégé, fournit, des beurres de l'Australie mis en vente à 2 fr. le kilogramme sur le marché de Londres, des viandes conservées ou congelées de l'Australie, de la Nouvelle-Zélande et des deux Amériques, permet aux industriels de donner à leurs ouvriers des salaires moins élevés, tout en étant avantageux pour ces derniers, que ceux qu'exigerait une vie plus chère. Sa production de houille, passée à 185,000,000 de tonnes par an, la richesse de ses mines où les filons épais permettent en général une exploitation large et facile, leur dissémination sur tout son territoire, la commodité du transport par mer ou par canaux, la proximité de la mer de ces mines, d'où le charbon peut être directement versé dans les navires qui les conduiront partout, réalisent pour elle des avantages qui ne se retrouvent nulle part ailleurs en Europe. En même temps qu'elle fournit à sa marine un fret assuré et d'autant plus précieux qu'il exige de nombreux bâtiments, elle la met à même d'offrir partout pour le fret de retour des conditions qu'un navire parti sur lest ou à moitié chargé, ou n'étant pas assuré de trouver à destination un fret avantageux, ne pourrait accorder. Les matières premières qui viennent de tous côtés s'entasser dans ses entrepôts ne sont pas grevées, pour aller dans ses manufactures, du coût de transport qu'ont nécessairement à payer les acheteurs du dehors. Les machines, pour la

même raison, lui reviennent à meilleur compte qu'à ceux qui
s'en fournissent chez elle et ont souvent à acquitter en outre
des droits protecteurs. L'abondance de ses débouchés lui
permet, par un plus grand débit, une plus grande production
et par une plus ample répartition de ses frais généraux, une
fabrication moins coûteuse. Sur les 2 milliards de francs auxquels s'élève la valeur des produits de son industrie cotonnière, elle en exporte 1,720 millions. Pour beaucoup d'articles elle fournit plus de la moitié, pour quelques autres
plus des trois quarts de la valeur totale des marchandises en
circulation : 40.1 p. 100 pour les lainages, 53.6 p. 100 pour
les fers et articles en fer, 55.6 p. 100 pour les machines,
73.1 p. 100 pour les tissus de coton, 84.3 p. 100 pour les fils
de coton et 87.1 p. 100 pour les tissus de jute[1]. Sur les marchés neutres, elle a maintenu sa situation, et les progrès faits
par la Belgique et les États-Unis ont atteint dans de bien
plus fortes proportions qu'elle l'Allemagne et la France.
Grâce à l'effectif de sa flotte marchande (50 p. 100 de l'effectif total) et à ses vapeurs (61 p. 100 du tonnage de la flotte à
vapeur du monde), sa part dans les transports maritimes n'a
cessé de grandir. La moitié de ceux de l'Europe et près des
trois quarts (73 p. 100) de ceux du commerce du monde se
font par son entremise.

Cependant les défenseurs de l'agriculture et les partisans
de l'augmentation des salaires réclament l'établissement de
droits protecteurs. Cette réponse à l'élévation des taxes dans
presque tous les pays du continent aurait pour effet ou d'éloigner leurs produits, ou de les forcer à conclure des traités ou

---

1. Peez, *Coup d'œil sur la politique commerciale de l'Angleterre,* ap. *Revue
d'économie politique,* mars 1895.

des arrangements sur la base de la réciprocité. La perspective de voir encore se rétrécir le marché que la concurrence étrangère, celle de ses propres colonies, les droits et tarifs protecteurs disputent ou ferment à ses produits n'est pas de nature à entraîner ses hommes d'État dans cette voie, pas plus que les efforts des bimétallistes, quelque appui qu'ils trouvent dans les cotonniers de Manchester, ne la feront renoncer à son système monétaire. Les 17 milliards de francs auxquels on évalue sa fortune en titres et papiers de toutes sortes sont moins encore par les intérêts qu'ils procurent que par la facilité que ces intérêts fournissent pour les règlements de compte sur tous les points du globe et la dépendance dans laquelle ils placent les pays débiteurs, un élément de force que compromettraient des droits protecteurs.

Aussi est-ce ailleurs, dans le développement de son empire en Afrique, dans l'accaparement de l'influence sur les pays où se jette avec furie la spéculation sur les mines et où s'ouvre pour la colonisation européenne un nouveau et vaste champ d'activité, comme sur le haut bassin du Nil, qu'elle cherche une compensation à ses pertes sur les marchés de l'Amérique et de l'Extrême-Orient.

Le plus haut chiffre auquel se soit élevé le commerce extérieur de l'Angleterre est, en 1891, celui de 19,265 millions, dont 11,325 millions à l'importation et à 8,135 millions à l'exportation. Si l'on en retranche 247 millions pour l'importation des marchandises entrées en transbordement, et 1,547 millions pour l'exportation de produits étrangers et coloniaux, il reste près de 17 milliards et demi pour le commerce propre du Royaume-Uni. A l'intérieur, les recettes des chemins de fer ont atteint, en 1893, 2,031,926,678 fr., dont le transport des voyageurs a fourni les deux tiers, soit, pour un réseau de 33,226 kilomètres, une moyenne de près de 700,000 fr. par kilomètre. La dépression constatée pour les années suivantes ne peut être que transitoire, et déjà l'on signale un relèvement d'activité dans les transactions.

Russie. — La Russie de son côté n'avait jamais franchement adopté le régime de la liberté commerciale. Les concessions qu'elle avait faites par les tarifs, encore très nettement protecteurs, de 1857, 1867 et 1869 n'avaient eu en vue que l'ouverture de l'Occident aux produits de son agriculture et un appel aux capitaux dont elle avait besoin pour la construction de ses chemins de fer. La difficulté des communications avec l'intérieur, le coût des transports, l'élévation des droits la préservaient d'une invasion de produits manufacturés. Elle admettait au reste que la portion la plus aisée de sa population fît usage des articles perfectionnés de l'industrie européenne, tandis qu'elle écoulerait vers l'Asie ceux encore grossiers de l'industrie indigène. Lorsqu'en 1876, après onze ans d'un travail actif, elle jugea son réseau ferré suffisamment avancé, un nouveau tarif releva tous les droits.

Cette année même l'insurrection bosniaque, bientôt soutenue par la Serbie et le Monténégro, ouvrait une nouvelle phase de la question d'Orient. La Russie allait y être elle-même entraînée par l'impulsion vigoureuse du vieux parti moscovite au nom de l'idée orthodoxe et de l'idée slave. Ses armées allaient s'avancer jusqu'à la Propontide et le traité de San-Stefano prépara une transformation politique complète de la région des Balkans.

Pendant la guerre franco-allemande, la Russie, afin de pouvoir effacer les dernières traces du traité de Paris, avait maintenu l'Autriche et l'Italie dans la neutralité et, en échange de ce service signalé rendu à l'Allemagne, obtenu l'abrogation des articles qui gênaient sa liberté d'action sur le bas Danube et sur la mer Noire. Puis, effrayée par l'ambition de l'Allemagne, elle l'avait, en 1873, empêchée de reprendre la guerre. Celle-ci s'en vengea en faisant substituer par l'Europe au traité de San-Stefano celui de Berlin (1878). Une guerre victorieuse allait aboutir pour la Russie à la ruine de son influence dans l'Europe orientale. L'Autriche devenait une puissance slave et, par une dérision amère, le centre d'attraction des éléments roumains et slaves des pays danubiens et balkaniques, tandis que ces mêmes éléments étaient sacrifiés chez elle à la rivalité ombrageuse et quelque peu tyrannique des éléments allemands et hongrois.

La Russie se rejeta sur l'Asie où elle poursuivait avec méthode et persévérance son plan de colonisation et de conquête. Elle se heurta de ce côté à la jalousie de l'Angleterre et un conflit armé faillit éclater, en 1883, entre les deux puissances. Dès lors, la Russie se rapprocha plus ouvertement de la France. Celle-ci répondit à ses avances en fournissant à la Russie les capitaux nécessaires pour l'achèvement de sa transformation économique et bientôt l'alliance franco-russe fit contrepoids à la triplice de l'Europe centrale.

En 1887, la Russie avait, dans l'intérêt de ses finances, exigé le paiement des droits de douane en or. C'était une nouvelle aggravation des droits.

Cependant le développement industriel de la Russie s'était poursuivi et quatre grandes régions manufacturières étaient en pleine production, à l'ouest dans les provinces polonaises et baltiques, au centre autour de Moscou, au sud dans la région du Donetz, à l'est dans l'Oural. La Russie ne visait pas les marchés de l'Occident. Son marché intérieur de 115

millions de consommateurs et les pays limitrophes de l'Asie
suffisaient à son ambition ; à l'Occident, ses produits agricoles, blé, seigle, lin, chanvre, bétail, chevaux, graisses,
suifs, cuirs et peaux, et ceux de son sous-sol, naphte et
pétrole ; à l'Orient, ses produits manufacturés. La circulation
intérieure est maintenant aisée et facile. Des routes de terre,
des voies ferrées, des voies navigables sillonnent l'empire
dans toutes les directions ; ses chemins de fer transportent
annuellement 50 millions de tonnes de marchandises ; de 20
à 40 millions circulent sur ses 55,000 kil. de voies intérieures navigables, fleuves, rivières et canaux (la France,
l'Allemagne, l'Autriche, l'Angleterre, la Belgique, la Hollande
et la Suède en comptent à elles seules seulement 45,000). Sa
marine fluviale est le double de celle de tout le reste de
l'Europe et compte 1,300 vapeurs d'un tonnage total de
83,000 tonnes et 21,000 bateaux d'un tonnage de 6 millions
de tonnes. Matières premières et produits fabriqués circulent
donc à l'aise (sauf les interruptions par les glaces), et pourtant
en 1891 les parties sud-orientales de la Russie d'Europe ont
été désolées par la famine, alors qu'il y avait souffrance par
pléthore sur d'autres parties du globe. Aussi la Russie a-t-elle
renoncé par des conventions récentes à cet isolement trop
complet dont elle a souffert. La production de ses mines de
houille dépasse aujourd'hui 7 millions et demi de tonnes.
Cependant, puissance agricole avant tout, la Russie voit
dépendre de l'abondance ou de la restriction de ses récoltes,
le cours du rouble, dont la hausse ou la baisse reflètent les
fluctuations de sa vente à l'étranger. La dépréciation du papier (le rouble, dont la valeur nominale est de 4 fr., oscille
en général entre 2 fr. 30 et 2 fr. 60), l'absence du numéraire
argent, la rareté de l'or, pèsent sur les transactions.

Comme l'Allemagne, l'Autriche, l'Italie, la Belgique, la Russie s'est rendue maîtresse par rachat des plus importantes de ses voies ferrées. Elle a introduit dans leur exploitation, pour accroître la circulation et le trafic, le tarif hongrois par régions et opéré sur les prix une réduction qui va dans certains cas jusqu'aux trois cinquièmes. Pour les petits parcours, le prix jusqu'à 170 kil. est de 3,64 centimes par kil. en 3ᵉ classe, augmentant de 2,28 centimes par kil. de 170 à 320 kil.; à partir de 350 kil., des zones successives de 54 centimes chacune s'ajoutent au parcours précédent. Les billets de seconde classe coûtent la moitié en sus et ceux de première deux fois et demie autant que ceux de troisième.

En 1883, année où il a atteint son chiffre le plus élevé, le commerce de l'empire russe s'est élevé à 4,810,000,000 fr., dont 2,248,800,000 fr. à l'importation et 2,561,200,000 fr. à l'exportation. La Russie d'Europe (moins la Finlande) entrait dans ce total pour 4,486,032,000 fr., dont 2,054,836,000 fr. à l'exportation et 2,431,196 fr. à l'exportation. Depuis 1888, si l'on ne considère que la Russie d'Europe, les importations ont baissé d'une manière sensible et à peu près continue, tandis que les exportations ont subi un mouvement d'oscillation remarquable, montant à leur chiffre le plus élevé en 1888, où leur valeur est de 2,912,000,000 fr. et descendant en 1892 à 1,600,000,000 fr. La récolte et le mouvement du commerce des céréales et des autres produits agricoles restent donc les grands régulateurs des échanges extérieurs de la Russie malgré l'importance prise par l'exportation du pétrole et des autres produits du sous-sol de cet immense empire.

La foire de Nijni-Novgorod, toujours fréquentée, reste comme un souvenir d'anciens errements et d'usages aujour-

d'hui disparus. Son mouvement d'affaires est considérable et
témoigne de l'importance que peuvent prendre avec l'extension des voies ferrées les relations de la Russie avec la partie
asiatique de son empire.

III. — *Les États secondaires.*

Suisse. — La Suisse est, par sa situation au centre de
l'Europe, son contact avec la France d'une part et les États de
la triplice de l'autre, son absence de communication avec la
la mer qui puisse affranchir son commerce de ces influences
rivales, un des pays les plus exposés à subir le contre-coup
des luttes économiques internationales. Pays agricole et
industriel à la fois, État fédératif, c'est-à-dire forcé de
compter plus que les États unitaires avec la force des résistances locales, elle est en même temps un pays de transit,
surtout depuis que deux percées des Alpes aboutissent sur
son territoire, les routes du Gothard et de l'Arlberg. Elle est
aussi, et c'est là une de ses grandes ressources, un pays
d'excursions ; toute une série d'industries et de commerce y
vivent du passage et du séjour des touristes et il faut ménager
toutes les nationalités qui fournissent ces précieux clients.
La Suisse était donc toute gagnée par ces considérations
diverses à la liberté commerciale, et les États voisins offraient
à l'envi, par des tarifs internationaux, leurs chemins de fer,
leurs ports et leurs navires à l'exportation de ses produits
et à l'alimentation de ses manufactures. Le développement
industriel y est plus grand en effet que ne semblent le com·
porter les conditions économiques du pays. Zurich rivalise
pour la fabrication des soieries avec Lyon et Milan ; Saint-Gall
excelle dans la production des mousselines et des dentelles

de coton; Zurich, Winterthur et l'Argovie travaillent le fer ;
le Jura suisse a son horlogerie, et les fromageries des avant-
monts alpestres livrent à l'exportation des produits nombreux
et appréciés. Aussi le commerce de la Suisse a-t-il atteint en
1890, année du chiffre le plus élevé, 1,727 millions de francs,
1,002 à l'importation, 725 à l'exportation. En 1893, il est
vrai, ces chiffres avaient subi une diminution notable et on
ne trouvait plus que 828 millions à l'importation, 646 à
l'exportation, soit au total 1,474 millions. Les échanges avec
la France étaient ceux sur lesquels avait porté la plus grande
partie du déchet constaté.

L'influence que peut exercer, en dehors de toute cause
physique et naturelle, comme cela s'est produit pour nos
relations avec l'Italie et l'Espagne, un changement de tarifs,
s'est manifestée très nettement dans notre commerce avec la
Suisse. Elle était pour nous un client excellent. De 1881 à
1890, nous lui avons acheté en moyenne pour 112 millions
par an et vendu pour 224 millions. De 1871 à 1891, en vingt
ans, la Suisse a acheté à la France pour 2,895 millions de
plus qu'elle ne lui a vendu. De suite, par l'application des
tarifs de 1892, la Suisse ayant répondu à notre tarif par un
tarif de guerre, notre exportation a diminué de 68 p. 100,
sans que nos achats aient subi une baisse proportionnelle et
notre place a été prise, partie par les produits indigènes,
partie par ceux de l'Allemagne, de l'Italie et de l'Autriche.
Il est à craindre que la convention nouvelle de 1895, malgré
les avantages réels qu'elle présente, ne nous permette pas de
réoccuper en entier le terrain perdu.

La voie du Gothard prend une importance internationale
de plus en plus grande. Les États limitrophes de la France
ont organisé par cette route des trains internationaux qui

enlèvent à la France une partie de son transit. De France même des communications régulières se sont établies par cette voie plus courte que celle du Cenis avec Milan et l'Italie orientale. La route projetée à travers le Simplon emprunterait encore une partie de territoire de la Suisse. Elle devient ainsi un grand chemin des nations et son commerce ne peut que profiter de cette facilité et de cette rapidité plus grandes de communication que lui procurent ces rivalités internationales.

Espagne. — L'Espagne n'a peut-être pas tiré tout le parti possible de la période de prospérité commerciale exceptionnelle qu'elle a traversée de 1881 à 1892. La construction des chemins de fer y avait devancé plutôt que suivi les besoins. Malgré l'abolition des douanes entre provinces depuis 1825, celles-ci vivaient toujours isolées les unes des autres ; et ce particularisme était aussi funeste au développement économique qu'à la pacification politique du pays. Œuvre d'autant plus coûteuse qu'elle était entreprise avec les capitaux de l'étranger, la construction des voies ferrées greva l'Espagne d'une lourde dette extérieure, mais elle se justifiait par les bienfaits de toutes sortes qu'on était en droit d'en attendre. La ruine des vignobles français fournit à l'Espagne une occasion inespérée de relever sa fortune et ses finances compromises. Son exportation de vins n'était en 1876 que de 300,000 hectolitres ; en 1891 elle atteignait 10 millions, dont 8,281,808 hectolitres de vins ordinaires et 260,261 hectolitres de vins de liqueur en France. Pour fournir à cette demande, l'Espagne avait d'abord modifié par des additions d'alcool allemand la nature de ses vins. Puis elle avait appris, d'instructeurs français, à faire ses vins, augmenté en même temps que leur quantité, leur qualité et leur faculté de conservation, substitué ses alcools à ceux de l'Allemagne dont l'importation baisse à partir de 1887 (103 millions de francs en 1886, 42 en 1891) et réalisé du fait de ce seul article de commerce un bénéfice de 3 milliards.

Ses mines étaient exploitées vers le même temps avec une activité toute nouvelle : cuivre de Tharsis et de Rio-Tinto, plomb de Carthagène, fer de Bilbao, mercure d'Almaden, etc., et bien que derrière cette activité, à laquelle l'étranger a toujours la principale part, des efforts aient été faits pour relever la vie nationale; que des manufactures, des usines, des chantiers, se soient élevés sur quelques points ; que des compagnies de navigation se soient formées ; que l'Espagne ait resserré ses liens avec ses colonies, agi au Maroc, essayé d'attirer à elle une partie du transit des voyageurs et des marchandises avec l'Algérie et l'Afrique occidentale, elle n'a pas su profiter de ce relèvement de la richesse nationale pour restaurer ses finances et son crédit. En 1891, son commerce général a atteint 1,950 millions : 1,018 millions à l'importation, 932 millions à l'exportation, chiffres dans lesquels la France entrait pour 326 millions en achats à l'Espagne et 457 millions pour ses ventes, laissant assez loin derrière elle l'Angleterre, les colonies même de l'Espagne, les États-Unis, le Portugal, la Belgique et l'Allemagne. (42 millions à l'importation d'Allemagne, 10 millions à l'exportation.) En 1892, la reconstitution de nos vignobles d'une part et de l'autre une guerre de tarifs venaient modifier cette situation. L'Espagne adoptait elle aussi un double tarif autonome, maximum et minimum, qu'elle opposait au nôtre. L'agriculture protestait contre la fermeture des débouchés, l'industrie applaudissait, mais ce resserrement des échanges, joint à une crise moné-

taire, à une expédition nécessaire contre le Maroc, à un duel
douloureux contre Cuba, rend pénible la situation économique et financière de l'Espagne.

Les voies ferrées de la péninsule ne sont encore réunies à
celles de France qu'aux deux extrémités de l'isthme pyrénéen.
Deux lignes réunissent également Lisbonne à Madrid, mais
dans un pays où les voies navigables font presque défaut, où
les routes de terre, c'est-à-dire tous les affluents qui alimentent le trafic central des voies ferrées, sont rares, la mer
est encore un des chemins les plus suivis par le commerce,
et Barcelone, Cadix, Bilbao, Santander ont un mouvement
des plus actifs. L'aspect des villes, les conditions générales
de la vie se sont modifiés et améliorés ; la population ne
cesse de s'accroître ; l'agriculture, lancée dans la voie du
progrès, produit plus et donne davantage à la circulation, et
tout serait prêt pour un relèvement de l'Espagne si elle pouvait porter une main énergique sur les abus de son administration, assurer la régularité de la perception et de la rentrée
de tous ses revenus et raffermir, par des mesures qui s'imposent, son crédit bien ébranlé.

Portugal. — Le Portugal est au point de vue financier un
des pays les plus dépréciés de l'Europe. La France a été mal
récompensée du concours qu'elle lui avait prêté pour favoriser
son affranchissement de la tutelle de l'Angleterre et le maintien de sa position en Afrique. Lui aussi a trouvé une bonne
aubaine dans la crise viticole qui a sévi sur la France, mais elle
n'a été que de peu de durée. Son commerce se ressent de la
restriction de son crédit. De 1890 à 1892, ses importations
sont descendues de 250 à 172 millions de francs, malgré un
léger accroissement de ses ventes (120 à 137 millions). Les

vins, le liège, les poissons frais ou conservés (cette dernière industrie nouvelle est prospère), le minerai de cuivre, les bestiaux et les fruits du Midi sont ses principaux articles d'exportation ; le froment, le sucre, la morue, le charbon, les tissus et les matières premières, ses principaux articles d'achat. L'Angleterre est toujours son principal acheteur et fournisseur ; après elle, ses échanges se font surtout avec le Brésil, la France, l'Allemagne, la Belgique. Ses possessions d'Afrique restent un des meilleurs éléments de son trafic. Il' leur achète pour 50,4 millions de francs et leur vend pour 71,8. L'industrie s'y développe peu, faute de capitaux. Lisbonne et Porto sont cependant toujours des ports animés et le Portugal ne peut manquer de prendre sa bonne part du progrès de la mise en valeur de l'Afrique australe.

Belgique. — Une série de circonstances ont favorisé le développement commercial de la Belgique. Au moment où les événements politiques détournaient de la France le courant de l'Europe centrale, elle l'avait appelé par le régime libéral de ses tarifs vers son port d'Anvers, rajeuni et régénéré par de grands travaux, desservi par l'Escaut approfondi, de nombreux canaux et tout un réseau de voies ferrées. En vingt ans, le mouvement s'en élevait de 607,000 tonnes à 3,857,914 (1883) et dépassait plus tard 5 millions de tonnes. Les maisons étrangères s'y établissaient en foule ; de France même une partie des marchandises destinées à l'exportation prenait le chemin de ses quais et toute une grande région manufacturière recevait par lui ses approvisionnements. Les « rois du pétrole » y faisaient d'immenses fortunes et les manufactures belges écoulaient par ce débouché aux bras multiples leurs produits chaque jour plus nombreux. L'ou-

verture du Gothard rendait plus fructueux les efforts combinés
de la Belgique et de l'Allemagne pour assurer à la Belgique
le transit des marchandises et des voyageurs en provenance
ou à destination de l'Orient. Le commerce extérieur du
royaume atteignait lui-même, en 1891, abstraction faite de
cet important mouvement de transit qui élèverait d'un tiers
environ le chiffre total du mouvement commercial, 3,318
millions de francs: 1,799.8 à l'importation, 1,519 à l'exportation. L'absence de tous droits à l'entrée sur les matières
alimentaires et les produits de consommation courante assurait aux ouvriers la vie à bon marché et aux manufactures et
aux mines des bras d'autant moins chers que, par suite de la
densité sans cesse croissante de la population, ils s'offraient
en plus grand nombre. L'agriculture était des plus avancées
et des plus prospères ; la houille abondait dans le sous-sol ;
avec le minerai de fer à portée, des industriels entreprenants
et hardis, des ouvriers laborieux, des charges militaires et
financières peu lourdes, les produits belges s'insinuaient sur
tous les marchés ; bientôt des compagnies de navigation, des
services subventionnés étaient créés ; la France offrait aux
ouvriers de l'industrie et de l'agriculture, à qui les occupa-
tions faisaient défaut chez eux, du travail permanent ou temporaire, enfin le Congo se présentait comme ressource future
pour l'alimentation du commerce et l'écoulement des produits. Malheureusement l'invasion des blés étrangers est venue réduire à rien le prix de vente des céréales belges ; tous
les produits de l'industrie se sont trouvés refoulés par la
concurrence étrangère ou des tarifs écrasants, et la Belgique
est entrée, elle aussi, dans la voie du protectionnisme. Les
céréales étrangères sont désormais taxées à leur entrée sur
le territoire belge. La rivalité des ports hollandais et alle-

mands de la mer du Nord commande dans l'intérêt du port
d'Anvers une grande circonspection dans l'établissement des
tarifs; aussi est-ce surtout vis-à-vis de la France que des
mesures de représailles sont demandées en faveur de l'industrie. Déjà l'Allemagne considère la Belgique comme incor-
porée au nouveau Zollverein de l'Europe centrale, mais, malgré la convention commerciale conclue avec l'Allemagne, la
Belgique est liée par des relations trop anciennes et trop
intimes avec la France pour qu'une rupture commerciale
entre elle et nous soit jamais possible.

Pays-Bas. — La Hollande est, plus encore que la Belgique,
un pays de transit. C'est peut-être celui de tous les États
dont la fortune repose le plus sur le commerce. Malgré le
développement qu'y ont pris quelques industries, raffineries,
distilleries, tanneries, fabrication des bougies, constructions
navales, taille des diamants et même sur quelques points du
Brabant septentrional, filature et tissage, l'absence de houille,
la cherté de la main-d'œuvre et de la vie arrêtent de ce côté
son essor.

L'agriculture et surtout l'élevage y ont une bien plus
grande place, et l'écoulement des grains, du beurre, des fromages, des bestiaux vers l'Angleterre et l'Allemagne, celui
des produits frais ou conservés de la pêche sont restés jusqu'en ces dernières années une des plus grandes ressources
des provinces agricoles du nord. Aujourd'hui, la Hollande
exporte pour 113 millions de francs de margarine et seulement 19 millions de beurre. La libre arrivée des céréales des
États-Unis et des Indes a ruiné les cultivateurs de la Hollande
et de la Frise; les beurres d'Australie et de la Nouvelle-
Zélande disputent le marché de Londres à ceux des Pays-

Bas ; la nécessité de maintenir au moins florissante la seule branche de l'activité économique qui ne dépérisse pas encore, le commerce, s'oppose à l'adoption d'une politique protectionniste et la lutte entre les intérêts opposés a jeté dans les bras du socialisme les populations rurales de la Frise. Restée grand entrepôt des épices et des autres produits coloniaux, café, sucre, riz, quinquina, camphre, etc., importatrice du pétrole américain, conservant dans les relations avec ses colonies un élément précieux d'activité maritime, elle a pris en outre le roulage des fleuves, et son pavillon domine presque en maître sur le Rhin et la Meuse, où ses services sont acceptés par l'Allemagne qui lui abandonne le profit important de cette navigation fluviale. Le regain de faveur des transports par eau a réparé les brèches faites autrefois à sa fortune commerciale par l'infériorité de son réseau ferré. Les grands canaux maritimes qui unissent Amsterdam et Rotterdam à la mer, achevés au moment où l'industrie rhénane arrivait à son apogée, ont puissamment aidé cette révolution. Rotterdam, plus tôt en possession de son canal, mieux situé pour les relations directes avec les eaux allemandes, a attiré vers elle 52 p. 100 du trafic total de la Hollande, et les deux tiers du transit allemand. Flessingue de son côté s'efforce de faire refluer chez elle cette circulation des voyageurs entre le continent et l'Angleterre que déjà Ostende dispute à Calais ; Amsterdam et Rotterdam ont des départs réguliers vers les ports anglais ; Scheveningen sollicite comme Ostende les touristes et les baigneurs allemands ; la dépendance de la Hollande vis-à-vis de l'Allemagne au point de vue commercial s'accroît ainsi sans toutefois que les Pays-Bas soient disposés à rien abdiquer de leur indépendance politique. La substitution d'un régime libéral à celui de l'exploitation directe des

colonies par la métropole et les dépenses militaires néces-
sitées par la guerre contre les Atchinois ont tari la source
des excédents budgétaires dont la Hollande a joui si longtemps. Amsterdam reste néanmoins un grand marché pour
les capitaux. Le commerce spécial de la Hollande, toujours
en progrès jusqu'en 1891, a atteint pour cet exercice 5,242
millions de francs : 2,847 millions à l'importation, 2,395 millions à l'exportation. L'Allemagne, l'Angleterre, Java et ses
dépendances, la Belgique et les États-Unis viennent au premier rang des clients de la Hollande ; la France ne fait directement avec elle que 59 millions d'affaires (1892), sur lesquels elle vend à la Hollande pour 42 millions et achète pour
17 millions Mais une partie de nos ventes et de nos achats
emprunte, comme les voyageurs, la voie de la Belgique, à
travers laquelle se font le plupart de nos relations avec les
Pays-Bas.

États scandinaves. — Placés géographiquement en dehors
des grands courants commerciaux de l'Europe, les trois États
scandinaves tirent cependant de leur sol et de la mer qui les
environne les éléments d'échanges suivis avec l'Europe centrale et occidentale. L'union monétaire conclue entre eux ne
doit pas faire illusion sur la nature de leurs rapports ; la
Suède et la Norvège elles-mêmes sont absolument séparées
au point de vue des douanes, et si la Suède aristocratique
aspire à transformer leur union toute nominale en un lien
plus intime, la Norvège démocratique la répudierait volontiers.

Danemark. — Pays essentiellement agricole, de culture
perfectionnée et de grand élevage, le Danemark est comme

la Norvège, pays de forestiers et de pêcheurs, resté libre-échangiste. Le rachat du péage du Sund avait ébranlé son vieux système économiste ; il restait néanmoins, par les détroits et le canal de l'Eider, maître de deux des routes de la mer du Nord à la Baltique. La guerre du Slesvig le priva de cette dernière province ; l'ouverture du canal de Kiel vise directement les avantages qu'il tient encore de la possession des détroits ; vingt millions dépensés pour l'agrandissement et l'amélioration du port de Copenhague, sa déclaration de port franc, le montrent décidé à soutenir la lutte commerciale et maintenir la situation acquise. En 1894, le Danemark a encore exporté en Angleterre, en Suède, en Russie, en Allemagne, 35,000,000 kilogr. de beurre, 100,000 bœufs vivants, 1,000,000 kilogr. de viande abattue et 14,000 chevaux. Sa population, en voie de croissance continue, dépasse, malgré la perte des duchés, 2 millions d'habitants ; celle de Copenhague est montée de 190,000 à 400,000 en 1890. Son commerce général a été, en 1891, d'environ 747 millions, dont 430 à l'importation, consistant surtout en produits fabriqués, houille, huiles minérales, engrais, bois et ouvrages en bois provenant principalement de l'Angleterre, de l'Allemagne et de la Suède. Ses importations d'Islande, des Féroë et du Groenland sont sensiblement égales à ses exportations dans ces colonies. Le système du monopole que l'État danois a conservé pour les relations avec le Groenland a été abandonné pour les mines de cryolithe d'Ivigtut, dont le port a été ouvert à la navigation et au commerce, mais dont presque tout le minerai est exporté aux États-Unis.

Norvège. — La Norvège a eu, en 1891, un mouvement de 469 millions de francs, dont 296 à l'importation. Ses échanges se font surtout avec l'Angleterre, l'Allemagne, la Suède et le Danemark, dont elle reçoit des tissus, des ouvrages en fer, de la houille et des produits alimentaires, céréales, café, sucre, sel, beurre ; la France, à laquelle elle achète des vins et auxquels elle vend ses bois bruts ou ouvrés et les produits de sa pêche.

Le travail sur place des bois tirés de ses immenses forêts, leur transformation en objets menuisés, la fabrication de la pulpe employée maintenant, non plus seulement pour le papier, mais pour une foule d'autres usages, la construction des navires, la préparation des huiles et des peaux de poisson, l'exploitation des mines y entretiennent une certaine activité industrielle ; mais la navigation occupe une plus grande part encore dans la vie de la nation. Sa marine marchande compte 7,506 bâtiments, dont 767 vapeurs, et a une jauge de 1,745,000 tonnes, ce qui la place pour le tonnage immédiatement après l'Angleterre et les États-Unis. Le commerce des liqueurs et spiritueux y est sévèrement réglementé et concédé à des compagnies qui doivent appliquer à des travaux publics les profits excédant un intérêt de 5 p. 100 du capital engagé.

Suède. — La Suède manufacturière a édicté, en 1892, un tarif protectionniste dont les droits équivalent pour certains articles à une prohibition, et cette divergence d'intérêts et de vues est pour beaucoup dans son conflit actuel avec le royaume mitoyen. Mieux partagée que les autres États scandinaves et plus peuplée qu'eux, elle a à la fois une région de culture, une zone forestière, une région minière ; elle possède le chemin de fer le plus septentrional de l'Europe, s'élevant jusqu'au delà de 67° dans la direction du pôle, et le canal de Gothie, long de 420 kilomètres, unissant à travers ses grands lacs la mer du Nord à la Baltique, est fréquenté annuellement par 6,000 à 7,000 navires. Outre le travail du bois, elle a des hauts fourneaux, des fabriques de machines, des distilleries de pommes de terre et de grains, des sucreries et des raffineries. Elle exporte en Angleterre ses grains, ses fers et ses bois, et lui demande, ainsi qu'à l'Allemagne, de la houille, des machines, des tissus, des denrées coloniales. Elle vend plus qu'elle ne lui achète au Royaume-Uni et achète, par contre, à l'Allemagne plus qu'elle ne lui fournit. Ses principales relations sont, après ces deux pays, avec le Danemark, la Norvège, la Russie, les Pays-Bas, la France (38 millions de francs). Au total, son commerce extérieur s'est chiffré par 927 millions en 1891, soit 497 millions à l'importation et 430 à l'exportation, cette dernière en progression très marquée.

La Suède, elle aussi, caresse le rêve de continuer à vendre à l'étranger sans rien lui demander en retour. Son éloignement des grands centres de la vie commerciale, la nature de ses exportations et les habitudes de sa population qui n'a pas encore renoncé à l'industrie familiale, diminuent pour elle la témérité de l'expérience.

États des Balkans. — Trois grands faits ont, dans ces dernières années, modifié la physionomie économique de l'Orient : l'achèvement des voies ferrées qui relient Constantinople et Salonique à l'Europe centrale, l'amélioration du cours du Danube inférieur et l'ouverture du canal de Corinthe.

Malgré la lenteur avec laquelle la locomotive franchit les 987 kilomètres qui séparent Constantinople de Belgrade,

Constantinople est maintenant à 75 heures de Londres et à 68 heures de Paris; mais ce rapprochement de la capitale de l'empire ottoman des pays avec lesquels elle avait autrefois ses principales relations politiques et commerciales est de moindre importance que celui qui s'est établi entre Berlin et Vienne et les rives du Bosphore. Parallèle à la marche vers l'est de l'Autriche, avant-garde de l'empire allemand, ce fait prépare une évolution commerciale et politique préjudiciable aux puissances occidentales, dont l'intérêt se trouvera désormais s'accorder avec celui de la Russie pour combattre l'influence allemande et l'invasion des produits autrichiens ou allemands. Ces dangers deviendront plus grands encore lorsque la voie ferrée sera prolongée de Scutari à l'Euphrate et que la ligne des Indes aboutira directement au centre de l'Europe.

La ligne de Belgrade à Salonique (597 kilomètres) opère de son côté au profit de ce dernier port ce qu'avait fait aux dépens de Marseille l'ouverture de la ligne de Brindisi. Elle diminue de 383 kilomètres la distance de Berlin à Port-Saïd et rapproche Athènes et Smyrne de 24 heures de l'Europe centrale. La durée de la navigation de Salonique à Port-Saïd est de 17 heures moindre que celle de Brindisi à ce dernier point; mais, par contre, si cette ligne ferrée offre au commerce de l'Europe centrale un chemin plus court vers l'Orient, elle peut aussi servir à celui des puissances occidentales de voie de pénétration dans la presqu'île du Sud-Est pour faire refluer vers le nord les produits germaniques et permettre à leur influence d'aider la Serbie à maintenir son autonomie politique et commerciale déjà menacée par la ligne de l'Europe centrale.

La régularisation du cours du Danube et l'ouverture du

canal de Soulina ont ainsi permis aux puissances occidentales de conserver dans le cercle de leurs relations les États
riverains du bas Danube.

La navigation du bas Danube a enregistré, en 1893,
1,282 navires de 1,788,748 tonnes de jauge, parmi lesquels
905 navires anglais comptent pour 1,287,762 tonneaux et
35 navires français pour 43,533 tonneaux. Ces contrées
presque neuves auxquelles ce fleuve sert d'issue vers la mer
ont trouvé, dans l'œuvre opérée par la commission internationale du Danube, un puissant auxiliaire pour l'écoulement
des produits de leur agriculture, première base de leur richesse.

Quant au canal de Corinthe, son rôle, pour n'avoir pas été
jusqu'ici très marqué, mais il est ouvert depuis deux ans à
peine, ne peut manquer de se faire sentir aussi dans les rapports commerciaux et politiques entre les différentes parties
de l'Europe. Long seulement de 6,300 mètres, il n'abrège
que de dix heures (176 kilomètres) la durée du parcours
vers Athènes et Constantinople pour les ports de la Méditerranée occidentale; mais pour ceux de l'Adriatique, l'a-
bréviation est de vingt heures (340 kilomètres), et ce gain se
réalise précisément au profit de l'Autriche-Hongrie, dont les
progrès en Orient sont si accentués sous tous les rapports.

Turquie. — Constantinople et Salonique sont toujours les
deux principaux marchés de la péninsule des Balkans. Plus
de 15,000 navires d'une jauge supérieure à 7,000,000 de
tonnes pénètrent annuellement dans le Bosphore, parmi lesquels plus de 7,000 vapeurs forment à eux seuls plus des six
septièmes du tonnage. Les importations y dépassent, comme
dans toute la Turquie, les exportations, Constantinople étant

toujours pour ces pays orientaux le grand bazar auquel s'approvisionnent les colporteurs qui distribuent sur tous les points les marchandises qu'ils y achètent. Les chemins de fer semblent avoir encore accru son importance sous ce rapport au détriment des petits centres dont les marchands succombent devant la concurrence de ces colporteurs. Réduite par les traités de 1878 à trois provinces, la Turquie d'Europe ne fait guère plus de 250 millions d'échanges. Le mauvais état des finances, une administration déplorable et tous les vices tant signalés depuis des siècles dans l'organisation de l'empire sont toujours un obstacle aux progrès de l'agriculture et de l'industrie. Le tabac, les essences, les fruits, les huiles, les provenances d'Asie sont les seuls articles d'exportation. Les droits de 8 p. 100 à l'entrée et 1 p. 100 à la sortie en vigueur autrefois ont été dans un but fiscal considérablement majorés ; les routes sont toujours rares et l'Albanie comme isolée des deux autres provinces. Quelques symptômes de relèvement se manifestent sur quelques points, mais mêlés à des agitations qu'entretient ou même suscite la forte corruptibilité des trafiquants et des exploitants de l'empire. C'est par l'intermédiaire des Grecs, des Arméniens et des Juifs à l'abri des garanties que leur donnent les « capitulations » et les traités que les négociants européens commercent avec la Turquie.

Les vieux Turcs, avec leur fond d'honnêteté et leur résignation fataliste, sont d'autant plus rebelles à toute transformation que la « jeune Turquie » se présente à eux, parée des défauts et des vices de l'Occident plus que de ses qualités et de son esprit, sous de peu séduisants dehors. La montée des nationalités qui sous l'impulsion du dehors gronde toujours et menace de reléguer le chef de l'Islam en Asie, le rend peu désireux d'introduire chez lui des réformes qui, en émancipant ses sujets, tourneraient au détriment de sa puissance.

Roumanie. — Les agitations et la situation embarrassée de quelques-uns des États nés du démembrement de l'Empire ottoman ne doivent pas empêcher de reconnaître les progrès réalisés par tous depuis leur affranchissement.

Favorisée au point de vue agricole, la Roumanie a, par une série de mesures hardies, appelé à la propriété les paysans affranchis du servage. Pour les encourager au travail de la terre, elle avait, en 1886, opposé à l'entrée des produits hongrois une barrière de douanes. Les progrès de la production ont fait passer l'exportation des céréales de 184 millions de francs en 1886 à 252 en 1892, plus des cinq sixièmes de l'exportation totale (285 millions). Les principaux acheteurs sont l'Angleterre, la Belgique, l'Allemagne, l'Autriche et la France. L'Angleterre, grâce à l'activité de sa marine, conserve pour l'ensemble de ses échanges avec la Roumanie la première place, mais elle est suivie de près pour les ventes par l'Allemagne et, depuis la cessation de la guerre des tarifs avec l'Autriche, par cette dernière puissance. La France, dont les ventes à la Roumanie atteignaient 41 millions en 1891, a vu ce chiffre descendre à 30 en 1892, soit de plus d'un quart. Les tissus et les métaux sont les principaux articles que la Roumanie, privée d'industrie, demande au dehors.

Brouillée depuis 1878 avec la Russie, la Roumanie, gouvernée par un Hohenzollern, s'est, malgré ses affinités et ses origines, malgré ses différends récents avec l'Autriche, et au moment même où les Roumains de Transylvanie persécutés faisaient appel à l'opinion de l'Europe occidentale contre leurs oppresseurs, rapprochée de l'Autriche et de l'Allemagne. Son entrée dans la confédération douanière de l'Europe centrale ne nous révélerait même qu'une partie de l'évolution opérée par elle, et comme l'Italie, la Roumanie qui, elle aussi, a cependant quelques obligations à la France, se serait attelée au char de nos bruyants vainqueurs.

Bulgarie. — La Bulgarie, accrue en 1886 de la Roumélie orientale, a, elle aussi, sa grande richesse dans l'agriculture. Son extension sur les deux versants de la croupe des Balkans lui donne même une plus grande variété de culture et de produits et en même temps qu'une ligne de ports importants sur le Danube de bons ports sur la mer Noire. L'Autriche, à laquelle la rattachent actuellement les intérêts politiques et dynastiques, est son meilleur vendeur (28 millions en 1892), suivie d'assez près par l'Angleterre (18 millions). Mais la France est, après la Turquie, son meilleur acheteur (19 millions et demi). Malheureusement, les habitudes de prudence et de réserve du commerce français l'éloignent d'un marché où les aléas sont assez nombreux, où le peu de richesse acquise nécessite des délais et des accommodements de paiement que partout accordent non seulement l'Allemagne et l'Autriche, mais la pratique Angleterre, pour s'assurer un marché d'avenir. Possédant du fer et de la houille, les Bulgares, le plus laborieux et le plus tenace des peuples de la péninsule, aspirent également à devenir une nation industrielle. Le développement des richesses économiques du pays se poursuit régulièrement; le commerce général est passé de 115 millions en 1886 à 154 en 1892, moitié à l'importation, moitié à l'exportation. Une situation politique délicate éloigne les capitaux de la Bulgarie, mais tout est prêt pour qu'à la première éclaircie de l'horizon, le pays prenne un rapide essor.

Serbie. — La Serbie n'a point d'issue sur la mer ; l'Autriche domine le cours supérieur des deux rivières qui confluent à sa capitale et la pesée de ce puissant voisin l'écrase aujourd'hui. L'Occident n'a pas eu à se louer de sa confiance dans la sagesse et la solvabilité de la Serbie. Les querelles des partis lui donnent, par leur animosité et leur confusion, un mauvais renom. Sa situation comme pays de transit est avantageuse cependant; son sol, propice à la culture, est favorable à l'élevage. Elle a de belles forêts, des mines, de la houille. Son commerce, de 80 millions, est susceptible de développement, mais il est à craindre qu'en raison de la facilité des communications, par voie ferrée et par voie fluviale, avec l'Autriche et l'Allemagne et de l'élévation des tarifs sur la ligne turque qui part de Salonique, cet accroissement ne se fasse qu'au profit de l'Autriche et de l'Allemagne.

Monténégro. — Le Monténégro, fort de sa position inexpugnable et de sa pauvreté, n'est que peu sollicité par le commerce extérieur. Son avancée sur la mer le soustrait à l'obligation de recourir à l'Autriche, mais ne le laisse pas moins sous sa dépendance économique comme vendeur des produits de ses troupeaux.

Grèce. — La Grèce a, par une ambition trop impatiente, compromis une situation pleine d'avenir. L'activité de ses marins, la souplesse et l'habileté de ses négociants, le patriotisme de ses enfants établis au dehors, le nombre et la force de ses colonies sur tous les points de la Méditerranée lui

assuraient, malgré le peu de fécondité d'une grande partie
de son sol et le peu de goût de sa population pour la culture
et le travail industriel, une place relativement considérable
comme puissance maritime et commerçante. En 1891, l'ensemble de son commerce s'élevait à 247 millions de francs,
dont 107 à l'exportation. L'Angleterre, la Russie, la Turquie et l'Autriche y tenaient les premiers rangs pour les
ventes, la France le cinquième, mais le second pour les
achats. Les raisins de Corinthe et le minerai du Laurium
forment ses principaux articles d'exportation, les céréales, les
fils et tissus, les bois et les ouvrages en fer, ses principales
demandes à l'étranger. La Grèce a, comme presque toutes
les puissances, répondu aux droits établis sur ses produits,
en France particulièrement sur ses raisins secs, par des tarifs
de représailles et fiscaux plus que protecteurs. Ses embarras
financiers, la rupture peu loyale de ses engagements avec ses
prêteurs ont ralenti en même temps le mouvement des affaires,
mais ce n'est là qu'un accident que l'on peut considérer
comme passager et réparable, si, comme il faut l'espérer,
une politique plus loyale et plus sage vient présider à ses
destinées.

Le caractère de cette période se résume donc dans ces deux
faits essentiels : l'extension à tous les États de l'activité productrice et l'incertitude du régime commercial. S'ouvrant à un
moment où le régime des traités de commerce et de la liberté
des échanges était en pleine vigueur, elle a été marquée par
un retour presque général au protectionnisme (1875-1892) et
se termine sous un régime intermédiaire, atténuant par des
tarifs conventionnels limités à un certain nombre d'objets la
rigueur des tarifs généraux autonomes. La constitution d'un

Zollverein de l'Europe centrale est une extension hardie à un groupe d'États et à un vaste territoire d'une solidarité économique reposant sur des traités libéraux et défendue par des traités protecteurs. Œuvre politique autant que commerciale, réponse significative aux partisans d'une politique d'isolement, elle fait habilement servir l'hégénomie militaire de la Prusse à la satisfaction de ses intérêts industriels, annexant ainsi du même coup à l'empire germanique des clients et des soldats.

CHAPITRE IX

L'Asie au dix-neuvième siècle. — Progrès des puissances européennes en Asie. — La Russie asiatique. — Les Indes anglaises. — La Chine et le Japon. — L'Indo-Chine française.

Le nom de continent mystérieux que l'on appliquait naguère à l'Afrique conviendrait mieux aujourd'hui à la massive Asie. Toute l'Afrique est maintenant englobée dans le domaine ou la sphère d'influence des nations européennes ; le monde jaune est plus rebelle à la pénétration des blancs. Les récents événements nous l'ont montré susceptible de se transformer sous leur influence et de rajeunir à l'aide d'emprunts faits à l'Europe sa vieille civilisation, mais il ne semble pas qu'il doive ouvrir à notre industrie d'importants débouchés. L'Asie occidentale ne rentre que bien lentement dans le courant de nos intérêts ; l'Arabie, la Perse, l'Afghanistan, tous les pays musulmans sont rebelles à nos idées, et cependant de ce côté aussi, les conquêtes politiques et commerciales de l'Europe ont été considérables. Trois puissances surtout y ont pris part : la Russie, l'Angleterre et la France.

Asie russe. — La Russie a, pour ainsi dire, opéré en pays neufs. Sa domination sur la Sibérie, vieille de plusieurs centaines d'années, n'y a, malgré les explorations scientifiques remarquables faites au siècle dernier, pris tournure que de nos jours, et il n'y a pas encore tout à fait un siècle qu'elle s'est implantée au Caucase ; l'annexion du Turkestan russe, commencée commercialement dès 1731, est plus récente encore et appartient à la seconde moitié du XIXᵉ siècle. Ces régions lointaines et comme perdues jusqu'ici se transforment avec rapidité, et bien que la Russie soit entrée, elle aussi, dans ce mouvement d'isolement national que nous avons vu s'accentuer partout, des perspectives d'avenir réservées jusqu'ici au commerce russe s'y ouvriront peut-être un jour au commerce universel.

A l'exception de la Transcaucasie, qui a dans Batoum et Poti ses ports à elle, les autres régions de la Russie asiatique n'ont pas de débouchés particuliers sur l'Europe. Les estuaires sibériens de l'Océan Glacial n'ont, malgré des tentatives plusieurs fois répétées, que de très rares rapports avec les ports de la mer Blanche; Vladivostok et les ports de l'Amour pourront avoir d'importantes relations avec l'Asie et l'Amérique, mais c'est par terre, à travers l'Oural, Orenbourg et les voies ferrées dont elle est la tête, par Petrowsk, Vladikawkaz et le réseau européen, par les chemins de fer du Caucase entre la Caspienne et la mer Noire, et surtout par le Volga et le Don, que se font tous les échanges avec l'Europe. La Caspienne n'est plus entre Ouzoun Ada et Petrovsk qu'un lac facilement franchissable, à travers lequel se fera ultérieurement de l'une à l'autre ligne la plus grande partie du transit. Le Transcaspien (1,433 kilom.) est pour l'Asie centrale un élément de sécurité aussi bien qu'une voie commerciale. La domination russe a fait plus que transformer des déserts en oasis, amener des colons, développer la culture, introduire les machines; elle a donné à l'élément laborieux de la population indigène la faculté d'utiliser ses aptitudes et de tirer parti des richesses naturelles du pays. La quantité de coton nettoyé transporté par le Transcaspien est montée de 9,600,000 kilogr. en 1880 à 112,000,000 en 1888, que le Turkestan envoie, pour y être manufacturés, à Moscou, d'où ils reviennent sous la forme de produits qui se répandent dans toute cette partie de l'Asie, offerts à 45 centimes le mètre au lieu de 85 demandés pour les cotonnades de Manchester, venus par la voie de Cachemire. Ainsi de la soie que les Khiviens eux-mêmes, malgré leur ancienne réputation, ont, et c'est là un fait moins heureux, renoncé à travailler.

Mais les autres cultures, tabac, blé, orge, avoine, vigne, n'ont pris encore, malgré la grande extension des terres arables, que peu de développement, et si elles donnent lieu à une récolte ou à un trafic plus étendu dans l'intérieur du pays, elles ne fournissent encore rien au commerce général. Le prolongement projeté de la ligne de Samarcande vers le Ferganah donnera à ce « pays de Cocagne », où abondent le fer, le charbon et d'autres minerais, l'importance qui lui est due. La laine peut être produite en abondance par la région des steppes. Le pétrole se trouve en riches gisements, dit-on, dans la vallée du Zérafchan. Grâce, en un mot, à une politique habile et prudente, favorisant l'établissement de colons russes là où, comme dans le pays des Kirghiz, leur présence était nécessaire pour la mise en valeur du territoire, les éloignant là où, comme dans la Grande-Boukharie, la population indigène était plus apte que l'élément importé à la culture et au négoce, entreprenant et exécutant avec rapidité tous les grands travaux reconnus utiles, assurant enfin partout la sécurité, elle a fait du Turkestan un des centres commerciaux les plus riches et les plus importants de l'Asie[1].

---

1. Cf. Blanc, *La Colonisation russe en Asie centrale*, ap. *Annales de géographie* (1894).

Mais la Transcaucasie a pris, grâce à ses gisements de pétrole, une place plus grande encore dans les relations commerciales. Le Turkestan est, et sera longtemps encore, un marché presque exclusivement russe; la Transcaucasie, où l'extraction des huiles minérales atteint 3 millions de tonnes, intéresse l'Europe entière. Habilement dirigée depuis 1877, cette industrie envoie ses pétroles bruts ou raffinés dans des bateaux-citernes à travers la Russie entière jusqu'à Libau, d'où ils se répandent dans toute l'Europe du Nord, et par le chemin de fer, dans des wagons-réservoirs jusqu'à Batoum et Poti, d'où ils gagnent les ports de la mer Noire et de la Méditerranée. Les 200 raffineries de Tchornigorod, faubourg de Bakou, produisent aujourd'hui plus d'un million de tonnes, et le pétrole russe entre pour 41.7 p. 100 dans la consommation générale, tenant la première place en Autriche, en Turquie et aux Indes, fournissant à l'Italie plus du tiers, à l'Angleterre le tiers, à la France près du quart de leurs besoins. L'exécution du canal pétrolifère, projeté de Bakou à Batoum, à l'exemple de ceux d'Amérique, activerait encore ce commerce, les réserves en naphte de la Transcaucasie permettant un énorme accroissement de la production. Les résidus du raffinage, utilisés pour le chauffage, ont, en outre, dans ces pays où la houille est rare, un débouché assuré, et ils servent notamment de combustible au chemin de fer transcaspien.

Recélant des gisements de sel gemme, d'alun, de houille, de fer, de cuivre, de plomb; pays propice à l'agriculture; introduisant chez elle les cultures industrielles : canne à sucre, thé, tabac, indigo, safran; élevant un nombreux bétail, la Transcaucasie participe à cet immense travail de relèvement que des droits de douane élevés et son traditionnel éloignement dérobent encore à l'attention de l'Europe, mais qui nous montrera bientôt le monde russe avec une puissance stupéfiante de production industrielle et agricole.

L'attention se fixe déjà sur les conséquences de l'achèvement prochain de ce Transsibérien qui va rattacher au bloc occidental de l'empire russe ses provinces orientales du Baïkal, de l'Amour et du Pacifique. Les richesses minières de la Transbaïkalie : or, fer, houille, pierres précieuses, lui assurent un brillant avenir. La colonisation russe officielle ou privée y fait de grands progrès, nécessaires moins contre les indigènes que contre l'immigration chinoise. Vladivostok est mieux placé que Petropawlowski pour maintenir la Chine et surveiller le Japon. Malgré sa fermeture pendant une partie de l'année par les glaces, il peut, en outre, devenir le centre de services réguliers avec l'Amérique qui fait face, un des points les plus importants de la grande route septentrionale de notre hémisphère. L'industrie métallurgique y est prospère, mais elle y est à peu près seule implantée, et le pays reste ouvert à l'importation des produits manufacturés de l'Europe. Le lac, le fleuve, les rivières sont sillonnés par des bateaux à vapeur ; des chevaux sont affectés aux transports sur les routes ; les fourrures du Nord sont dirigées avec les thés de la Chine vers la Sibérie occidentale ; la pêche est active dans toutes les eaux, et malgré les obstacles venant du climat, la population progresse. Le versant oriental de l'Oural est par son activité, résultant de la présence des mines, le véritable côté européen de la chaîne. Bien des points de cette immense contrée, situés entre ces deux grands pôles d'attraction, sont susceptibles d'être mis en valeur. Déjà le commerce de la Sibérie dépasse 250 millions de francs. Il y a là encore une réserve pour l'avenir, un champ de peuplement, d'approvisionnement dont, toutefois, il ne faut pas se le dissimuler, la Russie semble seule appelée à fournir les éléments et à recueillir le profit.

« La construction du Transsibérien, qui reliera Pétersbourg, « la fenêtre de l'Ouest », à l'Extrême-Orient, et se développera sur une longueur presque égale au quart du méridien terrestre, est poussée, dit un économiste, avec une activité extraordinaire : les travaux avancent à raison de 7 kilomètres par jour ; une seule usine a reçu la commande de 800 locomotives, la plus forte qui ait jamais été faite en une fois à un établissement. Cette ligne sera pour l'Asie ce que les chemins de fer du Pacifique, les transcontinentaux du Canada ont été pour l'Amérique ; elle mettra en valeur la Sibérie et permet de rêver pour le commerce et l'expansion russes un avenir pour ainsi dire sans bornes au xxe siècle. Par cette voie ferrée, l'empire moscovite sera en contact direct avec la Chine et le Japon ; les Cosaques qui s'embarquent maintenant à Odessa pour aller coloniser Vladivostok n'auront plus besoin de franchir les Dardanelles et le canal de Suez pour arriver à destination ; le thé des caravanes sera porté en huit jours à Moscou, et les régiments de la garde passeront en une semaine des bords de la Néva à ceux de l'Amour. Il n'est pas besoin d'insister sur la grandeur de l'œuvre et sur son importance pour la Russie.... Elle voudrait compléter le chemin de fer en s'assurant sur la côte asiatique un port ouvert toute l'année, qui ne fût pas, comme Vladivostok, fermé par les glaces pendant une partie de l'hiver[1]. »

Asie anglaise. — L'Inde a cessé d'être entre les mains des

----

1. Raphaël-Georges Lévy, *Les Finances russes,* ap. *Revue des Deux-Mondes,* 1er juillet 1895.

Anglais ce qu'ils avaient rêvé d'en faire un grand producteur de matières premières agricoles, « la ferme de l'Angleterre » et un marché assuré pour leurs articles manufacturés. La fabrication des cotonnades dans un pays qui en fabriquait jusqu'à 124 espèces, et d'où le calicot tire son nom, avait été écrasée par la concurrence de Leeds et de Manchester. En 1849 leur exportation, qui en 1833 atteignait encore 290,333 pièces, était tombée à 60,160, tandis que celle du coton brut montait dans le même intervalle de 14,838,089 kilogr. à 32,089,847 kilogr.

L'interdiction du trafic à la Compagnie par l'acte de 1833 et l'ouverture de la presqu'île à l'établissement, à la culture et au commerce libre de tous les Anglais avaient donné à toutes les branches de l'activité un grand développement. L'exportation des Indes en Angleterre et celle de l'Angleterre aux Indes avaient rapidement progressé, mais c'est surtout depuis la répression de l'insurrection des cipayes et le passage des Indes sous la domination directe de la Couronne (1858), que la transformation s'est accentuée. En 1860-1861, les échanges s'étaient élevés déjà de 546 millions de francs en 1840-1841 à 1,411 millions. La construction de routes macadamisées, l'établissement d'un réseau de chemin de fer qui dépasse aujourd'hui 28,600 kilomètres, la réparation ou la création de canaux, la multiplication des services de navigation entre l'Europe et les Indes, une meilleure administration, la sécurité, l'ordre, l'afflux des capitaux, la guerre d'Amérique, enfin l'ouverture du canal de Suez faisaient monter en 1873 à plus de 3 milliards le mouvement du commerce extérieur de l'Inde anglaise. L'Angleterre seule entrait pour plus de 2 milliards et demi dans ces échanges, l'Inde vendant plus qu'elle n'achetait et servant par là même de débouché pour l'argent dont elle recevait par an plus de 500 millions, en partie réexportés pour la Chine. Ce commerce est évalué aujourd'hui à 5 milliards 150 millions et, bien que l'Angleterre conserve encore une avance énorme sur les pays qui viennent après elle (Chine 37 millions, France 29 millions, Allemagne 23 millions), sa part dans le total est descendue de 68 p. 100 à 54 p. 100. Sous l'impulsion des capitaux et des industriels écossais, juifs et parsis principalement, l'Inde est devenue une puissance industrielle et agricole. Les manufactures qu'avait écrasées la concurrence européenne se sont relevées. Les cotonnades de Bombay luttent avec celles de Manchester non seulement sur le marché de l'Hindoustan, mais sur ceux de la Chine, de l'Indo-Chine et de l'Insulinde ; l'industrie du jute de Calcutta dispute ces mêmes débouchés à celle de Dundee ; la culture intensive a pris d'énormes développements dans tout le haut bassin du Gange et dans un rayon considérable autour de Bombay. La production du blé, insignifiante il y a vingt ans dans un pays où le riz forme la base de la nourriture, a dépassé 90,000,000 d'hectolitres et bien que la consommation indigène se soit considérablement accrue, a pu en exporter plus de 12 millions en Europe. Le thé de l'Inde (exportation de 1891 : 54,500,000 kilogr.) et de Ceylan (exportation en 1891 : 23,000,000 kilogr.) s'est substitué sur les marchés anglais à celui de Chine ; l'exportation du coton atteint 360 millions de francs. En 1891, l'Inde a vendu à la Chine 68,250,000 kilogr. de fils de coton contre 6,220,000 en 1878, et malgré la diminution de l'exportation de l'opium, sur lequel, par suite de l'extension de la culture en Chine, les recettes du gouvernement de l'Inde ont baissé en 10 ans (1883-1893) de 39 millions de francs, le commerce extérieur a grandi en même temps que le pays se faisait de plus en plus consommateur de ses propres produits. La houille anglaise elle-même trouve dans ces parages en face d'elle la houille indigène, celle du Japon, celles de l'Australie et de la Nouvelle-Zélande qui se répandent dans tout l'Orient. En 1881, l'Inde ne retirait de son sous-sol qu'un million de tonnes de charbon; en 1893-1894 elle en a extrait 2,529,885 tonnes ; le chemin de fer Est-Indien a pu se procurer la tonne de charbon du Bengale à 1,86 roupie, c'est-à-dire à moins de 5 fr.; et le prix du charbon importé s'est abaissé dans toute la région côtière au grand profit des manufactures. Le mouvement total de la navigation dans les ports de l'Inde a compté, en 1892-1893, 9,995 vapeurs ou voiliers d'une jauge de 7,665,886 tonnes. Malgré les retours de faveur de la grande navigation à voile par le cap de Bonne-Espérance, les 87 p. 100 des échanges avec l'Europe se font par le canal de Suez. Quant à la circulation intérieure, elle s'est, sous l'action des chemins de fer, considérablement accrue. Les recettes brutes des voies ferrées ont atteint, en 1892, en tenant compte de la perte de 45 p. 100 qui correspond au change actuel de la roupie, plus de 300,000,000 de francs, donnant un bénéfice net de 165 millions. La crise monétaire, la dépréciation de la roupie n'ont que médiocrement affecté un pays où les règlements par opérations de banque se pratiquent comme en Europe ou aux États-Unis.

La création des chemins de fer mettant Bombay en relation avec tous les centres de production de l'Hindoustan et l'ouverture du canal de Suez ont fait refluer sur cette ville une partie du commerce de Calcutta, située en dehors des grandes routes océaniques ; mais le développement des intérêts anglais dans la région du golfe Persique et de l'Indus a donné depuis une grande importance à Kurrachee au détriment de Bombay, dont une partie des transactions a déjà émigré vers ce port.

Empire chinois. — Par la possession de Hong-Kong, l'Angleterre occupe une situation privilégiée pour le commerce avec la Chine. Sans doute tout le mouvement de ce port qui avec ses 14,300,000 tonnes égale celui des ports de Liverpool et de Londres ne se fait pas avec la Chine, mais sur les 1,350 millions de francs auxquels se monte le commerce extérieur de ce dernier pays, les deux tiers se font par son intermédiaire.

Les importations (750,000,000 fr.) dépassent encore d'un septième les exportations (600,000,000 fr.) dont le thé et la soie demeurent les principaux aliments. En 1891, 109 millions 100,000 kilogr. de thé sont encore sortis par les ports de Chine. A la concurrence que lui fait sur le marché européen le thé de l'Assam et de Ceylan a répondu l'ouverture plus large du marché américain qui demande à la Chine les cinq neuvièmes de sa consommation (30,000,000 kilogr. environ). Sur 11,000,000 de kilogrammes de soie auxquels se chiffre sa production annuelle (1890), la Chine en a expédié en Europe seulement 4,556,000, c'est-à-dire une quantité presque égale à la production européenne (5,156,000 kilogr.), près du double de celle que fournit le Japon à l'industrie européenne (2,685,000 kilogr.), plus du tiers de sa consommation totale (13,675,000 kilogr.). Avec les soieries, la valeur de ces exportations forme les deux tiers de l'ensemble des exportations de la Chine, le reste consistant surtout en produits agricoles dont la plus grande partie est dirigée vers le Japon. L'importation comprend l'opium des Indes, les tissus et filés de coton, le riz (113 millions). A ce commerce extérieur, en grande partie maritime, la flotte marchande chinoise contribue pour 133 navires à vapeur de 31,174 tonnes de jauge et 54 voiliers de 11,214 tonnes de jauge totale, sans compter les nombreuses jonques qui font le cabotage de la côte et remontent fort loin dans l'intérieur des fleuves. Si le développement de la flotte marchande de type européen, dont les débuts ne remontent qu'à 1872, a été relativement considérable, celui des chemins de fer a été dérisoire. La première ligne a été ouverte en 1875 et aujourd'hui cet immense empire ne compte encore que 130 kilomètres de rails. Le commerce intérieur est cependant très actif. Outre son immense réseau de fleuves et rivières navigables, et le fameux canal impérial long de 1,100 kilomètres, à peu près inutilisable, 21 routes impériales, dont la construction excitait déjà l'admiration de Marco-Polo, sillonnent l'empire.

« Elles coupent les promontoires de montagnes par des tranchées, même par des galeries souterraines, et s'élèvent en remblais sur les terres basses, larges de 20 à 25 mètres dans les plaines et pavées en dalles de granit, elles sont bordées pour la plupart de rangées d'arbres comme les avenues d'Europe. De 5 kilomètres en 5 kilomètres, des tours de signaux se succèdent le long de la chaussée ; des auberges, des abreuvoirs pour les montures, des relais, des postes de soldats pour la protection des voyageurs, des lieux de marché se suivent aussi à des intervalles réguliers. Tout est prévu sur ces routes modèles, avec lesquelles contrastent tant de misérables sentiers, d'ailleurs tout aussi fréquentés. » (E. Reclus).... Mais beaucoup des anciennes routes sont dans un état de dégradation lamentable, ravinées, aux dalles disjointes, sans ponts. « Dans les rizières, la plupart des routes ne consistent qu'en rangées de dalles d'un demi-mètre de largeur, d'un mètre au plus, élevées au-dessus de l'inondation générale ; il suffit que les porteurs de palanquins puissent trouver la place nécessaire pour y poser leurs pieds. »

De nombreuses routes de caravanes relient la Chine aux provinces frontières et aux pays limitrophes. Les principales sont celles qui joignent Pékin à Kiachta, parcourue en 12 jours, trois fois par mois, par les courriers russes et dont le mouvement commercial est encore important ; celles qui traversent la Dzoungarie, celles qui gagnent le Thibet, l'Hindoustan et l'Indo-Chine, toutes encore très fréquentées, malgré le coup que l'ouverture des ports européens a porté à celles du Nord. Ce commerce intérieur, se faisant par sapèques dont il faut 400 pour une roupie, est gêné par la nécessité du transport de cette encombrante monnaie. La poste, partie entre les mains des particuliers, partie entre celles de l'État, n'a qu'une organisation défectueuse et insuffisante. Le développement qu'a pris le commerce depuis 1842 est continu cependant.

Admis à commercer primitivement dans le seul port de Canton, les Européens avaient vu s'élever successivement de cinq, accordés par les traités de Nankin et de Whampoa, à 22 le nombre des ports où ils étaient autorisés à commercer. Depuis 1842, où il était de 129,860,000 fr., le commerce extérieur a plus que décuplé. De nouveaux ports viennent d'être ouverts par le traité de Simonosaki. Les efforts des Français pour attirer vers le fleuve Rouge le commerce du Yunnan et des provinces méridionales, et l'ouverture du chemin de fer de Lang-Son ; les tentatives des Anglais sur la route de Bhamo à Talifou qu'une voie ferrée joindra peut-être un jour ; les concessions obtenues récemment au Thibet ; l'avancée des chemins russes vers le Pamir et la Dzoungarie, la construction prochaine, assure-t-on, d'un embranchement du

transsibérien vers Pékin par la Mandchourie, le coup de
fouet enfin donné à ce vieil empire par les récentes victoires
japonaises, tout promet un prochain réveil. Les financiers
européens se disputent l'avantage de prêter leur argent à la
Chine à des taux modérés ; la concession d'un emprunt à un
groupe constitue un triomphe pour la nationalité à laquelle
il appartient ; la Russie surtout, depuis si longtemps et sur
un si long tracé, voisine de la Chine, semble vouloir y faire
sentir son action, en opposition avec celle de l'Angleterre.
Par contre, l'émigration chinoise pénètre partout. Cette nation, essentiellement commerçante, a de fortes colonies non
seulement dans les contrées de l'Extrême-Orient, Indo-
Chine, Indes néerlandaises, Philippines, mais dans les ports
et les colonies plus éloignés de l'Angleterre, et jusqu'en
Amérique.

Japon. — Le Japon n'est que depuis trente-trois ans en relation avec l'Europe, depuis vingt-cinq ans entré dans son
courant, et déjà sa transformation, que l'on croyait toute de
surface, s'est manifestée comme sérieuse et complète dans
une guerre foudroyante avec la Chine. L'industrie ne s'est
pas moins modifiée que l'armée de terre et la marine. De
317 millions de francs en 1884, son commerce extérieur s'est
élevé en 1894 à 1,186,800,000 fr. [1], partagés presque également entre l'exportation (589,000,000 fr.) et l'importation
(603,000,000 fr.). 1,660 steamers et 770 voiliers d'un tonnage total de 2,546,460 tonnes ont fréquenté ses ports. Les

---

1. 230,728,035 yens à 5 fr. 39 c. Le même chiffre de *yens* est donné par
l'*Économiste français* du 18 mai 1895, mais le yen d'argent y est calculé pour
2 fr. 40 c. à 2 fr. 50 c. seulement. La perte du change, pour 1894, était de
15 p. 100.

articles qu'il importe sont surtout le coton brut et le coton
filé, la mousseline de laine, les draps d'Italie, le pétrole, le
riz, les haricots, le tabac, dont l'importation, notamment de
l'Amérique et des Philippines, fait d'énormes progrès; ceux
qu'il exporte, la soie, le thé (26 millions de kilogrammes en
1891), le cuivre, le charbon, le riz, les mouchoirs de soie et
les allumettes. La sobriété des Japonais, leur esprit inventif
ont triomphé, malgré bien des résistances, de difficultés assez
grandes. En 1887, la filature de coton ne comprenait dans ce
pays que 19 usines et 70,220 broches; à la fin de 1894 elle
occupait 59 usines et 800,000 broches, et de 1889 à 1894 la
proportion du fil japonais employé dans les manufactures
passait de 33 p. 100 à 73 p. 100. Déjà le bas prix auquel le
coût infime de la main-d'œuvre (41 centimes pour une journée de douze heures) permet d'obtenir certains produits, a
chassé du marché japonais nombre d'articles anglais; à Singapour, les objets manufacturés du Japon, soieries, bonneterie, tricots, etc., s'offrent à moitié prix des objets similaires
anglais; la houille japonaise s'y acquiert aux trois cinquièmes du prix (16 fr. 25 c. la tonne) de la houille anglaise.

L'Angleterre trouve une compensation aux pertes qu'elle
subit de ce côté dans la fourniture au Japon du matériel industriel avec lequel il s'arme pour la lutte contre l'Europe,
et partage avec l'Allemagne et la France celle des navires,
canons, armes, machines avec lesquels il a remporté ses dernières victoires. Mais ce ne sont là que des débouchés mo-
mentanés, dont l'importance même témoigne de la rapidité
qui préside à la création de son outillage. La houille, dont la
production dépasse 4,000,000 de tonnes, fournit à la Compagnie de transports par vapeurs le Nippon-Yusen-Kaisha, un
fret de retour pour le coton et les objets manufacturés qu'elle

importe de Bombay ; la Californie elle-même tend à s'approvisionner de cette substance au Japon dont les négociants
visent aussi, avec moins de chances de succès toutefois, le
Sud-Amérique.

A la fin de 1893, le réseau des chemins de fer comprenait
3,008 kilomètres dont 892 kilomètres appartenant à l'État ;
sa flotte marchande 643 bateaux à vapeur d'une force de
22,399 chevaux et 102,372 tonnes, 778 bâtiments à voile
d'un tonnage de 45,994 tonnes et 18,193 barques représentant un tonnage de 21,000 tonnes. En 1894, 6 navires japonais jaugeant 12,103 tonnes, représentant 10 fois le chiffre
de l'année précédente, ont franchi le canal de Suez. Yokohama, longtemps le seul des cinq ports ouverts au commerce
européen à avoir un commerce sérieux avec le dehors et qui
en 1893 a fait encore 484,000,000 fr. d'affaires (654 millions
en 1894), est suivi de près maintenant par Kobé (350 millions
en 1893, 485,000,000 fr. en 1894), laissant loin derrière
eux Nagasaki (33,500,000 fr.), Hakodaté (3,500,000 fr.), et
Niigata (200,000 fr.). Important du coton brut d'Angleterre
(80,000,000 fr. en 1893), des sucres (58,000,000 fr.), de la
laine, le Japon exporte de la soie (150,000,000 fr.), du thé
(36,000,000 fr.), du riz, du camphre, etc. Les négociants
japonais se substituent de plus en plus aux Européens pour
les transactions commerciales dont plus de la moitié était
encore en 1893 entre les mains des Anglais. Venant au premier rang pour le chiffre des importations avec surtout ses
cotonnades et ses fers, la Grande-Bretagne est distancée pour
l'exportation par les États-Unis, la France et la Chine. L'Inde
anglaise et la Chine approvisionnent l'empire de coton, dont
la consommation, par suite de la transformation des habitudes et du costume, grandit sans cesse, et de denrées agri-

coles. La France ne vend malheureusement au Japon, en échange de 100,000,000 de francs d'achats, que 16,000,000 de produits, y tenant le 7e rang pour les ventes et le 22e pour les achats, n'envoyant guère dans ce pays que les paquebots des Messageries maritimes, se laissant distancer non seulement par l'Allemagne, mais par la Norvège et presque égaler par l'Autriche[1].

Les premiers services réguliers de navigation à vapeur entre l'Europe et le Japon ont été établis en 1863 par la Compagnie péninsulaire et orientale et en 1865 par les Messageries maritimes. La longueur du voyage avait été ramenée de 150 à 160 jours qu'elle demandait aux voiliers par la route du Cap, à une durée de 50 jours de Londres et 45 de Marseille, par l'isthme de Suez, avec transbordements à Alexandrie et à Suez; l'ouverture du Transcontinental canadien l'a rendu possible en 28 jours; dans quelques années le Transsibérien permettra de l'effectuer en 16 jours, le raccourcissant de près de moitié encore.

Corée. — Ouverte plus tardivement encore que le Japon aux Européens (1883), mais leur étant restée en fait obstinément fermée, la Corée, que le Japon vient de soustraire à l'influence chinoise pour la soumettre à la sienne, fait par ses trois ports de Chemulpo, Fousan et Gensan, un commerce évalué à 28 millions par an, 16 à l'importation et 12 à l'exportation. Les légumes secs, le riz, les cuirs et les métaux (or et argent) sont les principaux articles qu'elle fournit au dehors, les cotonnades et les métaux usuels, ceux qu'elle lui

---

1. Cf. Rapport de M. Jules Adam, attaché à la légation de France à Yokohama, ap. *Rapports commerciaux*, publiés par le Ministère du commerce, et *Revue française*, t. XVII et XX : *Le Commerce du Japon en 1892 et 1893*.

achète. Chemulpo a eu, en 1891, un mouvement de 895 navires et 265,000 tonnes, moitié environ à l'entrée, moitié à la sortie, principalement japonais. Toutes les maisons de commerce, à l'exception de quelques maisons chinoises et de rares comptoirs européens, sont également japonaises. Pays de culture arriérée, d'élevage restreint (on y élève surtout le chien comestible), elle serait riche en houille, en métaux peu ou point exploités ; son industrie, bornée toutefois à la satisfaction des besoins locaux, est assez active, les armes qu'elle fabrique sont recherchées des Chinois. Fournira-t-elle jamais un grand débouché au commerce ? Les Japonais l'espèrent. C'est un marché de 12 millions d'hommes, égal presque au tiers de leur population, qu'ils viennent de s'assurer, un poste avancé vers la Chine, comme Formose.

Formose. — Cette île dont quatre ports étaient ouverts au commerce, Tamsui, Kiloung, Thaïouan et Takao, où les Chinois ont établi un télégraphe et projeté un chemin de fer, peuplée de 3 millions d'habitants, produit le thé, la canne à sucre, le riz, l'indigo qu'elle exporte en Amérique, le camphre qu'elle envoie en Chine et semble recéler, elle aussi, de grandes richesses en houille et autres minerais. En 15 ans, de 1868 à 1883, le commerce de Takao a passé de 8,750,000 fr. à 22,500,000 fr., celui de Tamsui de 7 à 25 millions de francs. C'est donc là encore une acquisition précieuse dont l'activité surexcitée des Japonais saura tirer de sérieux avantages.

Indo-Chine. — C'est surtout comme porte et antichambre de la Chine méridionale que l'Indo-Chine a attiré sur elle l'attention des puissances européennes. Dès 1826, le traité d'Yandabo avait cédé aux Anglais les provinces d'Arakan et de Tenasserim en Birmanie ; en 1852, ils avaient, par le traité d'Ava, obtenu Pégou et Rangoun ; en 1886, le reste de la Birmanie était occupé par leurs armes dans l'intention hautement proclamée de faire échec à l'influence française dans ces parages. Partie intégrante de l'empire des Indes, sillonnée par des chemins de fer et des bateaux à vapeur, bien cultivée, sagement administrée, la Birmanie a pris, sous la domination anglaise, une importance considérable. Si les grands projets d'union par voie ferrée au Yunnan et de percement de l'isthme de Kra ne sont pas encore réalisés, si les caravanes qui suivent la route de Bhamo, sont encore souvent arrêtées par les brigands, la conquête du Manipour a diminué les dangers du commerce : la jonction est opérée entre les lignes télégraphiques de la Birmanie anglaise et celles de la Chine ; et la haute vallée du Yang-Tse, la riche province de Se-Tchouen, sont toujours visées par le commerce et la diplomatie britanniques. Rangoun reçoit, avec les rubis et les saphirs de la Haute-Birmanie, les produits du Yunnan, étain, fer, cuivre, et exporte du riz, du bois de tek, du caoutchouc, des gommes, de la laque, du thé, du tabac, importe les produits anglais de Singapour, les cotonnades de Bombay, les soieries de la Chine. Elle occupe le second rang parmi les ports de l'Indo-Chine, après Singapour dont le commerce serait de 700 millions de francs sur les 2 milliards auxquels on évalue le commerce total de cette contrée. Ce port, le point le plus important du gouvernement des détroits, est un entrepôt gigantesque d'où se répandent dans toutes les directions les produits manufacturés de l'Angleterre. Apportés à bas prix comme lest par les navires qui vont chercher les matières premières, les épices et les denrées coloniales de l'Extrême-Orient, ils sont offerts partout à des prix auxquels ne peuvent pas être livrés les produits similaires des autres pays. La supériorité que la multiplicité de ses relations, l'incessante circulation de ses navires, la hardiesse prudente de ses négociants, le choix de ses stations assurent à l'Angleterre, la persévérance qu'elle montre dans ses desseins, l'incontestable prospérité commerciale qui se développe à la suite de son établissement sur tous les points qu'elle occupe, ont jeté dans sa clientèle le Siam que la France a trop longtemps négligé d'attirer à elle et où notre rivale a su habilement faire naître contre nous la défiance et l'hostilité. L'étain (Pérak), dont l'abondance a tué les mines de Cornouailles, les plumes et même les oiseaux des tropiques sont les principaux articles d'exportation de Malacca.

Bangkok, la capitale du Siam, a fait en 1890 un commerce maritime de 146 millions de francs, dont 80 millions à l'exportation : riz, bois, principalement bois de tek, poisson séché, peaux, métaux bruts et bétail, et 66 à l'importation : cotonnades d'Angleterre, articles de Chine, opium, acier, machines, huile à brûler, pétrole, etc., presque entièrement avec les entrepôts anglais. Par terre ou par les fleuves vers l'intérieur, le commerce est moins actif ; cependant les caravanes du Yunnan arrivent régulièrement dans le pays et en repartent avec des objets d'échange ; le Meinam est sillonné de barques faisant le trafic entre les différents centres de la ligne presque ininterrompue de villages qui longe ses rives ; des chemins de fer se construisent, des lignes télégraphiques sont établies (3,000 kilom. environ) ; des services postaux institués. Les Anglais se substituent avec rapidité aux Chinois dans l'exploitation de cette contrée encore neuve pour les Européens, et où l'industrie, malgré l'habileté des indigènes dans le travail des métaux, est presque nulle. Mais ils ont maintenant « à lutter contre des concurrents sérieux : les Allemands encombrent la place de leurs articles de camelote à bon marché et les Français sont aussi des adversaires avec qui il faut compter. Les Suisses sont représentés par des cotonnades, l'andrinople et les diverses étoffes servant à la fabrication des langoutis[1]. » La France y vend « des vins, surtout du champagne, des cognacs et liqueurs, de la bijouterie et des pierres fines, des conserves alimentaires, des porcelaines, de la cristallerie, des jouets et de la parfumerie...; il y a là une conquête industrielle et commerciale, toute pacifique, à faire. »

Le commerce maritime de l'Indo-Chine française atteint aujourd'hui près de 200 millions de francs, dont 91 pour la Cochinchine, 72 pour le Tonkin, 17 pour l'Annam et 10 pour le Cambodge. La Cochinchine vend au dehors pour 41 millions de francs de riz sur 53,700,000 fr. d'exportation totale ; c'est là aussi la principale culture du Tonkin, dont les richesses minérales énormes fourniront à l'industrie et au commerce un puissant aliment. La France est distancée dans le commerce de ses colonies par l'Angleterre et même par l'Allemagne. Elle poursuit néanmoins son œuvre, achevant la pacification des régions montagneuses et boisées du Tonkin, où le brigandage, facilité par la nature du pays, est encore favorisé par le voisinage de la Chine, construisant des chemins de fer (ligne de Lang-Son), améliorant les cours d'eau et les ports (Hanoï et Haïphong), établissant des lignes télégraphiques et des services de messageries fluviales et côtières. Haïphong fait à lui seul 57 millions d'affaires (1892), Saïgon

---

1. L. Fournereau, *Bangkok*, ap. *Tour du Monde*, 2e semestre 1894.

a un quartier tout européen. La route mandarine d'Hanoï à
Hué est parcourue par des trams (porteurs) et jalonnée de
distance en distance de relais pour cette poste aux hommes.
Avec l'intérieur, la valeur des échanges est difficilement appréciable. De grands efforts sont faits pour établir sur le Mékong, malgré les obstacles naturels et ceux que suscite la
jalousie des Anglais, une navigation régulière afin d'attirer
vers le fleuve Rouge les produits du Yunnan. Le traité de
Simonosaki, en ouvrant de nouveaux ports aux Européens
et un accès plus facile vers l'intérieur, semble devoir favoriser la route du Sikiang au détriment de celle du fleuve Rouge
et surtout des chemins qui conduisent du Kouang-si vers
Pakoï. Les cultures se développent; plusieurs industries ont
été introduites dans le pays; le maïs, le riz, le thé, la soie,
le coton, le tabac, l'opium, sont appelés à donner d'abondantes récoltes, mais les mœurs sont depuis trop longtemps
façonnées à la chinoise, ces peuples ont une individualité
trop marquée pour que la vente des produits européens ne se
heurte pas à des difficultés qui seront longues à vaincre. Ce
sont, comme en Siam, les boissons et les conserves alimentaires qui y tiennent la plus grande place. Puis viennent les
tissus, parmi lesquels ceux de France trouvent, grâce à de
nouveaux tarifs en leur faveur, un écoulement plus facile.
Déjà le commerce du Tonkin a, de 1889 à 1892, progressé
de 10 millions à 72. Les mines de houille commencent à être
exploitées; les communications télégraphiques avec l'Europe
sont assurées par la Chine; des bureaux de poste et de télégraphes sont établis sur beaucoup de points; la marine française pourrait trouver dans le développement régulier des
affaires un élément de fret qui profite pour les trois quarts
aux pavillons étrangers. La banque de l'Indo-Chine en rap-

port avec le Comptoir national d'escompte de Paris, celui de nos établissements financiers qui joue le plus grand rôle dans nos relations avec le dehors et surtout les pays hors d'Europe, facilite les transactions que la crise monétaire récente rend difficiles et délicates dans tous ces pays à étalon, ou, pour mieux dire, à circulation d'argent.

Haïphong, création tout artificielle, grande digue le long d'un chenal profond, absorbe de plus en plus l'activité du delta tonkinois, comme Saïgon celle du delta de la Cochinchine, où les centres sont cependant plus multipliés et plus actifs. Le commerce du Cambodge et une partie de celui du Siam dévient vers Saïgon à la faveur des services réguliers qui ont cette ville pour centre. Tourane, en Annam, n'a qu'un mouvement encore insignifiant, malgré les mines de houille de son voisinage. Il atteint cependant les trois quarts du commerce de l'Annam (7,250,000 fr.), consistant en importations de provenances chinoises, et, pour un septième, de la Cochinchine et de la France. Le développement de la culture du riz au Tonkin, de celle du café, du thé et du jute qui ont été entreprises en Annam, de celle du coton dans le Cambodge, promettent, au commerce général de ces contrées, des éléments d'exportation qui, jusqu'ici, lui font défaut.

Afghanistan. — Sentinelle avancée de l'Inde, l'Afghanistan subit aujourd'hui définitivement la suzeraineté de l'Angleterre. Une seule route le traverse, construite et gardée par les Anglais, de Peichaver à Kaboul. Un chemin de fer, franchissant le défilé de Bolan, s'avance au delà de Kettah vers Kandahar, tandis que de l'autre côté, Hérat se trouve à 200 kilomètres de la frontière russe. Une convention internationale a fixé de ce côté la limite au delà de laquelle la

Russie a promis de ne pas s'avancer. Comme la Perse, l'Afghanistan contient des vallées très fertiles et des contrées presque désertes. La sécurité des routes y est, à cause de la nature montagneuse du pays et de l'anarchie à laquelle il est en proie, moins grande encore. Et cependant Kaboul, Kandahar, Hérat sont des marchés importants, des centres industrieux. Hérat est une importante place de transit ; ses bazars sont des plus animés ; son eau de rose, ses tapis, ses soieries, ses armes, sont recherchés ; Kaboul et Kandahar fabriquent aussi des étoffes de soie et travaillent le cuir ; et la région de Badakchan, au pied de l'Hindoukouch, est célèbre par ses rubis-balais, ses lapis-lazuli, ses turquoises et les minéraux de toute sorte que l'on trouve sur son territoire. Ainsi que le Béloutchistan, plus pauvre, l'Afghanistan est comme tenu sous séquestre. Les pays autres que les deux grandes puissances asiatico-européennes qui les enserrent, n'ont pas à espérer de les voir s'ouvrir de sitôt à leur industrie et à leur commerce.

Perse. — La Perse, politiquement encore indépendante, se partage en fait commercialement entre deux zones d'attraction, celle du Nord, retenue par la Caspienne et le chemin de fer de Merw dans la dépendance de la Russie ; celle du Sud, sollicitée par le voisinage de l'Inde anglaise, scission que facilitent les déserts qui en occupent le centre. Téhéran au nord, Ispahan et Chiraz au sud, sont les principaux entrepôts du commerce.

Reliée télégraphiquement au réseau européen par Tauris et à celui de l'Inde par Bouchir, n'ayant qu'un tronçon de chemin de fer, la Perse n'est sillonnée que par des routes de caravanes sur lesquelles le transport se fait à dos de mulet dans la traversée des montagnes, par chameaux dans les plaines et les régions orientales. Encore ces routes sont-elles mal entretenues et la circulation y est-elle par cela même très lente. « Sur la voie la plus fréquentée, celle de Téhéran à Recht, on met d'ordinaire sept jours à faire le trajet, d'environ 300 kilomètres. Il faut un mois pour se rendre à Bouchir, quarante jours pour atteindre Bender-Abbas, deux mois pour aller jusqu'à la frontière baloutche, au delà de Bampour. » (E. Reclus.)

Le commerce extérieur était évalué, en 1880, à 150 millions de francs, dont deux tiers à l'exportation. D'après M. Curzon, celle-ci n'aurait été, en 1889, que de 7,449,000 tonnes : opium, 2 millions ; soies, 1,300,000 ; riz, 1 million ; coton, 500,000 ; tabac, 300,000 ; raisins secs, 160,000 ; autres fruits, 250,000 ; blé, 200,000 tonnes, contre 13,696,000 tonnes à l'importation dans lesquelles les calicots et vêtements venant de l'Angleterre comptent pour 8 millions de tonnes. Son commerce intérieur est alimenté non seulement par la diversité des produits agricoles variant à cause de l'altitude comme de la latitude d'une province à une autre, mais par l'industrie encore active sur quelques points pour la filature et le tissage de la laine et de la soie, les tapis, les broderies d'or et d'argent, et par les produits des mines, sel, fer, cuivre, plomb, houille, pierres précieuses. Le trésor du Shah renfermerait pour 50 millions de bijoux de toute espèce.

L'antagonisme des deux puissants voisins de la Perse se poursuit jusque dans la concession des travaux publics qu'il empêche, la rivalité des banques, l'absence de toute action européenne concertée pour tirer de sa léthargie cet empire. En vain, le Shah a parcouru l'Europe à plusieurs reprises et manifesté des intentions de réformes. Isolée aussi en sa qualité de chiite dans le monde musulman, la Perse

trouve du moins, dans cette lutte d'influence, la garantie de
son indépendance. Mais tout est prêt pour en prendre, quand
l'heure aura sonné, la possession économique par le grand
moyen de régénération que la science a mis à notre service :
la création de nombreuses voies de communication mettant en
rapport, à travers son territoire, toutes les contrées de l'Asie.

Arabie. — L'Arabie est plus fermée et moins accessible
encore que la Perse. En dehors des 100,000 pèlerins que les
175,000,000 de Musulmans envoient chaque année à La
Mecque et qui font de cette ville et de Djeddah, son port, un
centre d'infection cholérique, elle ne reçoit que peu de visi-
teurs de l'étranger, surtout peu d'Européens. Le fanatisme,
le climat, le désert, la protègent contre eux. Hodeidah exporte
les cafés de Moka ; Mascate, pour 27 millions de perles, du
poisson, des dattes et a un commerce de 35 millions de francs ;
Aden, les cafés, les perles, l'encens, les aromates, les parfums, et distribue dans la mer des Indes les produits manufacturés de l'Angleterre. Un grand nombre de boutres circulent entre les petits havres de la côte et les pays voisins, mais
sauf Aden, aucun point n'est visité par des services réguliers
de navigation. Cependant, tous ceux qui franchissent le canal
de Suez, ont à longer, sur 2,200 kilomètres, sa côte inhospi-
talière et brûlée, entre Suez et le détroit de Bab-el-Mandeb,
« la porte de ceux qui vont mourir », que garde l'îlot fortifié
de Périm. Il ne semble pas que ce pays, dont la langue et la
religion ont eu une si grande expansion, puisse jamais devenir le théâtre d'un grand commerce.

Turquie d'Asie. — La Turquie d'Asie, plus accessible,
plus convoitée aussi que l'Arabie, asiatique par ses plateaux,

européenne par ses côtes, est un pays de transition entre deux mondes séculairement divisés. Les peuples les plus divers y ont laissé des traces et des monuments de leurs passages et, aujourd'hui encore, les races les plus variées s'y coudoient et s'en disputent les richesses. En dépit de la déplorable administration des Turcs, les Échelles du Levant entretiennent toujours avec l'Europe un commerce actif. Comme dans la partie européenne de·l'empire ottoman, il est presque tout entier entre les mains des Grecs, des Arméniens et des Juifs, et la transformation lente des États du Sultan exerce déjà son influence sur le chiffre des échanges.

Autant que les statistiques incomplètes de l'empire ottoman permettent de l'établir , il était en :

		IMPORTATIONS.	EXPOTRATIONS.
1881-1882 de	587,245,000 fr., dont	392,645,000 et	194,600,000
1886-1887. .	735,029,460 fr., dont	455,471,060 et	279,558,400
1889-1890. .	832,909,215 fr., dont	483,943,420 et	348,965,795
1891-1892. .	876,259,560 fr., dont	540,186,460 et	336,073,100

La part de la Turquie d'Asie peut être évaluée aux trois quarts de ces chiffres.

Sur les 3,200 kilomètres de chemins de fer de l'empire ottoman, 1,653 appartiennent à la Turquie d'Asie, dont 1,463 en Asie-Mineure et 190 en Syrie ; 440 autres sont en construction et 662 concédés en Asie-Mineure ; 368 en construction et 508 concédés en Syrie, dont l'achèvement portera le nombre total des kilomètres de voies ferrées de la Turquie asiatique à 3,441. La grande ligne projetée de Scutari à Bassorah sur l'Euphrate, qui diminuerait de moitié la durée du trajet de celle de l'Europe à Bombay (8 jours au lieu de 16 et demi), ferait passer, de la mer Rouge au golfe Persique, une partie du trafic de l'Inde, est loin d'être achevée. Pour le moment c'est toujours par caravanes que se fait la plus grande partie des transports.

50,000 chameaux y sont encore employés. Chaque caravane se compose de 7 à 8 de ces animaux portant 200 kilogr. de charge, conduits par un gardien monté sur un âne, marchant 7 à 8 heures par jour et ne faisant pas plus de chemin qu'un bon marcheur.

Smyrne, Trébizonde, Beyrouth et Alexandrette jouent dans ces échanges avec l'étranger le principal rôle. Smyrne, avec ses 200,000 habitants, son port nouvellement aménagé, creusé et protégé contre les envasements, ses quais où se presse la foule la plus bariolée, ses belles constructions, ses lignes de chemins de fer vers l'intérieur, est une façade trompeuse.

De mars 1891 à mars 1892, le mouvement de son port a été de 6,069 navires (dont 2,376 vapeurs) d'un tonnage total de 1,598,452 tonnes. Les pavillons anglais et français y ont plus de part que le pavillon ottoman. Le chiffre des transactions a été, en 1891, de 94,784,961 fr. à l'exportation, 71,951,717 fr. à l'importation, chiffres, à peu de chose près, semblables à ceux de l'année précédente. Les raisins secs, la vallonée, les figues sèches, les huiles d'olive, les olives, l'opium, le coton, la laine, le sel (les salines de Phocée en produisent 60 millions de kilogrammes par an), les tapis, la soie, sont les principaux articles qu'achète le commerce du dehors, en échange desquels il livre surtout des objets fabriqués. La production de la soie, qui était pour l'Anatolie de 188,000 kilogr. en 1887, est tombée en 1891, année mauvaise pour toute cette zone de production, à 13,500 ; celle de la Syrie, de 340,000 en 1887 à 290,000 en 1891, chiffres qui ne représentent que 45 p. 1000 de la production totale de ce textile.

Alexandrette exporte les produits de l'industrieux vilayet d'Alep et la valeur de son commerce atteint 63 millions de francs dont deux tiers à l'importation.

Beyrouth a toujours les éponges de la côte de Syrie, les fruits, la laine, le tabac, la soie. Elle fait pour 60 millions d'affaires et joue, dans le développement de l'influence occidentale en Syrie, un rôle important.

Trébizonde enfin, bien que fortement atteinte par la concurrence de Batoum et du chemin de fer transcaucasien, reste encore un centre important. De 68 millions en 1882, son commerce est tombé, en 1892, à 44,828,875 fr., dont 32 environ à l'importation. Ses relations avec la Perse, que l'achèvement et le bon entretien de la route qui se dirige vers elle serait susceptible d'accroître, comptent pour plus de 19 millions dans le chiffre total. Ce sont surtout de petits caboteurs, des bateaux côtiers qui fréquentent son port.

Les îles grecques de l'Archipel font dans ce monde oriental un groupe original et bien distinct. Ces Grecs d'Asie, répandus en grand nombre comme ceux d'Europe sur le continent qui leur fait face, sont la véritable réserve de la civilisation dans ces parages. Ils se substituent peu à peu aux Levantins, race composite, dont la substance européenne a été viciée par des mélanges, corrompue par une longue dépendance d'un milieu déprimant. Les Chiotes surtout, que l'on retrouve encore bien loin de ces parages, ingénieux, entreprenants, laborieux, banquiers, agriculteurs et commerçants, occupent, par leurs multiples aptitudes, une place à part. Le mastic fait, avec le raisin et les fruits, la fortune de leur île comme celle de Mételin, les fruits, le vin, les marbres, celle de Samos, les vins celle de Chypre, dont le commerce atteint un mouvement de 1,500,000 fr. sous la tutelle anglaise.

La contrebande est aussi une des ressources préférées de ces rusés marins. Favorisée par l'indolence du gouvernement turc et la connivence de ses douaniers, elle fleurit dans tous ces parages, escortée de la contrefaçon, de la mauvaise foi des débiteurs, de toutes sortes de pratiques condamnables qui pèsent autant que la difficulté et l'insécurité des transports sur le commerce de ces régions. Le crédit y fonctionne mal ; le papier commercial n'inspire qu'une médiocre confiance ; la pauvreté des habitants, leur indolence, leur fatalisme résigné, en font de mauvais répondants. La moralité et la bonne foi des habitants devront être, avant tout, améliorées, les lacunes et le vice d'une législation trop favorable au vol légal et à la faillite fantaisiste, comblés ou corrigés, pour que ce pays reprenne, dans la mêlée des affaires, la place à laquelle il pourrait prétendre.

CHAPITRE X

Océanie. — Insulinde. — Australasie et terres polynésiennes.

Au point de vue commercial, comme au point de vue géographique, les terres océaniques peuvent se diviser en trois grands groupes : l'Indonésie ou Insulinde, comprenant ce que l'on désignait encore souvent sous le nom de Malaisie, l'Australie et ses dépendances, en rattachant à l'Australasie la Papouasie, enfin les archipels polynésiens et micronésiens dont la faible population et le peu d'étendue territoriale ne prêtent pas à un mouvement considérable et varié d'affaires.

Insulinde. — Les Indes néerlandaises tiennent toujours le premier rang pour l'importance de leur population et de leurs échanges. Le « système » Van den Bosch, inauguré en 1832, et qui a procuré pendant de si longues années à la Hollande de si grands « bonis coloniaux », successivement adouci, a fait place à une situation plus normale. Les corvées ont été abolies, les propriétés communales régularisées, la location et le fermage des terres rendus plus tolérables et plus faciles, la culture affranchie de toute servitude. Les derniers monopoles que se soit réservés le Gouvernement, ceux du café, de l'opium et du sel, sont, le premier du moins, à la veille de disparaître, mais au moment même où s'inaugurait le régime libéral, les modifications survenues dans la situation économique universelle et des fléaux particuliers venaient peser sur ces îles et attirer sur elles une terrible crise.

L'agriculture javanaise, car cette île a pris une avance formidable sur les autres, souffre de tous les maux qui de tous les côtés atteignent cette branche de l'activité humaine. Malgré l'augmentation du nombre des habitants, passé de 2 millions en 1780 à 25 millions en 1894, le riz, la culture indigène, produit surabondamment par suite des défrichements, n'ayant pas de débouchés au dehors, à cause du développement général de la production et de la restriction de la consommation aux Indes où l'alimentation par le froment a fait de grands progrès, se vend à vil prix ; le sucre de canne, dont Java est après Cuba la plus grande productrice, succombe sous le poids de la concurrence ; les caféiers étant attaqués par un insecte, la récolte a diminué au moment même où apparaissait dans toute sa force la production brésilienne sans que l'élévation du prix de cette denrée ait pu compenser les pertes ; l'étain de Billiton est distancé par celui de Pérak et de la péninsule malaise. Mais, grâce à la variété de ses cultures, à la richesse de son sol et de son sous-sol, à l'ingéniosité des colons et à la nature laborieuse de ses habitants, cette région se relèvera de cette situation précaire.

Déjà l'introduction du café de Liberia, plus robuste, donnant une récolte dès la quatrième année (celui dit d'Arabie ne produit que la cinquième) et produisant plus, promet une reconstitution, coûteuse il est vrai, de cette culture qui a fait si longtemps la fortune de la Hollande, plus que de Java, et dont le prix de rendement augmente avec la consommation chaque jour plus grande, surtout aux États-Unis devenus le principal acheteur. Batavia, Sourabaya et Padang sont les principaux marchés de cette denrée pour les produits des cultures gouvernementales, le café, mieux trié, plus apprécié, des cultures particulières se vendant à Amsterdam. En 1894, Java et Madura ont vendu au dehors 73,623 tonnes de café, 34,347 tonnes pour le compte du Gouvernement et 39,376 pour celui des particuliers, en augmentation totale de 41,873 tonnes sur 1893. Pour les sucres, en regard d'une diminution sur le chiffre des ventes à l'Europe (105,537 tonnes contre 215,431 en 1892), se place une augmentation sensible dans les ventes à la Chine (147,216 tonnes contre 98,558 en 1892) et à l'Amérique (169,921 tonnes contre 60,788). Le caoutchouc, l'arrack, le cacao, le coprah fournissent aussi des chiffres élevés à l'exportation. Les ouvrages en coton de provenance hollandaise ou anglaise, les denrées alimentaires, la mercerie, les lainages, la céramique, les ouvrages en fer et en acier, la verrerie, le pétrole américain, les allumettes japonaises, les engrais sont les principaux articles d'importation. La marine hollandaise trouve dans le commerce javanais un important élément activité. Sur 800 steamers ayant visité les ports de l'île en 1844, 604 portaient le pavillon néerlandais.

Sumatra, où la domination hollandaise, moins bien assise, lutte depuis de longues années contre les Atchinois, trouve dans la production du poivre (18 millions de kilogr. en temps de paix, soit les deux tiers de la consommation du monde entier), du café, expédié par Padang, du tabac (60 millions de francs), les éléments d'un important trafic. A Bencoulen, l'ancienne capitale de la Compagnie des Indes, aujourd'hui déchue, a succédé comme principal centre d'affaires Palembang, où les résidents européens établis, comme à Canton, sur des radeaux, traitent avec les indigènes en parcourant en barque les canaux étroits bordés de maisonnettes à toits pointus et dans lesquels circulent de nombreux crocodiles.

Les gisements houillers qui y ont été découverts ne sont pas encore exploités en grand.

Bornéo est encore à moitié sauvage. Sur certains points de l'île, le commerce se fait toujours comme aux premiers âges historiques, par le troc. Les indigènes apportent de la forêt, dans les arbres de laquelle ils demeurent, des marchandises qu'ils disposent en tas. Les Chinois du voisinage viennent disposer à côté d'autres tas dont le contenu leur semble répondre à la valeur des objets offerts. Les indigènes reviennent, examinent, emportent ce qui leur est offert, si cela leur semble suffisant ; dans le cas contraire, ils reprennent leurs marchandises, et tout est rompu.

Établis depuis longtemps et en grand nombre dans l'île, les Chinois sont cependant dépassés en influence par les Anglais et les Hollandais, ceux-ci commerçant dans l'île depuis le XVIIᵉ siècle. Les Chinois ont tout le commerce de Samarinda, consistant en rotins, gutta-percha, bois de construction ; les Hollandais, celui de Bandermassin, important autrefois par ses diamants ; les Anglais, celui de Sarawak, montant à 20 millions de francs en charbon, riz, poivre, antimoine et mercure. Les nids d'hirondelles et le tabac font la richesse commerciale du Bornéo septentrional.

Quant aux petites îles de la Sonde, ruinées par l'abolition du commerce trop longtemps florissant des esclaves, elles sont maintenant sans importance. Flores exporte des écailles de tortue et des nids d'hirondelles ; Timor, du café, de la cire, du bois de sandal, des ailerons de requin, des holothuries ; Rotti, du vin de palme.

Célèbes a son huile de Macassar, ou de *badoe,* et son café. Sa capitale, Macassar, fait un commerce de 25 millions, dont 14 à l'importation ; Ceram a du café, du cacao, du charbon ; Amboine, ses clous de girofle, dont elle eut si longtemps le monopole imposé ; Banda, ses muscades ; Ternate, ses plumes d'oiseau de paradis, son tabac.

En somme, le commerce total de l'Insulinde néerlandaise peut être évalué à plus de 900 millions de francs, dont la plus grande partie se fait encore avec la métropole. L'Angle-terre est de tous les pays celui qui a le plus profité de l'abo-lition en 1874 des droits de prohibition qui pesaient sur le commerce étranger. Elle fait avec Java plus de 100 millions d'affaires, dont les 2/3 à l'exportation en Grande-Bretagne des denrées coloniales.

Les Espagnols ont peut-être poussé trop loin dans leurs îles le désir de christianiser les indigènes, les Hollandais ont, par indifférence, laissé le mahométisme envahir leurs îles et créer ainsi entre eux et leurs indigènes, une ligne de démarcation plus complète qu'il ne conviendrait, sinon à leurs maximes et à leurs pratiques gouvernementales, du moins à leurs intérêts. Par là, les princes indigènes, leurs intermédiaires auprès des populations, pourront, dans un jour de fanatisme, échapper à l'action des *résidents* qui les mènent.

Les Philippines font près de 200 millions d'échanges, en tabac, sucre, café, chanvre de Manille et tissus d'abaca. Un régime plus libéral y a, dans ces dernières années, considé-rablement accru le commerce. La population libre y vit dans l'aisance, cultivant elle-même le champ qu'elle possède. La pêche ajoute au bien-être ; le cabotage y supplée à la circu-lation terrestre, rare et difficile ; les routes y sont mal entre-tenues, les chemins de fer rares, mais Manille, « commandant toutes les routes de navigation entre le détroit de la Sonde et l'estuaire du Yang-Tse, occupant la meilleure position commerciale du monde entier », a des côtés de ville européenne, des édifices splendides, des omnibus à vapeur. Toutefois, les Chinois y occupent, dans le petit commerce et la petite industrie, une place considérable.

La Nouvelle-Guinée n'a encore, malgré son étendue, qu'un rôle presque nul dans le commerce du monde. Sa population est encore à l'état sauvage. Son territoire est mal connu. Hollandais, Anglais et Allemands s'en partagent la suzeraineté honorifique plus que réelle. Cependant la partie hollandaise fournit au trafic des noix de coco, du sagou, des muscades, de la nacre (îles Arol), des écailles de tortue, des nids d'hirondelles, des plumes d'oiseau du paradis. Port-Moresby, dans la Nouvelle-Guinée anglaise, fait quelques trocs avec l'intérieur. Finsch-Haven, dans la Nouvelle-Guinée allemande, n'est encore qu'un poste d'attente dans une contrée appelée peut-être à se développer, mais dans un avenir qui semble encore assez lointain.

Australasie. — L'Australie, sous le coup de fouet de l'immigration des chercheurs d'or (1851), a marché à pas de géants. De nombreux efforts avaient été déjà faits dans la Nouvelle-Galles du Sud, avant la découverte du métal jaune ; la colonisation progressait, l'industrie de l'élevage grandissait, mais elle n'avait toujours qu'une façade, derrière laquelle se dérobaient d'immenses espaces inconnus. Aujourd'hui encore, le manque d'eau, la mauvaise qualité du sol, condamnent une grande partie de l'Australie à la stérilité. Le pourtour se peuple en revanche. L'or attire les colons dans l'Australie occidentale comme il les a amenés et fixés dans celle du Sud. La culture et l'exploitation des terres situées dans la région tropicale ont peuplé la région autour de

Brisbane. L'Australie a acquis par son développement économique une place importante dans les affaires et tend à réclamer, à l'abri de la protection anglaise dont elle ne dédaigne pas de se servir pour cet objet, l'hégémonie et la domination tyrannique des terres australes. Par la liberté commerciale, elle a voulu s'ériger en entrepôt des mers du Sud; par la protection à outrance, elle cherche à exclure les produits européens et à devenir le fournisseur exclusif de tous les pays australiens. Ses visées trop hautes, sa fièvre de spéculation, son immodestie en toutes choses, ont déjà créé des crises. Cet ambitieux et bruyant pays est celui où l'ivrognerie fait le plus de victimes et atteint les proportions les plus désolantes. Mais, à côté de cela, cette soif insatiable de bruit et d'action, ce feu dévorant, ont inspiré les œuvres les plus grandioses. Les villes australiennes ont été créées et ont grandi avec une rapidité prodigieuse; les inventions modernes y sont appliquées avec enthousiasme; les besoins intellectuels et moraux des populations y semblent l'objet de préoccupations fécondes. Après avoir dû à l'exploitation des mines et à l'industrie pastorale ses premières richesses, elle cherche à développer chez elle la culture en profitant de la différence des climats, et l'industrie en utilisant, avec l'expérience des immigrants, la houille qu'elle renferme avec abondance. Le blé se cultive avec succès dans la Nouvelle-Galles du Sud; la vigne prospère sur les coteaux; la canne à sucre, le café, le coton, le tabac, sont cultivés au nord, dans le voisinage des tropiques. L'exploration des territoires du centre se continue avec persévérance; le télégraphe est partout; les chemins de fer sont multipliés dans toutes les régions habitées; les paquebots à vapeur de toutes les nations entrent dans ses ports pour y charger la laine, en échange de laquelle ils essaient de laisser et de vendre les produits de leurs manufactures ou de leurs industries agricoles. Les échanges atteignent aujourd'hui (1891) 2,125,000,000 de francs, dont 1,725,000,000 de francs avec l'Angleterre, et si on y comprenait le commerce intercolonial, le chiffre total du mouvement extérieur des ports s'élèverait à 3,625,000,000 de francs.

Au premier rang des marchandises exportées figure la laine produite par les 120 millions de moutons qu'élève aujourd'hui l'Australie. Sa valeur atteint 550 millions de francs ; nul autre pays, pas même l'Argentine, n'offre une si grande quantité de cette matière première. Aussi l'élevage européen a-t-il été fortement éprouvé par cette formidable concurrence et dans tous les pays, sauf l'Italie, le nombre des têtes de l'espèce ovine a-t-il diminué dans d'énormes proportions. Un autre article dont le commerce se développe rapidement, est celui des viandes conservées ou congelées, dont l'exportation vers l'Europe constitue pour notre élevage un autre danger. Tous les produits animaux, et le cheptel de l'Australie et des terres voisines devient considérable, sont dirigés vers le dehors, non seulement, comme autrefois, les peaux, cuirs, cornes, os et débris, mais la viande salée ou privée d'air ou enfermée dans d'immenses réfrigérants. Des navires frigorifiques ont été spécialement construits à cet effet. Le beurre, les œufs, le lait stérilisé et concentré, dont la fabrication constitue une industrie toute nouvelle, sont amenés en Europe et offerts à des conditions inouïes de bon marché.

L'or n'est pas le seul métal que renferme l'Australie, et qu'elle envoie au dehors ; elle exploite également de l'argent, du cuivre, du fer, du plomb, de l'étain, du sel gemme ; sa production minérale en 1891 a atteint 349,000,000 de francs, dans lesquels l'or figure pour 176 millions, l'argent pour 93 millions, l'étain, l'antimoine et le cuivre, pour 22 millions, le charbon pour 60 millions et les autres minéraux pour 15 millions. Ses mines de houille produisent plus d'un million de tonnes, et peuvent alimenter les industries qu'elle veut créer chez elle. La possession sur son sol de tous ces éléments de richesse est pour beaucoup dans les visées ambitieuses de ses hommes d'État. La confédération australienne qu'il s'agit de constituer et dans laquelle entreraient, non seulement les six colonies australiennes et la Tasmanie, dépendance naturelle du grand continent et son sanatorium, mais la Nouvelle-Zélande, peu enthousiaste de ce projet, réaliserait une union douanière plus recherchée que l'union politique et dont celle-ci serait simplement une force destinée à l'assurer et la protéger contre les oppositions du dehors. A l'appui de ces prétentions, l'Australie montre ses 12,000 kilomètres de chemins de fer, son réseau télégraphique, sa flotte marchande, traits d'union entre les différentes colonies, le développement de l'instruction et des écoles, de sa presse, de ses banques, négligeant la contrepartie, l'immense dette qui pèse sur chacun de ses États, les hypothèques qui grèvent les propriétés, la limitation par la nature de l'extension du peuplement et de l'exploitation terrienne vers les régions de l'intérieur. La population aborigène a presque complètement disparu ; l'élément chinois est méprisé, redouté, comme dans la Nouvelle-Zélande, à cause du bas prix auquel il offre ses services. Melbourne, Sydney, Adélaïde, Brisbane, sont les principaux ports pour les relations avec l'Europe, comme avec toutes les terres océaniques.

Grande avec ses dépendances, comme l'empire allemand, mais peuplée seulement de 672,165 habitants, la Nouvelle-

Zélande est un intéressant exemple de cette tendance égoïste des peuples nouveaux à refuser à tout nouveau venu l'accès de leur territoire et la participation à leurs revenus. L'immigration y est limitée par des lois très sévères et éloignée, d'ailleurs, par les lourdes charges qui pèsent sur la colonie et que les habitants actuels n'ont consenties qu'à la condition de s'en réserver le bénéfice. Prospère, sillonnée par 3,035 kilomètres de chemins de fer, elle fait un commerce de 400,600,000 fr., dont 174 millions à l'importation et 226 millions et demi à l'exportation, chiffres dans lesquels l'Angleterre et les colonies anglaises entrent pour la plus grande part. La production de l'or, dont la découverte remonte à 1857, a été, depuis cette époque jusqu'à fin 1893, d'environ 125 millions de francs ; en 1893, l'exportation en a été de près de 23 millions. Les autres articles qu'elle fournit sont, outre d'autres minerais, la gomme, le blé, l'avoine, le phormion tenax, le beurre, le suif et les peaux de lapin, cet animal ayant pullulé là, comme en Australie, au point de devenir un véritable fléau.

Les îles Vitu ont, grâce à leur position sur la grande route transversale du Pacifique, un commerce important : 57,000,000 à l'importation, 50,000,000 à l'exportation (coprah, sucre, coton, maïs, etc.).

Terres polynésiennes. — Le coprah est le grand article d'exportation de toutes ces terres océaniques, celui qui a appelé sur elles l'attention des négociants et la convoitise des puissances. Les indigènes polynésiens, peu vêtus, de vie frugale, pauvres et sans besoin, ne seraient que de bien médiocres clients pour l'Europe si elle ne mettait à profit leur penchant à l'ivresse pour substituer aux boissons fermentées dont ils font usage, l'alcool tiré dans ses nombreuses distilleries de toutes les substances que l'on y peut traiter et dont, malgré le développement de la consommation non seulement pour l'industrie, ce qui serait heureux, mais pour la boisson, l'écoulement devient difficile et peu rémunérateur. Dans les plus peuplées de ces îles, la culture de la canne a été introduite. Les Hawaii sont devenues un grand fournisseur des États-Unis pour cette substance et presque une dépendance de la grande République. Sur 80,657,000 fr. auxquels se montait leur commerce en 1886, 74,897,000 se faisaient avec les États-Unis. Le café, le coton, le tabac, le riz y sont également cultivés. C'est un archipel à part, tranchant pour sa civilisation et sa culture avec les autres terres polynésiennes.

Les Samoa, grand centre d'exportation de coprah, ont, elles aussi, été l'objet de l'attention des commerçants. Américains, Anglais et Allemands s'y disputent l'influence et les affaires. Le port d'Apia fait pour 3,000,000 de francs de commerce et la mise en valeur des terres de l'archipel se poursuit.

Taïti, possession française, fait 9 millions d'échanges, près du tiers par navires français; les Tuamotou vendent pour 7,500,000 fr. de coprah.

Les îles espagnoles, Mariannes et Carolines, les îles allemandes, Marshall et Gilbert, font le même commerce. Presque partout, les colons ou trafiquants européens sont rares, les indigènes diminuent. Le climat de ces îles se prêterait à une émigration européenne plus considérable, mais limitée par leur peu d'étendue et leurs médiocres ressources.

La Nouvelle-Calédonie est physiquement une des mieux partagées de toutes ces terres. L'excellence de son climat, la fécondité de ses terres, la richesse de son sous-sol, lui au-

raient mérité un meilleur sort que celui de colonie péniten-
tiaire. Les indigènes canaques sont robustes, susceptibles
d'être employés aux travaux de la terre et des mines, bien
que rebelles à toute dépendance et à tout assujettissement.
Les travailleurs venus des Nouvelles-Hébrides, mal secondés
par les travailleurs blancs, condamnés en cours de peine ou
libérés, tirent quelque parti de ce sol où l'élevage pourrait
se développer. Les mines d'or et de nickel surtout constituent
le principe de richesse de l'île, dont la capitale, Nouméa,
fait plus de 16 millions de commerce. La viabilité y est encore insuffisante, les chemins de fer font défaut. La navigation autour de l'île, opérée régulièrement par un vapeur,
suffit à toutes les relations entre les différents ports. Mais
Nouméa est en correspondance régulière par le télégraphe et
des paquebots avec l'Australie, la grande terre voisine, d'où
lui viennent plus de colons que des régions européennes et
même de la mère-patrie. Les Australiens s'accommodent mieux
que ne le feraient des colons français libres de ce voisinage
des condamnés, dont la présence est un obstacle à la prospérité et à la colonisation de cette île. La culture du café, favorisée par la détaxe de 50 p. 100 établie en France sur les
produits coloniaux et la fabrication des conserves de viande
pour laquelle une usine s'est montée, rendront à la colonie
la prospérité que lui avait un instant donnée l'exploitation,
aujourd'hui beaucoup moins rémunératrice, du nickel.

CHAPITRE XI

L'Afrique contemporaine.

La pénétration en Afrique, la conquête et le partage du continent noir présentent un intérêt plus grand encore que la colonisation des terres australasiennes. Après plus de trois siècles et demi que son pourtour avait été reconnu par les Européens, sauf les îles et quelques points du littoral, il restait toujours mystérieux et fermé. Marché d'esclaves et d'ivoire, défendue par les fièvres de son littoral, par les plateaux inféconds ou les déserts que les immigrants rencontraient à l'intérieur (Sahara, Karrous, etc.), elle était enveloppée tout entière dans une réprobation générale qu'un explorateur contemporain, le Dr Fischer, a formulée nettement en ces termes : là où l'Afrique est féconde, elle est malsaine ; là où elle est saine, elle est stérile.

La curiosité scientifique et le désir d'évangéliser les indigènes qui ont inspiré les premiers voyages dans notre siècle, ont trouvé depuis dans l'appétit commercial un puissant et vigoureux auxiliaire. En Australasie, le départ a été vite fait entre les compétiteurs ; la France était encore, au moment où s'est décidé son sort, la seule rivale à craindre pour les Anglais. Commencée plus tard, la pénétration en Afrique a séduit les peuples nouveaux venus à la vie maritime et commerciale, réveillé chez les autres l'esprit d'entreprise soutenu par un orgueil toujours debout, et l'histoire de ces découvertes en Afrique a été divisée avec raison en deux périodes bien tranchées : l'une, antérieure à 1880, pendant laquelle les voyages se font moins au nom d'un État, quelle que soit la nationalité de l'explorateur, qu'au nom de l'humanité et de la science ; la seconde, postérieure à cette date, où les compétitions commerciales, les rivalités nationales font dévier ces entreprises de leur caractère désintéressé, les transforment en épisodes de la grande lutte pour la vie, *struggle for life,* et finissent par cantonner le chercheur, suivant son pays, dans un rayon déterminé ; partageant théoriquement l'Afrique en zones nationales de recherches, en attendant que celles-ci deviennent des sphères d'influence ; juxtaposant d'abord, mêlant, confondant, au risque de conflagrations générales, comptoirs et conquêtes ; aboutissant enfin à cet innombrable amas de traités, conventions, arrangements, pactes et ententes qui constituent aujourd'hui la base bien fragile et incessamment changeante des relations et de la situation des Européens en Afrique.

Mais le caractère de cette occupation ne pouvait pas être le même qu'en Océanie. A défaut de ces peuples organisés, civilisés, formés à la lutte que nous avons rencontrés en Algérie et en Tunisie, et qui ont jusqu'ici maintenu, à l'aide, il est vrai des jalousies européennes, l'indépendance du Maroc, une population dense, vigoureuse, occupe fort heureusement ces territoires, presque tous inhabitables pour l'Européen. Par elle, en l'absence de routes et, dans une grande étendue de pays, notamment dans la région où sévit la tsetsé, d'animaux de transport, les transports sont possibles des contrées de l'intérieur vers le littoral et inversement. Par elle est assurée la navigation sur les grands lacs, sur le réseau nilotique, sur le Niger, sur les magnifiques voies qu'offrent le Congo et ses immenses tributaires, sur le Zam-

bèze, le Sénégal, les lagunes littorales et entre les ports de la
côte. Ce sont ces indigènes qui fournissent la main-d'œuvre
pour les chemins de fer, les routes, les travaux de toutes
sortes par lesquels la civilisation prend possession de l'A-
frique ; ce sont eux qui exploitent les richesses naturelles
que l'Europe demande à l'Afrique, et qui, sur certains points
déjà, se façonnent au travail régulier de la terre, pour lequel
leur apathie et leur paresse semblent devoir fournir un secours moins volontaire et moins fructueux.

C'est cependant comme travailleurs de la terre que tant
de millions d'hommes ont été pendant près de quatre siècles,
presque jusqu'à nos jours, tirés du continent africain et vendus
comme esclaves. Le commerce de l'homme sévissait dans
les pays où dominait l'islamisme qui ne l'autorise que dans
les pays où s'étaient établis des chrétiens. Les pirates barbaresques faisaient dans la Méditerranée la chasse à l'homme
blanc ; celui-ci opérait en plus grande masse sur les races
foncées de l'Afrique centrale, nègres ou bantous. On demandait des bras, pour la culture de la canne ou du café, aux
régions du Sénégal comme à celles du golfe de Guinée, à
la côte d'Angola comme à celle de Mozambique et du Zan-
guebar. Outre les 50 millions d'Africains dirigés sur le Nou-
veau-Monde, d'autres millions ont été, du Soudan, des régions du Haut-Nil et de celles qui sont situées en arrière de
Zanzibar, expédiés sur le Maroc, sur l'Égypte, sur tous les
pays soumis au Grand Turc, sur l'Arabie, sur la Perse et
sur tout l'Orient musulman. Les esclaves étaient de beaucoup le principal article d'échanges de nos comptoirs du Sénégal.

Ne se faisant plus que par contrebande depuis 1815 entre
l'Afrique et l'Amérique, la traite subsistait toujours à l'inté-

rieur du continent noir et entre les États musulmans. De
1845 à 1868, les traitants arabes répandus à la suite des
armées égyptiennes dans la Nubie, le Kordofan et le Haut-
Nil, y avaient établi des zéribas ou centres d'opérations,
d'où ils faisaient refluer sur les marchés égyptiens « le
bois d'ébène ». « Nulle part, dit M. E. Reclus, dans l'A-
frique orientale, la traite des nègres n'a causé plus de désastres que dans ces plaines (du pays des rivières) où se
pressaient les tribus. Devenus maîtres du pays sous le titre
d'officiers égyptiens, les négriers firent ouvertement, pendant de longues années, le trafic de chair humaine. Chargés de pourvoir de jeunes filles et d'eunuques les marchés de
Khartoum et du Caire et de recruter des soldats pour les armées, les fonctionnaires pouvaient accomplir en paix ce que
les rapports appelaient pompeusement leur « mission civili-
satrice » ; les villages se dépeuplaient, et de chaque zériba
des marchands arabes ou du Dongola partaient régulièrement
des convois de malheureux se dirigeant vers le Nil, liés par
paires au moyen de fourches et d'anneaux qui passent au
cou de l'esclave et se rattachent à la monture du maître ; encore de nos jours, les routes suivies par les convois se recon-
naissent aux ossements humains épars le long des sentiers.
Même, lorsque le trafic des esclaves fut officiellement interdit dans la province de Bahr-el-Ghazâl, il ne fut pas
difficile aux officiers égyptiens, chrétiens ou musulmans,
d'éluder les ordres qui ne leur avaient été donnés que des
lèvres. Par des moyens détournés et d'autant plus cruels
qu'ils occasionnaient plus d'incursions et de meurtres, les
marchands d'esclaves arrivaient à constituer leur *mâl* ou capital humain. Ils n'attaquaient point eux-mêmes les villages,
mais ils excitaient les tribus les unes contre les autres. En-

couragée au pillage, une peuplade fondait à l'improviste sur un camp d'ennemis, tuait les hommes, capturait les femmes et les enfants. N'était-ce pas alors une apparente humanité de la part des traitants d'aller délivrer les captifs pour leur assurer les bienfaits d'une servitude moins dure dans leur zériba ou dans les villes du Nord? Mais la peuplade vaincue se vengeait tôt ou tard, et les traitants intervenaient encore pour délivrer les prisonniers à leur profit. Et si la guerre continuait sans pitié, embrassait toute la province, ne devait-on pas intervenir entre les belligérants et mettre un terme au désordre, en prenant des otages aux uns et aux autres? Tel était le régime introduit par l'ère du progrès, et non seulement le pays se dépeupla, mais ce qui restait des habitants s'avilit par le vice, se déprava par la violence. Des tribus pacifiques devinrent hordes de brigands. Un des voyageurs européens possédait tout un arsenal de carabines dont les crosses avaient autant de crans qu'il avait abattu de nègres [1]. » Khartoum, le grand centre de ce marché, devenu la résidence de l'anti-esclavagiste Gordon, a été détruit par les marchands d'esclaves alliés du Mahdi. En 1862, Mozambique continuait son commerce d'esclaves avec Cuba. Jusqu'en 1875, 12,000 ou 15,000 esclaves étaient encore annuellement envoyés de Zanzibar sur les côtes d'Arabie, et 4,000 de ces infortunés expédiés annuellement, en 1884, de Tombouctou vers le Maroc.

La propagande musulmane, quoique marchant de front avec cette extension du commerce des esclaves, a pourtant conquis la plus grande partie de l'Afrique. Livingstone constatait déjà une différence énorme entre l'accueil qu'il recevait des

---

1. E. Reclus, *Nouvelle Géographie universelle*, t. X, p. 154.

populations fétichistes où n'avaient pas encore pénétré les marchands d'hommes, accueil bienveillant, amical, et celui qu'il trouvait chez les peuplades déjà visitées par ces trai- tants arabes ou chez lesquelles avait pénétré la triste répu- tation des « blancs ». A plus forte raison, nos relations deviennent-elles difficiles avec celles de ces peuplades qu'en- traînent le fanatisme et l'amour du pillage.

Avant la grande mainmise de l'Europe sur l'Afrique, le commerce y avait une sorte de régularité, obéissait à certai- nes traditions, à des usages reçus, à des nécessités de topo- graphie, de lieux, de climats.

Les caravanes dans lesquelles des hommes faisaient seuls les transports, étaient et sont encore les plus originales, les plus essentiellement africaines. Celle de Bihé, dit le voya- geur Ladislas Magyar (1847), vient ordinairement deux fois par an, à Benguela, forte de 3,000 hommes, dont la moitié sont armés. La charge de chacun d'eux est de 64 livres (50 à 54 en moyenne sur la côte orientale) de marchan- dises, poids que ses armes, sa nourriture, sa vaisselle et la natte qui lui sert de couche, élèvent à 90 ou 95 livres. « L'avant-garde de la caravane arrive ordinairement deux ou trois jours à l'avance, pour annoncer aux marchands la venue de l'expédition. Alors on se prépare à recevoir les hôtes, et l'on rassemble les vivres nécessaires et les articles d'échange. La caravane vient par petites troupes plus ou moins nom- breuses ; les divisions se rendent avec leurs marchandises chez leurs connaissances pour y prendre leurs quartiers. Ceux qui apportent des marchandises à vendre se parent d'habits neufs et passent les premiers jours à boire et à manger. En- suite commence le trafic qui dure six jours ; enfin les mar- chandises troquées sont emballées et réparties entre les porteurs [1]. » L'ivoire, les cornes de rhinocéros et la cire sont les principaux articles qu'elle apporte à la côte.

Dans le Sahara, le transport se fait par les chameaux. En 1887, la grande caravane de Tendouf à Tombouctou comprenait 650 chameaux, dont 50 chargés d'eau, 520 esclaves, 350 chameliers touchant pour la location un cinquième des bénéfices. Elle a transporté des cotonnades anglaises et de l'acier en barres, du sel de Taoudéni, et rapporté en retour pour 917,000 fr. dont 104,000 fr. d'esclaves. La moyenne est de 350 à 450 chameaux par caravane. En 1884, Tombouctou recevait ainsi, d'après son envoyé El-Hadj-Abd-el-Kader, 140,000 chameaux, portant 22,000 tonnes de marchandises d'une valeur totale de 9 millions. La caravane au sel de Bilma que rencontra Barth, comptait 3,500 charges de chameaux, sans compter les jeunes bêtes sans emploi, et la valeur du sel transporté était, dit-il, de 150 millions de cauris ou 60,000 ducats d'Espagne. Dans l'Afrique du Sud, où l'élevage du bétail était une des principales ressources, c'était dans d'immenses chariots, attelés de plusieurs paires de bœufs, que les Boers opéraient leurs *trekken*, transportant dans ces maisons roulantes, à la large caisse, faite de bois dur et grinçant, leurs vivres, leur ménage et leurs marchandises, et aujourd'hui encore c'est dans ces chars attelés de 16 à 18 bœufs et portant 5,000 kilogr., que l'on voiture à travers la prairie sans route, dans le Transvaal, la houille, les pièces des machines destinées à l'exploitation des mines et les autres fardeaux.

Sur la côte, le commerce maritime était en grande partie

---

1. L. Magyar, *Voyage dans l'Afrique du Sud* (1849-1857), cité par Hartmann (*Les Peuples de l'Afrique*. Paris, Germer-Baillière, 1880).

entre les mains des Arabes et des Banyans hindous ; des boutres arabes, des barques montées par les Souâhili, font même
encore d'importants échanges entre tous les points de la mer
des Indes ; les anciennes relations favorisées et créées par les
moussons se sont perpétuées à travers les âges ; ne transportant plus d'esclaves, ils conduisent aux différents points sur
lesquels ils sont engagés les travailleurs libres loués pour les
suppléer, et les marchandises qui arrivent en plus grande
quantité que jamais de l'intérieur. Du côté de la Guinée,
les Krou remplissent le même office dans les lagunes et devant
les barres si dangereuses qui en défendent l'approche.

Les coutumes commerciales du moyen âge, développées
par l'influence arabe, sont encore en usage dans l'intérieur.
Les routes étant rares, les marchés et les foires s'y sont multipliés. La variété des articles apportés aux marchés est en
proportion de la fertilité et des ressources du pays. Les produits de la culture, de l'exploitation des végétaux et des mines, la viande et les débris d'animaux, les armes, les tissus
indigènes ou importés, s'y trouvent étalés les uns à côté des
autres : l'or et les peaux, l'ivoire et les plantes tinctoriales,
les plantes médicinales, les épices, le poisson, le sel, les
plumes de marabout et d'autruche, le sucre et le café. Un
voyageur anglais prétend avoir pu acheter sur le marché de
Kano, un parapluie au même prix qu'à Londres ! et à côté de
tous ces objets, des esclaves. Les foires surtout réunissent
une grande quantité de marchandises, échangées ici contre
des cauris ou de la verroterie, là contre du sel, ailleurs contre
des roupies des Indes ou des florins de Marie-Thérèse. « Les
Africains des diverses nationalités paraissent nés pour le
commerce, écrit Hartmann ; ils ont l'intelligence des échanges, sont tous âpres à la possession, escrocs et avides de bé-

néfices. L'Africain aime à marchander : il se sert de toute son éloquence, il prodigue son temps et ses paroles lorsqu'il s'agit d'engager, de continuer ou de terminer une transaction commerciale. D'ordinaire, les Africains ne commercent qu'en détail ; mais il y a aussi parmi eux des marchands en gros, dont le commerce est très étendu et la fortune royale ; on les trouve surtout dans les pays dont les produits, très recherchés sur tous les marchés de l'univers, sont l'or, l'ivoire, l'huile de palmier, la gomme arabique, les plumes d'autruche, les peaux, etc. Dans bien des pays, les chefs sont les premiers et même quelquefois les seuls négociants de la tribu ; ils monopolisent complètement certains articles de commerce. Chez d'autres peuples, les marchands forment une classe particulière, dans d'autres tribus encore, tout le monde s'occupe de commerce à son gré. Il n'y a pas à cet égard de règles fixes. Dans certaines localités, on procède avec ordre; dans d'autres, tout est confusion[1]. »

Aujourd'hui, l'Afrique entière est partagée et théoriquement adjugée à telle ou telle des puissances européennes ou aux rares États dont elles veulent bien encore reconnaître l'indépendance. Des routes ont été construites principalement en Égypte, en Tunisie, en Algérie, dans les colonies portugaises et l'Afrique australe anglaise ; 11,607 kilomètres de chemins de fer la sillonnent (fin 1892) ; 13 câbles sous-marins, dont 4 partant de France, la réunissent à l'Europe, 5 à l'Asie, 2 à l'Amérique, et l'enserrent de toutes parts. 11 compagnies de navigation entretiennent des relations régulières avec ses ports de la Méditerranée, 11, dont 4 anglaises et 3 françaises, avec la côte occidentale, 5 avec la côte orientale. La Compagnie

---

1. Hartmann, *op. cit.*, p. 135.

transatlantique n'a pas moins de 12 grands services à itiné-
raires fixes ou variables avec la seule Algérie. La France,
l'Angleterre, l'Italie, l'Allemagne, l'Espagne, le Portugal, la
Belgique, se disputent ses produits et ses marchés ; c'est vers
ses champs d'or que se portent le courant de l'émigration et
les capitaux ; vers elle que convergent les grandes entreprises
coloniales et les ambitions déjà souvent trompées, mais
toujours ardentes.

Le Sahara, que ne franchit encore, malgré les projets un
peu bruyamment lancés, aucun chemin de fer, maintient
toujours une séparation complète entre l'Afrique méditerranéenne et le véritable continent africain. Le seul lien qui
unisse encore les populations blanches de la zone septentrionale et les noirs soudanais, le fanatisme musulman, est
un élément de misère et de destruction plus qu'un instrument
de civilisation et de progrès. Légitimant l'esclavage, s'unissant au climat pour faire dominer parmi les uns et les autres
le principe de résignation et d'abdication fatalistes et tuer
tout esprit d'initiative et d'action féconde, il oppose à la fusion des races un insurmontable obstacle.

Égypte. — Et pourtant l'influence européenne a régénéré
l'Égypte, transformé l'Algérie et réveillé la Tunisie. Le commerce de la basse vallée du Nil, arrêté maintenant vers
l'amont à Ouadi-Halfa, s'élève annuellement à 560 millions.
Pays de transition, l'Égypte a des relations suivies avec
l'Arabie, vers laquelle elle transborde toute la masse des
pèlerins qui se rendent à la Mecque, comme avec l'Europe et
la Turquie asiatique. Elle a essayé d'utiliser, pour faire monter dans ses canaux l'eau du Nil, la chaleur solaire ; elle a
développé la culture du blé, du riz, du coton ; à côté de ses

industries indigènes (peaux, broderies, poteries), elle a introduit celle de la raffinerie du sucre ; elle attire chaque année des groupes nombreux de voyageurs, curieux de contempler son beau fleuve, ses monuments antiques, ses musées, et des valétudinaires qui espèrent de son beau ciel et de son doux climat hivernal le retour à la santé. Mais l'Angleterre, qui l'occupe et la domine, tire à elle la plus grande partie des échanges, distançant de beaucoup la France, l'Italie et la Grèce, qui ont cependant sur le sol égyptien des colonies nombreuses et prospères.

Tripolitaine. — Sur les 27 millions d'échanges que fait la Tripolitaine, 15 et demi environ, dont près de 10 à l'exportation, empruntent la voie de Tripoli (11 à l'importation, 10 à l'exportation en 1893) : ivoire (400,000 fr.) et plumes d'autruche (1,400,000 fr. 1893) amenés du Soudan par caravanes, alfa, laines, fruits du Midi, dattes, huile et bétail, dirigés principalement vers l'Angleterre, l'Italie et la France. Oasis encore soustraite à l'occupation ou au protectorat d'une puissance chrétienne, elle attire à elle le commerce des régions musulmanes de l'intérieur. Après avoir dévié de l'Algérie vers la Tunisie, il converge maintenant de la Tunisie et de l'Égypte vers la Tripolitaine qui leur a enlevé le privilège de recevoir les cotonnades, les lainages et les fers de l'Angleterre, les bougies, le savon et le sucre de Marseille et de Gênes pour en charger les longs convois qu'elle expédie vers le Haut-Nil et la région du Tchad.

Tunisie. — Mais la Tunisie a trouvé dans le développement de ses relations avec l'Europe et surtout avec la France, la mise en valeur de ses terres, l'entretien et la sécurité de ses routes, ses chemins de fer, l'amélioration et l'aménagement de ses ports une ample compensation à la rupture de ses rapports avec l'au-delà soudanais. De 87,000 tonnes de marchandises et 34,000 voyageurs à l'entrée, 50,000 tonnes et 21,000 voyageurs à la sortie en 1885, le mouvement de ses ports a passé à 151,000 tonnes et 52,000 voyageurs à l'entrée et 139,000 tonnes et 50,000 voyageurs à la sortie. Sur les 76 millions de francs auxquels on évalue ses échanges, 41 se font avec la France, 9 avec l'Algérie, et les travaux opérés à Tunis et à Bizerte, les voies ferrées projetées, les défrichements et plantations qui se poursuivent, promettent un essor nouveau au commerce intérieur et extérieur de la Régence, chaque jour plus étroitement rattachée à la France sous le rapport économique.

Algérie. — Privée de houille, pauvre en eau, n'ayant encore laissé reconnaître dans son sous-sol aucun de ces gisements de métaux précieux qui ont joué un si grand rôle dans la colonisation de tant de pays, l'Algérie n'ayant pour attrait que son sol et son climat, fait honneur à la France par la rapidité de son développement et de ses progrès. L'accroissement de la population européenne y est lent, mais continu. L'assimilation de la population indigène n'est pas à espérer, sa destruction moins encore, puisqu'au contraire elle augmente en nombre à chaque recensement à la faveur de la paix et de la sécurité dont elle jouit ; 60,000 hommes de troupes sont encore nécessaires pour la contenir, ce qui prouve combien notre œuvre est difficile, et cependant la transformation du pays se poursuit avec persévérance. S'interdisant vis-à-vis des musulmans tout autre prosélytisme que celui d'une tolérance éclairée, la France veut les gagner à elle par ses bienfaits. Respectueuse de leurs coutumes et de leurs croyances, de leurs personnes et de leurs biens, elle veut se les attacher à la fois par le sentiment de sa justice et la satisfaction de leurs intérêts. Des routes nombreuses et bien entretenues, près de 3,000 kilomètres de chemins de fer, un réseau télégraphique complet couvrent le pays ; les ports agrandis ou créés, des lignes multiples de communications régulières et rapides avec la métropole, entre les ports de la côte et avec les pays voisins, facilitent l'écoulement de ses produits, son approvisionnement, le transport des colons, la circulation des voyageurs qu'attirent ses beautés naturelles, et des malades qui viennent demander à ses stations d'hiver le rétablissement de leurs forces. La crise qui sévit là comme partout sur l'agriculture y est aggravée par le chétif rendement des terres à blé. Épuisées par une culture qui ne leur rend rien en engrais, elles ne rapportent plus que 7 pour 1 pour les cultures européennes et 4 à 5 pour 1 pour les cultures indigènes. Mais, quoique le prix des vins ait baissé, les 2,700,000 hectolitres qu'elle vendà la France constituent pour elle une richesse ignorée il y a quinze ans.

Nous lui achetons son bétail, ses moutons, ses laines, ses peaux brutes ou travaillées, ses fruits (oranges, mandarines, dattes), son liège, ses minerais, 200,000,000 de produits, en échange desquels elle nous prend 200,000,000 de marchandises, dont 170 de produits fabriqués. La France, qui s'est réservée le cabotage entre les ports algériens et les ports français, trouve dans ses relations avec elle un aliment pour sa marine à laquelle reviennent les quatre cinquièmes de son commerce extérieur. L'Angleterre lui achète son alfa brut ou à l'état de pâte. De 7,983,000 en 1831, son commerce général s'est élevé à 96,955,165 fr. en 1850, et à 561,961,903 fr. en

1882. L'exportation était comprise pour 150,052,678 fr. dans ce total et l'importation pour 411,929,315 fr. C'était le moment des grands travaux de réfection des ports et de construction des voies ferrées. Ce chiffre est tombé depuis lors, tandis que celui des exportations s'est accru, malgré la baisse de prix des céréales. L'Algérie se suffit à elle-même au point de vue alimentaire, importe peu de matières premières, la laine indigène suffisant au tissage et aux tapisseries ; les grands travaux se sont ralentis, enfin une partie du commerce qui se faisait par son territoire avec la Tunisie et le Maroc se fait aujourd'hui directement avec ces deux pays.

Maroc. — Le Maroc, que la jalousie des puissances a préservé de la conquête politique, est au point de vue commercial aussi ardemment convoité par elles. Ce n'est qu'au prix de concessions sur ce terrain qu'il a pu se concilier des concours actifs. Ces concessions en ont entraîné d'autres; le sultan a dû recevoir solennellement nombre d'ambassades et admettre des consuls dans quelques-unes de ses villes. Pendant que de hardis explorateurs rapportaient au prix de mille périls de la part d'une population fanatisée et presque barbare des renseignements géographiques, économiques et politiques sur les États soumis réellement ou nominalement à son autorité, Tanger s'érigeait peu à peu en rivale de Fez, en capitale européenne en face de la capitale chériffienne. Anglais, Allemands, Français, Espagnols, Italiens, se disputent ce marché de 8,000,000 d'hommes où les moindres circonstances, les plus petits incidents font incliner d'un côté ou de l'autre le plateau de la balance. Ainsi, le choléra de Marseille ayant fait fermer aux arrivages de cette ville les ports du sultanat, un accident de mer ayant arrêté dans sa course un navire français qui portait à Tanger les bougies dont Marseille avait la fourniture exclusive, un navire allemand introduisit des bougies hollandaises d'un type et d'une fabrication tout autres, mais meilleur marché, celles-ci prirent faveur et le débouché fut perdu pour nous. Le voisinage de la frontière algérienne, la visite régulière de nos transatlantiques dans les ports marocains nous maintiennent toutefois en bonne posture pour la fourniture d'un pays relativement riche par son sol et ses mines. Bien que Gibraltar tire de Tanger la plus grande partie de sa subsistance et y envoie en échange les cotonnades et autres marchandises extraites de son entrepôt, la France suit de près l'Angleterre pour le chiffre de son commerce avec le Maroc. Nous lui vendons des soieries, du sucre, de la quincaillerie, des étoffes; il nous envoie des maroquins, de la laine, des objets en cuivre, etc. Sur les 70 millions de francs auxquels on évalue son commerce extérieur, 17 millions passent par Tanger. Mais la circulation intérieure est entravée par l'absence de routes (il n'y en a qu'une seule, de Fez à Méquinez), l'insécurité, les exactions des officiers du sultan, l'indolence des habitants qui abandonnent presque tout le commerce aux juifs et la cherté des transports. L'élevage, la moins pénible des industries, est en assez grand honneur; les animaux sont nombreux (6,000,000 de bœufs), les chameaux aussi avec lesquels les caravanes vont chercher à Tombouctou les esclaves pour approvisionner le marché de Tendouf. Au moment où le docteur Lenz visita cette ville, le prix de cet article était ainsi établi : jeunes filles de 12 à 15 ans, 350 à 400 fr.; garçons de 13 à 15 ans, 250 à 300 fr.; jeunes filles de 15 à 20 ans, 150 fr.; au-dessus de 20 ans, 75 fr.

L'Espagne, qui touche au Maroc et a même des possessions sur son territoire, le surveille, lui envoie nombre d'émigrants qui s'infiltrent peu à peu dans le pays au climat duquel ils sont faits. Elle achète plus qu'elle ne vend à cet État où les Allemands cherchent à s'établir de gré ou de force, et où leur part dans le mouvement des affaires s'accroît avec rapidité.

En somme, sur les 3 milliards de francs auxquels on évalue le commerce total de l'Afrique, plus du tiers appartient à l'Afrique du Nord, à laquelle l'Afrique australe et l'Afrique centrale elle-même disputent aujourd'hui avec âpreté la faveur populaire.

Afrique australe. — Dépossédée par l'ouverture du canal de Suez des avantages de sa situation sur la route des Indes, l'Afrique australe a trouvé dans ses mines de diamant et d'or une source de prospérité toute nouvelle. Un *boom* analogue à celui qui a donné à la Californie et à l'Australie tout leur essor, dirige maintenant vers ces plateaux, si longtemps négligés par les Européens, émigrants et capitaux, aussi nécessaires les uns que les autres à la mise en valeur de ces richesses. Le Karrou avait arrêté pendant près de deux siècles la marche des blancs vers le nord. Les colons hollandais du Cap, pasteurs et chasseurs, renforcés par les réfugiés français lors de la révocation de l'Édit de Nantes, avaient peuplé d'abord la côte sud-occidentale et s'étaient, au cours du xviii⁰ siècle, avancés sur toute la face méridionale du continent; passés sous la domination anglaise, ils avaient continué dans la première moitié de ce siècle leur progression lente, ramenés vers le rivage oriental, malgré le caractère belliqueux des Cafres-Bantous de ces parages, par la supériorité du sol et du climat. Durs pour les indigènes hottentots, méprisant la culture, l'abandonnant d'abord à ces indigènes, puis, vu le peu d'aptitude et de résistance de ces peuples primitifs, à des noirs importés; gênés eux-mêmes dans leur propension à s'étendre par la politique prudente des gouverneurs hollandais, ils s'étaient donnés à l'élevage, poursuivant dans les brousses et même au delà des montagnes les bandes d'antilopes et de fauves qui s'y pressaient comme des nuées de sauterelles. L'abolition de l'esclavage par les Anglais en 1828 provoqua le premier de ces grands exodes qui ont rendu célèbre le nom des Boers. En 1837, la république du fleuve Orange était fondée, plus tard celle du Transvaal. Les Anglais pendant ce temps occupaient la côte et fondaient la colonie de Natal; au milieu des luttes, les deux républiques boers maintenaient leur quasi-indépendance, tandis que le mouvement des Anglais s'accentuait, que le parti des Afrikanders, à la faveur de la politique d'abandon un instant adoptée par le gouvernement de la métropole, entraînait toujours plus avant les colons britanniques et suscitait même des conflits avec les Portugais. Des diamants avaient été découverts près de Kimberley. L'on craignit sagement de déprécier, en divulguant leur abondance, la valeur de cette trouvaille et de troubler, par une immigration nombreuse, les habitudes et les mœurs sauvages des Boers. Ce fut toutefois une nouvelle source de richesse, un nouvel élément d'échanges venant s'ajouter au commerce que procuraient l'approvisionnement des navires en relâche, le vin réputé de Constance, le bétail devenu nombreux, les peaux, cornes et débris d'animaux tués à la chasse, les plumes d'autruche, et surtout la laine, très estimée, des millions de brebis du Cap. En 1853, la colonie du Cap avait un commerce extérieur de 67 millions; en 1864, il était de 121 millions, dont 50,875,000 fr. à l'exportation; en 1882, il s'élevait jusqu'à 446,965,475 fr., dont plus de 100 millions fournis par le commerce des diamants. Il retombait, il est vrai, en 1886, à 273,115,425 fr., dont 178,133,000 fr. à l'exportation. En 1894, en revanche, la « ruée » vers les mines d'or dont l'effet s'était déjà marqué sur les années précédentes, se traduisait par une augmentation considérable : 635,000,000 fr. au total, dont 290,000,000 à l'importation, 345,000,000 à l'exportation, sur lesquels 175,000,000 fr. d'or, 50,000,000 de plus que l'année antérieure, augmentation compensée, il est vrai, par une diminution de 25,000,000 de francs sur les diamants et autres produits.

Jusqu'à l'ouverture récente (fin 1894) du chemin de fer de Prétoria à Lorenzo-Marquez (593 kilom.), le Transvaal est resté dans la dépendance économique presque absolue de l'Afrique australe anglaise. Ses progrès ont été énormes et rapides à la suite de l'exploitation plus active de ses mines. D'après le rapport du consul de France à Prétoria, il ne s'est pas fondé pour leur exploitation moins de 2,267 compagnies au capital nominal de 2,547,077,300 fr. La production de l'or s'est élevée dans le seul Transvaal de 1,710 kilogrammes en 1887 à 70,448 kilogrammes en 1894, en progression de 20,257 kilogrammes sur l'année précédente. L'extraction totale de 1887 à 1894 a été en 8 années de 228,011 kilogrammes. Le Witwatersrand, ou le Rand, a produit à lui seul les sept huitièmes du rendement total de 1894. Sa capitale, Johannesbourg, de 10,000 habitants en 1887 s'est élevée à 70,000. La foule se presse sur ces plateaux à 1,700 mètres d'altitude où affluent avec les émigrants les machines de toute espèce, envoyées par l'Amérique et l'Angleterre, le matériel de chemins de fer, et tout ce qui est nécessaire à l'installa-

tion et à la vie souvent large des chercheurs d'or. Sur les
161 millions d'importation en 1894, 98 et demi provenaient
d'Europe, la majeure partie d'Angleterre. L'absence d'industrie dans ce pays neuf offre aux nations manufacturières entre-
prenantes un champ nouveau et précieux d'action. Tous les
ports africains s'en disputent l'accès, le Cap, Port-Élisabeth,
East-London, Natal, Lorenzo-Marquez. Le rapport précité
relève à l'importation pour 1894: 29,500,000 fr. pour les machines et outils, 10,750,000 fr. pour les autres ouvrages en
fer et métaux; 10 millions pour le matériel de chemins de
fer, plus 12 millions et demi pour la bonneterie et ganterie,
8 millions et demi pour la mercerie et les modes, 6 millions
pour les articles en cuir, sans compter les alcools, vins, ci-
gares, bougies, etc., les bois pour la charpente et les mines
qu'envoie l'Australie, les meubles en bois bon marché qu'expédie l'Amérique. 4,550,306 litres de boissons étrangères sont
venus s'ajouter aux 10 millions de litres de bière des brasse-
ries de Prétoria et de Johannesbourg. La république d'O-
range, restée surtout agricole, approvisionne de vivres, céréales, bétail et volailles ce marché toujours grandissant avec
lequel son trafic a triplé en trois ans. La houille, qui a donné
751,337 tonnes de produits en 1894 et dont de nouveaux gisements viennent d'être mis en exploitation, alimente les chemins de fer, dont plus de 3,500 kilomètres sillonnent aujour-
d'hui toute la partie orientale du Sud-Afrique. A côté d'eux,
l'ancien mode de transport n'a pas abdiqué ses droits et les
immenses chariots qui importaient, en 1892, 40,583,550 fr.
de produits étrangers, transportent toujours, laine, peaux,
poils de chèvre et autres produits de l'industrie pastorale.

La Compagnie Sud-Africaine, dont l'ambition turbulente
a triomphé des droits anciens du Portugal, a non seulement

annexé à son domaine les territoires au sud du Zambèze, mais aussi au nord de ce fleuve le pays des Matabélés par lequel elle touche au lac Nyassa. Son président, M. Cecil Rhodes, justifiait ainsi aux yeux des Anglais cette politique conquérante. « Avec les États-Unis, disait-il, dont la population est de 60 millions d'habitants, la plupart d'origine britannique, l'Angleterre ne fait qu'un commerce d'un milliard de francs à l'exportation, tandis qu'avec l'Afrique du Sud et l'Égypte, où il n'y a que 600,000 blancs, son commerce d'exportation vaut un demi-milliard, dont 375 millions pour le Cap et Natal et 100 millions pour l'Égypte. »

Afrique équatoriale. — L'Afrique équatoriale, si longtemps dédaignée, a eu enfin, elle aussi, ses jours de popularité. En 1871, après ses revers, la France avait songé un instant à céder ses comptoirs du golfe de Guinée et les a même abandonnés. Les lagunes à requins et les fièvres étaient à peu près tout ce qu'on en connaissait. Tout à coup les compétitions commerciales se sont tournées de ce côté. La France avançait prudemment, mais sûrement au Sénégal, dans la direction du Niger qu'elle atteignait en 1883 ; elle cherchait à établir son protectorat sur le Fouta-Djallon, développait ses comptoirs sur la Casamance et les rivières du Sud, tandis que quelques hardis pionniers créaient 32 factoreries sur le bas Niger, où les Anglais établis déjà à Lagos pour la répression de la traite opposaient factorerie à factorerie. Au moment où Stanley découvrait, pour ainsi dire, le Congo, la France s'engouait du Transsaharien, le Brémois Luderitz fondait un comptoir allemand sur la baie d'Angra-Pequeña, le roi des Belges se mettait à la tête d'une association humanitaire internationale pour l'abolition de l'esclavage. Une pensée humaine et géné-

reuse recouvrait ainsi cette ardente et bientôt impétueuse
pénétration dans le pays des noirs.

Mais il y avait là surtout une maladie commerciale. De
colonisation, d'ouverture de territoires à l'émigration européenne, il ne pouvait être question dans ces parages inhospi-
taliers ne pouvant offrir à l'arrivant qu'un tombeau. Les
richesses naturelles des régions tropicales devenaient l'objet
d'une convoitise acharnée. L'industrie cherchait partout des
huiles, des résines et la demande d'arachides par Marseille
provoquait le développement de leur culture au Sénégal. Or,
les huiles que les Allemands allaient chercher aux États-Unis
se trouvaient en grande abondance sur ces côtes où des traitants arabes et des courtiers indigènes en faisaient un grand
commerce. On se borna d'abord à occuper le littoral, à établir
des entrepôts vers lesquels les courtiers indigènes dirigeaient
les marchandises, puis on songea, pour l'hygiène comme
pour le commerce, à explorer l'intérieur, à y chercher des
stations plus saines, à posséder non plus seulement la côte,
mais l'hinterland. Des conventions internationales mettaient
un peu d'ordre dans cette bataille, fixaient une procédure
pour l'occupation, des règles pour les rapports commerciaux.
Le traité de Berlin de 1885 stipulait la liberté de navigation
sur les fleuves pour les navires de toutes les puissances.
Les particuliers, les sociétés de commerce et d'exploration
ne se sentant plus assez forts pour braver ces décisions solen-
nelles, de grandes compagnies se fondèrent derrière lesquelles s'abritèrent volontiers certaines ambitions nationales,
dont d'autres furent même assez fortes pour entraîner leur
gouvernement. La société anti-esclavagiste internationale
devint à son tour et assez rapidement, sous l'égide de son
chef, une entreprise belge. L'État indépendant du Congo se

forma et les Belges justifièrent, il faut bien le dire, leur *préemption* par une série de voyages hardis, bien conçus, fructueux, qui en dix années nous révélèrent toute une étendue de pays, un magnifique réseau fluvial, une Afrique toute nouvelle. Français, Allemands, Italiens rivalisaient de zèle avec eux, et le commerce de l'Afrique, jusque-là réservé à quelques maisons et sans importance, attirait l'attention générale. On songeait à écouler en Afrique autre chose que la verroterie et la pacotille qui avaient jusqu'alors suffi aux échanges.

Les alcools, surtout ceux de mauvaise qualité de Hambourg et de Liverpool, sont malheureusement un des principaux articles que le commerce européen introduit dans les pays nègres et bantous. Au Soudan, bien peu accessible encore malgré quelques expéditions justement célèbres, et toujours troublé par quelque marabout ambitieux et cruel, les cotonnades anglaises ne pénètrent encore qu'en petite quantité. Il y a là des centres industriels depuis longtemps prospères et connus dont les produits suffisent à tous les besoins et sont même exportés au loin. On y travaille le fer et les peaux comme la laine. Le sel est à peu près le seul article qui fasse défaut. On le troque contre des esclaves aux courtiers du Sahara et l'on n'a rien à demander à l'Europe. Il faut donc faire naître des besoins.

Les achats des Européens prennent chaque jour une nouvelle importance sur la côte. Aux gommes et aux arachides, les rivières du Sud ajoutent des bois, de la noix de kola, du caoutchouc; Liberia, du café; les comptoirs du golfe de Guinée, de l'huile de palme, des métaux, de l'ivoire. La région des grandes forêts tropicales se prolonge au nord de cette côte sur une épaisseur variant de 100 à 400 kilomètres;

la côte malsaine admet toutes les cultures tropicales ; les bouches du Niger sont parsemées de pontons sur lesquels les Européens, dans l'impuissance de supporter le séjour de la terre, attendent les indigènes qui viennent traiter avec eux. Et c'est là surtout, sur ces côtes meurtrières que s'entre-croisent les territoires. La France a ses comptoirs de la Côte d'Or et le Dahomey ; l'Angleterre, Sierra-Leone, les anciens comptoirs danois, Capecoast, Lagos ; l'Allemagne, le Togo et le Cameroun. Le commerce des établissements anglais de la Côte d'Or a été en 1893 de 36,011,475 fr., dont 17,958,825 à l'importation : cotonnades, rhum, articles en soie, papeterie, tabac, métaux précieux, et 18,052,650 fr. à l'exportation : caoutchouc, huile et noix de palmier, peaux, noix de kola, etc., et la progression constante de ce commerce, malgré l'absence des routes et le mauvais état des sentiers, est un indice du progrès et du développement possibles. Le commerce général du Togo s'élève à 7 millions, un peu plus de 3 à l'importation (eaux-de-vie, tabac, cotonnades, armes, verroteries, poudre à canon et objets en fer), le reste à l'exportation (huile et amande de palme). Ce sont les mêmes articles et, de plus, à l'exportation, la noix de coco, le coprah, le beurre végétal, le caoutchouc, qui alimentent le commerce du Cameroun (11 millions, dont 5,875,000 fr. à l'exportation). Kotonou, le port du Dahomey, rendu accessible par un warf, mis en communication par un chenal avec les autres ports de la lagune, voit s'augmenter ses échanges. Le Gabon et le Congo français progressent peu, mais l'État indépendant du Congo tire de ses immenses territoires d'abondants produits. Anvers est devenu par lui le grand marché de l'ivoire. Le caoutchouc du Congo rivalise de qualité avec celui de Para ; mais les particuliers y font plus de profit que l'État lui-même,

condamné à subventionner de coûteux travaux. Les fleuves
viennent de la manière la plus heureuse soulager les porteurs
humains de plus en plus exigeants et rebelles aux offres qui
leur sont faites. L'anthropophagie, que pratiquent encore
quelques peuplades, est l'indice d'un pays pauvre en ressources animales. Bien que l'ivoire, mais surtout l'ivoire
fossile, soit le grand article d'exportation, les produits végétaux sont, et surtout pourraient être, plus abondants, si la
population se décidait au travail. En 1893, les exportations
ont été de 10,148,418 fr. et les importations de 7,514,791 fr.
L'ivoire (3,807,240 fr.), le caoutchouc (1,849,516), les noix
de palmier (977,766 fr.) et l'huile de palme (727,109 fr.) sont
dirigés surtout vers la Belgique et la Hollande. C'est aussi la
Belgique (4,482,720 fr.) qui tient le premier rang pour les
importations, suivie par l'Angleterre (2,800,000 fr.), la Hollande (1,240,000 fr.) et l'Allemagne (1,100,000 fr.). Le chemin de fer en construction pour rejoindre à la mer, en lon-
geant les rapides du cours inférieur du Congo, l'immense
réseau navigable de ce fleuve et de ses affluents, donnera sans
doute à cet État de 40,000,000 d'habitants (?) une importance commerciale nouvelle.

Le port portugais de Cabinda ne fait, comme notre port
français de Loango, qu'un trafic très minime. Les possessions,
prospères au temps de la traite des nègres, de l'Angola et du
Benguela n'ont plus aujourd'hui, malgré le chemin de fer
qui de Loanda se dirige sur 360 kilomètres vers l'intérieur, qu'un médiocre trafic. Le Sud-Ouest africain allemand
semble moins florissant encore. Autour de la baie de Walfish,
il faut importer l'eau du Cap ; les principaux lits fluviaux, ceux
du Tsoakhoub et de la Kuisip, sont le plus souvent à sec ; la
seule région susceptible de recevoir des colons européens

serait le pays des Ovambos dans le voisinage du Counéné vers lequel projette de s'avancer d'autre part la colonisation portugaise en fondant une station sur le Coubango. La concession par les Anglais à l'Allemagne d'une bande de terre conduisant au Zambèze n'a pas empêché les empiétements de la Compagnie Sud-Africaine qui tend à faire de ce fleuve son domaine exclusif.

Sur l'autre rive africaine, les Portugais, menacés à Lorenzo-Marquez qu'un prétexte facile à trouver fera tomber entre les mains des Anglais, ont été malheureux dans leur tentative de réorganisation de leur colonie de Mozambique, transformée en État libre de l'Est africain (1891) avec des compagnies à charte. Constituée alors, celle du Nyassa vient d'être dissoute. Sur d'autres points, les Cafres se sont révoltés ; la concurrence anglaise, qui a déjà coupé ce territoire des possessions portugaises de l'Ouest, la resserre de plus en plus. L'arrière-pays est riche en ivoire, en caoutchouc, en indigo. La canne à sucre et le coton pourraient y être cultivés ; on y prévoit même l'extension des mines d'or du Transvaal. Mozambique fait environ 5,500,000 fr. d'affaires ; Ibo, l'autre port du pays, 600,000 fr. ; Quilimane, dans la Basse-Zambézie, 4 millions et demi. Les ports de l'Est africain allemand et Zanzibar éclipsent ces comptoirs portugais auxquels la colonisation de Madagascar pourra rendre quelque activité.

Autrefois connue seulement comme point de départ des expéditions vers l'intérieur et lieu de rassemblement des porteurs, la côte située en arrière de Zanzibar a pris de nos jours, entre les mains des Allemands, une grande importance. Dar-ès-Salam est devenu le centre d'une domination sérieuse et d'un commerce actif (1,100,000 kilom. carrés et 700 kilom. de côte). C'était déjà sur ce littoral que se dirigeait de préférence l'ivoire. Bagamoyo en est devenu le grand centre d'exportation. Cette substance forme, à elle seule, 43 p. 100 du total de l'exportation de l'Afrique orientale allemande (2,245,000 fr. sur 5,338,000 fr. en 1889). Le *msandarousi*, qui produit le copal, abondant dans la région dont Dar-ès-Salam est le port, cette ville en embarque pour 683,000 fr., partageant avec Kiloua et Lindi l'exportation du riz, des bois de construction, des noix de sésame. Le caoutchouc (575,000 fr.) sort surtout par Kiloua, le bétail par Pangani. L'importation, qui consiste principalement en cotonnades, houille, blé, conserves, liqueurs, huiles grasses, huiles minérales, poudre, verreries, etc., atteint 3,115,000 fr. La construction d'un chemin de fer de Tanga ou Dar-ès-Salam au Tanganyika, et d'un sanatorium sur les flancs du Kilimandjaro, faciliteraient l'exploitation et même la colonisation du pays. D'après un explorateur en effet, le comte Teleki, qui a parcouru cette région en 1887-1888, le climat serait dans ces parages, et même à peu de distance de la côte, extraordinairement sain. Les fièvres seraient inconnues au nord du Kilimandjaro. Un séjour même dans les parties les plus chaudes serait, grâce à la sécheresse de l'air et à la fraîcheur des nuits, beaucoup moins énervant que dans la zone embrasée du littoral, et ce pays serait susceptible de recevoir des Européens.

L'*Imperial British East African Company*, l'*Ibea*, comme elle se faisait couramment désigner, a désespéré de tirer un parti lucratif des territoires qui lui étaient échus comme lot et a résigné ses pouvoirs. Les tentatives hasardeuses vers l'Ouganda ont été ses derniers actes et le gouvernement britannique n'a répudié aucune des parties de son héritage. Là aussi s'agitent les projets les plus vastes ; les chemins de fer s'imposent dans des pays où les hommes sont les seuls moyens de transport possible et la région des grands lacs semble devoir dédommager, mieux que ne le ferait celle du Soudan, des sacrifices consentis pour établir une voie ferrée entre elle et la côte. Là encore ce sont les mêmes éléments d'échange que plus au sud et sur la côte opposée : les produits de la faune et de la flore tropicales à offrir en échange des cotonnades, des verreries, des objets nécessaires aux colons et de ceux dont l'achat par les indigènes serait profitable aux vendeurs. Les Arabes sont toujours maîtres d'une partie du commerce de cette côte, vers laquelle les paquebots européens se dirigent en moins grand nombre que vers la rive opposée. Les parfums, l'encens, les articles que venaient déjà chercher les anciens Égyptiens sont toujours ceux que cette zone offre aux Européens et qu'ils retrouvent encore dans la région plus aride et plus désolée des Somalis que se partagent Italiens et Anglais. La pointe orientale de l'Afrique est peu séduisante d'aspect, dangereuse d'approche et mortelle comme séjour. Nos comptoirs de Djibouti et d'Obock, précieux comme dépôt de charbon, n'entretiennent que des rapports bien rares par caravanes avec le plateau abyssin, sur lequel l'Italie a des visées bien ambitieuses. La colonie de l'Érythrée aspire à s'adjoindre, comme vassale tout au moins, la souveraineté de Ménélik. Le Harrar et quelques vallées de l'intérieur ont d'importantes cultures de café, mais le pays, dès longtemps civilisé, donnant sur ses hautes terres tous les produits culturaux de l'Europe, ayant des centres industriels prospères, ne paraît pas apte à fournir de bien grands débouchés à l'industrie, comme le prouverait au reste l'abandon qui en a été fait par l'Angleterre à l'Italie, son agent imprudent dans ces parages. La fermeture par les mahdistes de toutes les contrées du haut Nil ajoute à la précarité de la situation de cette colonie, dont une politique mégalomane tire satisfaction et gloriole.

Zanzibar est de longtemps une station commerciale importante. C'est la plus africaine de toutes les îles de cette partie du monde. Une souveraineté musulmane, non indigène, mais depuis longtemps acceptée par ceux-ci, y donne à la domination des Anglais une assiette analogue à celle des Français en Tunisie. Son commerce s'élève à 50 millions environ, dont 20 à l'exportation consistant en ivoire, copal, clous de girofle, poivre rouge, etc. Des malles française, anglaise, allemande, portugaise ont leur point d'attache ou une station dans son port, c'est la reine de cette côte et la beauté de l'île, l'activité de sa population hétérogène et composite, jointe à sa position maritime, lui assurent la continuité de cette situation.

Madagascar et les Mascareignes. — Madagascar pourra devenir un vaste champ d'exploitation pour le commerce. Une grande partie de l'île est utilisable pour la colonisation européenne ; le climat de l'intérieur est ou pourra devenir sain, celui du littoral éloignera toujours malheureusement les commerçants. Les points salubres, comme Diégo-Suarez. sont trop éloignés de la partie centrale.

Le caoutchouc, la cire, le bétail, les peaux sont les principaux éléments d'un commerce que gênent le peu de navigabilité des rivières et l'absence de routes. Les difficultés éprouvées par notre corps expéditionnaire dans sa marche victorieuse de Majunga à Tananarive montrent assez quels obstacles rencontrera la création de voies de communication dans l'île. L'usage des porteurs rend ici, comme partout où il est nécessaire, les transports fort coûteux. Du reste, il existe une industrie indigène de tissage de cotonnades et de toiles. Le sol renferme des richesses minérales dont l'exploitation est à peine commencée (Suberbieville). Le sel, les machines, la quincaillerie, les armes, le rhum, sont les articles que la Réunion et Maurice fournissent en échange des bœufs, du riz et du maïs qui leur sont nécessaires. Les négociants étrangers sont rares ; 1,200 navires, jaugeant 200,000 tonneaux, forment tout le mouvement des ports. Un service des Messageries maritimes et une autre compagnie de navigation française entretiennent un service régulier avec l'île. Son commerce extérieur était, avant l'expédition actuelle, de 30 millions de francs environ. Ce n'est, à vrai dire, que depuis 1883, que l'île est ouverte au commerce et l'on sait quelles arrière-pensées cachaient les concessions faites à cette époque.

Nossi-Bé, Mayotte, la Réunion, Maurice, îles à sucre, se ressentent de la crise qui sévit sur cette industrie par suite de la concurrence européenne et de l'absence de bras pour cette culture, surtout dans les colonies françaises. La Réunion, qui avait trouvé dans la vanille une source de profit, vite tarie par la concurrence, s'est trop tardivement retournée vers la culture du café, la seule qui soit aujourd'hui productive. Son commerce n'était en 1886 que de 40 millions de francs (13 à l'exportation) contre 140 (80 à l'exportation) pour Maurice. Port-Louis est, il est vrai, un port plus sûr et mieux situé que ceux que peut offrir la Réunion, même depuis l'ouverture du port des Galets. Ces îles, comme celles de la côte nord-occidentale de l'Afrique, Cap-Vert, Canaries, Açores, sont des ports européens et civilisés, par la création desquels l'Europe préludait à ses tentatives sur l'Afrique d'où les fameux défenseurs de Madagascar, les généraux Hazo et Tago (Forêt et Fièvre), la repoussaient toujours. La canne, les oranges, les citrons, les grenades, les ananas, le vin, sont les principaux produits des îles hispano-portugaises.

L'Afrique répondra-t-elle en somme, au point de vue commercial, à toutes les espérances fondées sur elle? Son exploration et sa découverte pour ainsi dire sont en tous cas parmi les événements les plus glorieux et les plus intéressants de notre époque. Déjà sa mise en exploitation a eu des conséquences appréciables sur le marché européen : l'invasion de ses graines oléagineuses et de ses huiles a pesé sur les productions similaires des autres pays ; son ivoire et son caoutchouc sont disputés par les consommateurs ; son or et ses diamants ont influé sur le marché de ces produits ; les grands travaux faits sur son territoire ont fourni des débouchés appréciables à l'industrie ; elle a donné à la navigation un élément de vie dont elle avait besoin. Elle pourra décevoir ceux qui ont trop escompté ses problématiques richesses ; elle reste un des grands facteurs de la vie économique du globe, à laquelle elle n'avait si longtemps pris qu'une faible part, et comme fournisseur de ces « pièces d'Afrique » qui semblaient être sa principale et presque unique richesse.

CHAPITRE XII

L'Amérique au dix-neuvième siècle. — Amérique du Nord et Centre-Amérique.

Le développement prodigieux de l'Amérique et l'importance qu'elle a prise dans la vie économique du globe sont au nombre des faits les plus considérables de l'histoire de notre siècle.

En 1800, sauf les États-Unis dont l'indépendance proclamée en 1776 avait été consacrée par le traité de Versailles (1783), toute la partie connue du nouveau monde était entre les mains des puissances européennes. Sa population ne dépassait pas 17 millions d'habitants, son commerce 1 milliard. Aujourd'hui, sauf le Canada, les Antilles (où Haïti seule est partagée entre deux républiques indépendantes) et les Guyanes, elle est tout entière occupée par des États libres ; la plus grande partie de son territoire a été explorée et colonisée ; 135 millions d'êtres humains vivent sur son sol, et son commerce extérieur se chiffre par 17 milliards.

Toutes les parties de l'Amérique n'ont pas eu une part égale dans cette croissance. A côté des causes générales qui l'ont favorisée, d'autres, particulières ou locales, l'ont aidée ou entravée qui expliquent l'inégalité de la marche en avant de ses différentes contrées.

États-Unis. — L'indépendance avait été pour les colonies anglaises une conquête plus industrielle et commerciale que politique. A ce dernier point de vue, elles avaient eu peu à gagner, la métropole leur ayant laissé une autonomie presque complète, et n'étant intervenue au xviiiᵉ siècle, notamment, dans leur organisation intérieure que pour mieux assurer leur essor par le rachat des privilèges qui pouvaient l'entraver. Elles avaient cependant, par la création entre elles d'un lien fédéral, accru leur force et leur prestige. Elles allaient personnifier, au milieu de l'Amérique encore serve, l'indépendance américaine, le peuple américain, et par l'aisance même avec laquelle elles continuaient librement avec l'Angleterre les relations commerciales qu'elles avaient autrefois avec elle par contrainte, donné une haute idée de leur puissance. A l'exode des « loyalistes » qui se réfugièrent sur le territoire canadien, correspondit donc une immigration plus forte des fugitifs du vieux monde. Les charges que la guerre avec la Révolution française et le blocus continental firent peser sur le Royaume-Uni, l'activèrent encore, et le rétablissement de la paix européenne, loin de la ralentir, ne fit que lui donner une nouvelle impulsion. La crise économique jeta au delà des mers de nombreux Écossais, Anglais, Irlandais, qui se partagèrent entre le Canada et les États-Unis où ils trouvaient d'énormes espaces vacants, de grandes facilités d'établissement et la certitude de pouvoir, avec profit, exercer leurs bras. Déjà les États-Unis avaient débordé bien au delà du territoire primitif des treize colonies. Les colons aguerris par leur triomphe, franchissaient de toutes parts les Apalaches et se répandaient dans ces riches vallées de l'Ohio et du Mississipi d'où ils avaient chassé les Français, et dont l'acquisition de la Louisiane et de la Floride les laissait définitivement les seuls maîtres. La contagion de l'exemple et les troubles de la mère patrie armaient en même temps les colons espagnols. Des États indépendants trop tôt déchirés

par des rivalités et des dissensions intestines, remplaçaient les
vice-royautés de l'Espagne ; le Brésil se séparait à son tour
du Portugal ; le Canada luttait pour obtenir avec l'égalité des
races une plus grande somme de libertés ; l'Amérique, selon
le mot du président Monroë, était aux Américains. C'était
cependant le moment où une révolution d'une autre nature
allait la rapprocher de l'Europe. La grande navigation à vapeur naissait et en 1838 était créé le premier service régulier
de steamers entre l'Angleterre et les États-Unis. L'influence
des idées européennes allait y provoquer dans un prochain
avenir une crise redoutable.

Plus hardies que leur devancière anglo-saxonne, les nouvelles républiques latines avaient aboli l'esclavage ; l'Angleterre, à son tour, le supprimait dans ses colonies en 1834 ;
la France l'imitait après sa révolution de 1848, tandis qu'au
contraire, la grande république américaine se laissait dominer par les États du Sud où régnait le travail esclave et s'a-
grandissait, à leur instigation, du Texas, envahi par ses
colons, et de la Californie, du Nouveau-Mexique et de l'Ari-
zona, enlevés au Mexique (traité de Guadalupe 1848). Ces
annexions, qui étendaient d'un océan à l'autre le territoire
des États-Unis, survenaient au moment précis où de nouvelles
perturbations prédisposaient à l'émigration une nombreuse
partie de la population européenne.

De l'ancien système colonial auquel elle avait été tout entière soumise, l'Amérique gardait sa physionomie essentiellement agricole. Libre de vendre à qui elle voulait les produits
de son sol, elle s'était bornée à introduire ou développer chez
elle des industries primitives et ne disposant, malgré l'afflux
constant des étrangers, que d'un nombre insuffisant d'artisans,
restait pour les objets de luxe une cliente de plus en plus

recherchée des manufactures du vieux monde. Loin de l'atteindre, la révolution produite dans les conditions du travail par l'introduction et le développement des machines ne pouvait que lui être favorable. Mais, outre les ouvriers habiles que les bras inoccupés fournissaient à ses manufactures, c'était surtout des travailleurs agricoles qu'elle recevait, attirés par les mille récits qui circulaient déjà sur la fécondité de ce sol vierge, offrant à tous ceux qui se présentaient pour en recevoir leur part, la perspective non plus seulement d'une existence assurée, mais d'une fortune rapide. Les Irlandais, chassés de leur île par la famine de 1845, y allaient en foule. La disette de 1847 avait achevé de mettre en relief, en opposition avec l'épuisement de la vieille Europe, les promesses de ces terres lointaines. La récolte exceptionnelle de 1848 ne suffit pas à corriger ces impressions. Toute l'Europe était en proie à des révolutions, à des malaises profonds plus redoutables encore, à de vagues chimères, à des rêveries, à des systèmes qui demandaient pour s'épanouir des champs nouveaux d'expériences. L'Amérique semblait les offrir.

La découverte des mines d'or de la Californie vint donner une impulsion plus forte au mouvement et lui imprima sa direction. Jusque-là c'était surtout des îles Britanniques que s'était faite l'émigration aux États-Unis. C'était, outre l'effet d'une tradition, le résultat d'une affinité plus grande entre les peuples, d'une plus grande proximité. La tolérance religieuse, les bienfaits d'une constitution libérale, la tranquillité non troublée du pays, les avantages d'un climat presque européen, l'absence de toute oppression législative, la liberté absolue dont y jouissait chaque citoyen, exerçaient aussi une puissante attraction. La fièvre de l'or l'étendit plus loin. Les récits merveilleux sur la richesse des placers califor-

niens, sur « les lingots d'or » que le hasard pouvait faire
tomber entre les mains du prospecteur, déterminèrent une
poussée vers cet eldorado. La France elle-même fournit à
cette émigration un contingent relativement nombreux. Les
tentatives de colonisation de la Sologne et de l'Algérie avaient
échoué ; on préféra à ces contrées trop rapprochées ces champs
aurifères dont le chemin de fer improvisé de Panama abrégea
bientôt la distance. Les sages qui demandèrent la fortune à
l'exercice d'une profession près des placers ou dans la ville
naissante de San-Francisco, l'atteignirent plus sûrement que
les audacieux et avides chercheurs souvent victimes de crimes
que l'application de la loi de Lynch ne parvenait pas à empêcher. A partir de ce moment, la marche vers l'Ouest, à
travers les prairies de l'intérieur, recula chaque jour l'étendue des terres habitées. Le développement de la navigation
à vapeur et l'accélération des transports à travers l'Océan, la
construction de chemins de fer et leur pénétration à la suite,
quelquefois même en avant des colons, ajoutaient aux séduc-
tions que l'Amérique exerçait sur les esprits aventureux ou
même poussés par un examen réfléchi des choses vers des
terres où la conquête d'une situation plus heureuse leur semblait possible par le travail. Lorsque l'Australie fut venue à
son tour faire appel à cette Europe où la fin des agitations et
des troubles avait partout laissé des mécontents et des vaincus, un flot continu de population fut versé régulièrement
sur les terres lointaines. Au transport des noirs qui avait fait
au siècle précédent la fortune de Liverpool et de Bordeaux,
succéda celui des blancs. Des agences d'émigration firent
même trop souvent, au détriment de ces malheureux, un commerce aussi inhumain que l'avait été celui des Africains.
Tous les pays d'Europe, mais surtout les îles Britanniques

et l'Allemagne, fournirent leur contingent. De 1850 à 1860, les États-Unis s'enrichirent de 2,799,423 immigrants, importation dont la valeur ne se traduit pas sur les statistiques par des chiffres, mais singulièrement profitable par les forces que cette population valide apportait pour le présent et pour l'avenir. Les échanges commerciaux entre l'Amérique et l'Europe se multipliaient en proportion du développement de la production agricole dont les États-Unis versaient le surplus sur l'Europe, et de la consommation d'objets manufacturés que demandait à celle-ci en plus grande quantité une population plus nombreuse. Le commerce extérieur de la république était de 700 millions en 1830 ; en 1852 il atteignait 1 milliard 930 millions et 3,557 millions en 1860, époque à laquelle à son magnifique réseau de voies fluviales s'ajoutaient près de 300,000 kilomètres de routes postales, 8,400 kilomètres de canaux et plus de 50,000 de chemins de fer.

Les pays à esclaves participaient dans une large mesure à ce mouvement. Le coton, introduit en Amérique en 1775, prenait une part de plus en plus grande dans les cultures. Son emploi dans les manufactures avait crû dans des proportions énormes ; la culture de cette plante s'était développée avec rapidité dans la vallée inférieure du Mississipi et sur les côtes du golfe du Mexique pour atteindre, en 1860, 5 millions de balles, c'est-à-dire plus d'un million de tonnes, dont la moitié était expédiée vers l'Europe. La production des céréales dans le Nord et le Centre croissait dans les mêmes mesures ; en 1855, elle était déjà de 327,000,000 d'hectolitres, dont 200 millions de maïs et 58 de froment, de 426 millions en 1860. La guerre de Sécession fut par suite une véritable calamité pour l'Europe qu'elle privait des arrivages américains comme pour l'Amérique elle-même. Les échanges des États-Unis avec le dehors tombèrent, en 1862, au-dessous de 2 milliards. La crise cotonnière sévit cruellement dans toutes les contrées manufacturières, et démontra d'une manière éclatante la solidarité de plus eu plus grande que le commerce établissait désormais entre toutes les nations.

La guerre civile, qui avait coûté 45 milliards de francs de pertes à l'Amérique, lui laissait une dette de 20 milliards. La rapidité avec laquelle elle l'amortit témoigna de sa puissance financière et de ses facultés. Elle avait dû recourir à une énorme circulation de papier-monnaie, donner cours forcé aux greenbacks émis sous la garantie du Trésor, suspendre, dans un pays où les mines d'or rendaient jusqu'à 500 millions de francs par an, les paiements en métal et augmenter les droits de douane. Mais cette dernière mesure, aggravée après la paix, s'inspira en même temps d'autres préoccupations.

L'industrie avait, dans cette dernière période, pris sur beaucoup de points, et particulièrement dans la Nouvelle-Angleterre, un certain développement, sans toutefois changer de caractère. En 1860, l'exportation des objets manufacturés ne dépassait pas 60 à 70 millions, total dans lequel les machines entraient pour un chiffre important. Les gisements d'anthracite de la Pensylvanie, découverts en 1824, donnaient en 1860 12 millions de tonnes, et les autres mines de la république atteignaient une production égale ; celle du fer et de la fonte s'élevait à 1,600,000 tonnes : Pittsbourg et Philadelphie étaient déjà des cités de fer et de feu. Les chutes d'eau si abondantes des Alléghanys fournissaient une force motrice précieuse et largement utilisée, mais la cherté de la main-d'œuvre nuisait toujours au développement de la grande industrie. Toute l'application des esprits tendait à substituer de plus en plus la mécanique au travail hu-

main, à produire à bon marché. Lors de la substitution de la
marine à vapeur à la navigation à voile et du fer au bois dans
la construction des navires, l'Amérique n'avait pas essayé de
lutter avec l'Angleterre et avait, pour ainsi dire, déserté le
grand commerce maritime. Après la guerre de Sécession, le
patriotisme américain, exalté et voulant se venger de quelques méfaits prétendus de l'Europe (affaire de l'*Alabama*),
ne vit plus seulement dans ces droits de douane la principale ressource de l'État fédéral, mais une machine de guerre
et en même temps une protection pour les manufacturiers de
l'Est, qu'il fallait récompenser de leur fidélité à l'Union. Ce
ne fut pas cependant encore une rupture, et des traités de
commerce furent signés avec les principaux États sur la base
de concessions réciproques.

Cette date de 1865 est, pour les États-Unis, comme le point
de départ d'une ère nouvelle. L'immigration reprend avec
une activité plus grande. La fièvre de spéculation et de travail qu'a encore développée la guerre donne à toutes les entreprises une impulsion prodigieuse. Elle trouve un précieux
concours dans les mœurs financières de la république, dans
la concentration et la mobilité des capitaux opérées par de
nombreuses et puissantes compagnies et des banques multipliées presque à l'excès, et aussi dans le jeu des valeurs fiduciaires, billets, warrants, chèques et papiers de toutes sortes.
Favorisée par des institutions comme les *clearing-houses,* par
les facilités que laisse la législation pour la constitution et la
gestion des sociétés, quelquefois aussi par une large subven-
tion de l'État en capitaux ou en terres, elle persiste en dépit
d'agios scandaleux, de catastrophes fréquentes, résultant de
l'abus et de l'exagération de ces facultés; on les oubliait
vite, parce que, le plus souvent, elles laissaient derrière

elles un travail effectué dont une autre société prenait la suite. C'est ainsi que s'est créé cet immense réseau de près de 300,000 kilomètres de chemins de fer, qui a absorbé 55 milliards de capitaux, édifié de si énormes fortunes et donné lieu à de si étranges trafics, mais doté l'Amérique de si grandes facilités pour les échanges.

Ce sol, si merveilleusement riche, ouvrait, comme à plaisir, de nouveaux trésors à tous ceux qui le fouillaient. Les terres agricoles de la région du Centre, vers lesquelles se déplaçait graduellement le centre de la population, versaient sur le marché d'énormes quantités de céréales ; celles du Sud, malgré l'abolition du travail esclave, multipliaient les balles de coton. Des mines d'or venaient ajouter leurs produits à ceux des placers californiens ; de trop riches gisements d'argent étaient mis à jour dans les Rocheuses ; le cuivre de la région des grands lacs, que des moyens imparfaits d'exploitation empêchaient seuls d'extraire, était maintenant, grâce à des procédés perfectionnés, jeté dans la circulation ; le pétrole, reconnu dès 1859, amené par d'audacieux travaux vers les lieux d'embarquement, était, de là, distribué sur tous les points du globe. Le bétail américain, vivant, salé ou transformé en produits faciles à conserver et à transporter, se répandait partout. Le triomphe du machinisme aboutissait en industrie à des inventions stupéfiantes : la machine à coudre, la machine à écrire, le téléphone, le phonographe ; le commerce enfin grandissait en quarante années de 700 p. 100 à l'exportation, de 500 à 600 p. 100 à l'importation, proportions bien supérieures à celles que l'on constatait pour la même période chez les plus commerçants des peuples européens (Angleterre : 335 p. 100 d'augmentation sur les exportations).

L'acquisition des 1,500,000 kilomètres carrés de l'Alaska n'avait rien ajouté au domaine utile de la république. C'était uniquement sur le vieux territoire, égal, il est vrai, en étendue aux quatre cinquièmes de l'Europe, que s'était opéré tout ce travail. La population avait plus que doublé (63 millions) depuis 1860 (31 millions). La Chine elle-même avait contribué à sa croissance par un contingent bientôt répudié, mais d'abord utilisé pour la construction des grandes lignes ferrées d'un océan à l'autre. L'année 1881 a marqué comme le point culminant de l'intensité de croissance, mais celle-ci, quoique ralentie, n'en a pas moins suivi jusqu'en 1892 une marche ascendante. Le commerce extérieur y a atteint son maximum avec un chiffre total de 10,178 millions. Celui de l'intérieur, aidé par 32,778 kilomètres de rivières navigables, le réseau des canaux et les grands lacs, s'est élevé à 200 milliards ; la richesse totale du pays dépasserait 320 milliards. La production en céréales a été estimée, en 1891, à plus de 10 milliards de francs, celle du coton (1892) à 2,200 millions. Son exportation de produits agricoles, céréales et farines, coton, animaux, viandes, etc., a atteint 4,155 millions (1892), formant encore 74 p. 100 de l'exportation totale, pour retomber, il est vrai, à 3,200 millions en 1893.

L'accroissement de la production industrielle est, au point de vue du commerce général, comme à celui du développement spécial des États-Unis, un fait aussi digne de remarque. L'industrie représentait, en 1890, le dixième de la richesse du pays. Seules, les industries manufacturières et mécaniques comprenaient 289,501 établissements occupant 3,730,557 ouvriers et donnaient pour 38 milliards de produits. Malgré l'importance énorme de la production et du travail du fer, de l'acier et du bois, les industries alimen-

taires y conservaient encore la première place. La boucherie
et le travail des viandes avec 1,367 établissements, représentant un capital de plus de 614 millions, ont donné, en 1890,
2,936 millions de francs de produits ; la meunerie, avec
18,475 établissements et un capital de 1,084 millions, 2,672
millions, soit au total pour ces deux industries une valeur
de production de 5,608 millions, tandis que la métallurgie
(fer et acier, fonderies d'objets en métaux), en ne considé-
rant, comme pour les industries alimentaires, que la grande
industrie, ne fait rendre dans ses 7,120 établissements, à un
capital de plus de 2 milliards, que 4,387 millions de francs
de produits. Et cependant les États-Unis ont atteint en
1892, avec 9 millions de tonnes, le premier rang pour la
production de la fonte.

L'industrie du bois, avec Minneapolis et Duluth comme
centres principaux, a acheté, en 1890, pour 967 millions de
francs de bois qui, travaillés dans 21,011 scieries, représentant un capital de 2,600 millions, ont produit une valeur
de 2,015 millions de francs.

Pour le coton, 904 établissements ont, en 1890, travaillé
le tiers de la récolte et donné 1,393 millions ; les 2,489 qui
mettent en œuvre la laine, en ont consommé 195 millions de
kilogrammes, soit à 2 millions de kilogrammes près la même
quantité que l'Angleterre et 5 millions de plus que la France,
et la valeur de leurs produits a été de 1,756 millions. La concentration en un seul établissement de plusieurs branches de
travail (filature et tissage) et l'uniformité des objets fabriqués répondant à l'uniformité des demandes, ont assuré le
succès de ces industries, moins préoccupées qu'en Europe des
variations de la mode et du goût, et moins astreintes à tenir compte de la diversité des demandes et des exigences du

consommateur; 2,082 fabriques de cordonnerie ont donné 1,150 millions de francs de produits. Et cette activité s'étant étendue à toutes les branches, l'industrie s'est trouvée assez forte pour dicter des lois et imposer aux États-Unis un nouveau régime commercial.

Un phénomène notable est le développement de cette vie industrielle dans les États du Sud jusque-là restés exclusivement agricoles. La découverte de mines de houille et de fer dans le Kentucky, le Tennessee et l'Alabama a créé, dans ce dernier État, un centre nouveau d'activité minière et industrielle, auquel on a donné le nom très significatif de Birmingham. La production de la fonte dans les États du Sud, Alabama, Virginie, Tennessee, a passé de 501,000 tonnes en 1883 à 1,182,000 en 1894, après avoir atteint jusqu'à 1,636,000 en 1892. Atlanta, en Géorgie, est devenue la capitale d'une région de travail du coton. Au lieu de 183,000 balles en 1883, les États du Sud en ont consommé 733,000 en 1893; leurs prétentions ne vont à rien moins qu'à détrôner, à la faveur d'une plus grande proximité des lieux de production et d'une main-d'œuvre moins coûteuse, les États de la Nouvelle-Angleterre [1]. Un groupement nouveau d'intérêts se forme de ce côté, comme du côté de la Californie, et cette transformation des États du Sud explique le peu de résistance que les visées protectionnistes du Nord y ont rencontré.

Mais le bill Mac-Kinley (1890), véritablement prohibitif par l'exagération de ses tarifs (135 p. 100 sur les lainages), fut en même temps la résultante d'un ensemble de causes diverses, parmi lesquelles il faut compter l'exaltation outrée de l'amour-propre national.

---

1. Cf. *Économiste français*, 8 juin 1895.

Déjà depuis quelques années, l'Amérique s'irritait des
mesures et des précautions prises contre quelques-uns de ses
articles (droits sur les blés, prohibition du porc salé). Dominant l'Europe par l'abondance et la variété de ses produits
agricoles (blé, coton) et croyant la tenir dans sa dépendance,
elle a dressé contre elle tout un plan de campagne, cherchant
à lui fermer et les marchés agricoles de l'Amérique où elle
pourrait s'approvisionner, et les marchés industriels où elle
pourrait écouler ses produits. En faisant miroiter aux yeux
des ouvriers, comme conséquence de la réserve aux produits
américains du marché de l'Amérique, une élévation des salaires, une coalition d'intérêts a pressé sur la législature : les
éleveurs de moutons, dont la laine de mauvaise qualité trouve,
à l'abri des tarifs, un écoulement plus facile et plus lucratif ;
les éleveurs de porcs dont les produits sont imposés à l'acceptation des pays qui réclament quelque adoucissement des
tarifs et les gros manufacturiers qui n'ont plus à redouter la
concurrence d'articles plus fins et mieux travaillés. Si les
tentatives directes de panaméricanisme ont échoué, du moins
le Brésil s'est, par le traité de 1891, enchaîné industriellement aux États-Unis et les autres États du Nouveau Monde
tombent peu à peu dans leur dépendance. En leur achetant
beaucoup, les États-Unis, devenus leurs débiteurs, les lient à
leur fortune. En 1881, les importations des pays hors d'Europe n'étaient que de 1,500 millions, elles se sont élevées
à 2,200 millions en 1892 et cette même année réalisait les
vues de certains hommes d'État vis-à-vis de l'Europe, les
exportations pour l'Europe atteignaient 4,423 millions, tandis
que les importations en provenant s'abaissaient à 2,036 millions.

L'Europe reste donc, malgré tout, un des facteurs importants de leur commerce. 29 lignes transatlantiques y expédient de tous les pays du Nord 40 vapeurs par semaine. Ses différents pavillons entrent pour 60 p. 100 dans le mouvement de leurs ports et le pavillon américain pour un trente-cinquième seulement dans le tonnage entre les ports de l'Angleterre et ceux des États-Unis (242 tonneaux sur 8,874 en 1891). L'abaissement du fret provenant de la concurrence que se font les nations européennes, de la dimension sans cesse croissante des navires, de la rapidité de la traversée et de la multiplication des voyages est bien pour quelque chose dans les conditions favorables où leurs blés, ou mieux maintenant leurs farines, arrivent, grevés seulement d'un surcroît insignifiant de dépenses sur les marchés de l'Europe et y déterminent cet avilissement des prix, dont des droits protecteurs ne parviennent pas à les défendre. Mais il faut reconnaître aussi que, par leur ingéniosité, leur esprit d'entreprise, leur puissance d'application aux affaires (*business*), leurs découvertes industrielles, le perfectionnement incessant de leurs procédés et de leurs pratiques commerciales, ils sont bien eux-mêmes les instruments de leur fortune. A la science d'utiliser les circonstances favorables qui résultent pour eux de la structure et de l'étendue de leur sol, de la variété des climats, de la direction et de l'abondance des eaux, de la constitution de leurs montagnes, ils ont joint celle d'appliquer à leur développement les inventions du génie humain. Ces élévators si justement vantés, ces conduites de pétrole si hardiment exécutées des mines au point d'embarquement, ces dispositions si heureuses dans l'aménagement de leurs stations et de leurs ports, cette hardiesse si souvent téméraire dans l'exécution de leurs voies ferrées, ces mœurs si indulgentes pour celui qui ose, si méprisantes pour l'inaction, sont bien leur œuvre. Nulle part plus que dans ce pays de libre expansion, de souveraineté absolue de l'individu, la centralisation des opérations commerciales n'a été poussée aussi loin. Les petits marchés, comme les petites industries, sont écrasés par la concurrence des grandes places et des grandes usines. Dans ces grands marchés, non seulement le quartier des affaires est ramassé sur un étroit espace, mais dans cette « cité » les édifices gigantesques aux multiples étages réunissent, agglomérés les uns sur les autres, tous les bureaux des négociants ou banquiers. Les chambres de commerce, concentrant tous les renseignements, les transmettent immédiatement, comme dans nos bourses, sur des tableaux disposés dans une immense salle, à la foule des trafiquants et des joueurs. Tous les moyens de communication avec l'intérieur ou le dehors y sont groupés à la disposition de tous, multipliés suivant les besoins de la place et sans cesse accrus ; quatre grandes lignes de chemins de fer traversent les États-Unis d'une mer à l'autre. 38 lignes desservent Chicago, 35 New-York. La multiplicité des trains qui se succèdent à de courts intervalles, leur rapidité, la commodité des voitures, leur luxe même, la fréquence des tramways à vapeur, à traction animale ou électrique[1], la variété des moyens de transport, donnent au commerce des facilités prodigieuses. L'usage courant et simplifié des chèques, la facilité avec laquelle, par le concours des banques et des *clearing-houses,* les papiers sont négociés et s'opèrent les contre-parties font, du marché américain, le plus téméraire peut-être, mais le plus actif et le plus prompt du globe. La mobilité même de la population américaine est

---

1. Depuis juin 1893 un chemin de fer électrique de 20 kilomètres, actionné par les chutes du Niagara, transporte les voyageurs en haut de la chute. Il a déjà été fréquenté par 17,000 voyageurs en une seule journée.

un des éléments de sa force. C'est ainsi que d'anciennes métropoles commerciales ont vu décliner leur importance au profit de rivales mieux placées pour profiter de la réduction des prix qui résultent de l'accumulation des produits, de l'abondance et de la facilité du fret et des transports ; que Philadelphie, par exemple, a dû céder le pas à New-York plus à proximité de l'Europe, de la mer et des grands lacs, desservi par une grande voie de navigation vers l'intérieur et réunissant, par suite, dans son port, 51 p. 100 du mouvement commercial extérieur de la république. Nulle part le commerce ne demande à la presse, à la publicité, à la réclame une pareille assistance. Nulle part, non plus, la puissance des capitaux n'est si écrasante.

Et, en effet, cette éblouissante grandeur a ses revers. La merveilleuse aisance avec laquelle les titres et créances se compensent dans les *clearing-houses,* par un simple jeu d'écriture, permet bien de moins ressentir les effets de la raréfaction de l'or et de la dépréciation de l'argent, mais la cherté des prix surélevés encore par les droits protecteurs cause de nombreuses souffrances. A voir les combinaisons commerciales les plus solidement établies dépendre de coups de tarifs que le caprice ou la complicité d'une compagnie de chemins de fer peut établir subitement en faveur d'un concurrent, d'intrigues parlementaires nouées par les producteurs de métal blanc ou les associations éhontées dont les suffrages vont au plus offrant, d'un déplacement subit du centre des affaires, plus d'un, arrivé à la fortune, s'est pris de préférence pour la vieille Europe, offrant, avec de meilleures conditions de vie, une existence mieux réglée, moins fiévreuse, plus à l'abri de ces secousses et de ces chutes rapides qui dérangent si souvent, au delà de l'Atlantique, l'équilibre des fortunes. Si l'émigration y amène, des pays scandinaves, un sérieux et solide élément de colonisation, bien d'autres y apportent, avec les théories hasardeuses de l'Europe, des habitudes et des prétentions dangereuses. Là travail y devient plus pénible, moins abondant ; la surproduction détruit l'équilibre des bénéfices patronaux et des salaires ; les grèves se multiplient ; les agitations deviennent inquiétantes pour la sécurité publique. Les États-Unis commencent à rechercher en Europe des débouchés pour des produits qu'ils n'exportaient pas jusqu'ici. La houille américaine a fait son apparition dans les ports anglais. Mais cette exportation industrielle ne pourra s'opérer qu'à la condition d'une réduction considérable sur les prix de revient. Déjà l'agriculture américaine souffre, elle aussi, de la cherté des prix ; la baisse des produits industriels ne pourra se concilier qu'avec un abaissement des salaires. Le bill Mac-Kinley a déjà provoqué un mouvement rétrograde dans la flotte de commerce des États-Unis. L'Amérique devra s'arrêter dans son développement si elle veut prévenir des crises intérieures redoutables. L'Europe aura peut-être à souffrir de ses vues pour le développement de sa navigation internationale, mais elle n'a point encore à redouter la concurrence de son industrie et verra plutôt diminuer que progresser l'invasion des produits agricoles.

Le développement de la navigation sur les grands lacs est un des faits les plus importants de ces dernières années. Sur un mouvement total de 172,110,423 tonneaux en 1889, 53,424,432 tonneaux appartiennent aux grands lacs (63 millions 240,514 tonneaux en 1891). Les chantiers de construction de Cleveland ne le cèdent en activité qu'à ceux de Glascow ; les canaux de la région sont les plus fréquentés du

globe, et la construction d'un nouveau canal, plus profond
que l'ancien, de Chicago au Mississippi par l'Illinois, l'ac-
croîtra encore. Les chemins de fer, avec un tonnage de
636,000,000 de tonneaux en 1889, n'ont donc pas eu un trafic
quatre fois supérieur à celui de la navigation. C'est du côté
de ces grands lacs que s'est portée la grande vie et l'on n'a
pas lieu d'être surpris du contrecoup de cette activité sur les
contrées de la confédération canadienne qui les avoisinent.

La Puissance. — Le Dominion of Canada est par sa position même un des États sur lesquels devait le mieux s'exercer
l'attraction des États-Unis. Aucune frontière naturelle ne
sépare ces deux États entre lesquels au contraire les grands
lacs et le Saint-Laurent créent un contact plus puissant que
ne l'est ailleurs la confusion des terres. Le spectacle de l'activité prodigieuse de la grande république, l'attraction que
les pays du Midi exercent toujours sur les populations du
Nord, le mirage de salaires élevés dans l'industrie avaient
déterminé une émigration nombreuse ; près d'un million de
Franco-Canadiens avaient quitté la Puissance au profit de
la république voisine. Mais la baisse des salaires agricoles,
malgré le délaissement accentué des campagnes au profit des
villes, et la baisse de prix des produits du sol ; le désen-
chantement que la cherté des loyers et des vivres cause à
ceux qu'avait trompés sur leur valeur réelle le haut prix
des salaires, la concurrence de l'offre des bras devenant plus
abondante malgré l'accroissement de la production par la multiplication et le perfectionnement des machines ont abouti,
paraît-il, à un reflux des Franco-Canadiens vers leur pays
d'origine. La plus grande liberté religieuse, l'influence incontestable que leur élément compact exerce dans la Puissance,

la somme de travail qu'y demande encore la mise en valeur de toutes ses ressources et les progrès de son industrie, la conscience enfin de son avenir économique, ont rendu cette émigration moins active sans arrêter les échanges de travailleurs et de produits qui naissent forcément du voisinage.

La Puissance a eu, comme les États-Unis, sa marche ascendante, parallèle à celle de ses voisins et comme la leur alimentée par le peuplement de nouveaux territoires, l'exploitation de la terre et des mines, le développement de l'industrie et des voies de communication (24,500 kilomètres de chemins de fer en 1893 ayant coûté 4 milliards de francs). Les émigrants européens, attirés à grand renfort de réclame par l'État et la puissante compagnie du chemin de fer transcontinental, ont pris en plus grand nombre la route du Saint-Laurent. La grande région centrale du Manitoba est devenue une mer de blé qui déborde elle aussi sur le marché européen ; la Colombie britannique se peuple d'éleveurs et de bétail (exportation de bétail : 45,584,000 fr., beurre et fromage : 50,440,000 fr., œufs : 138,512,000 pièces) ; les mines de la région des lacs, celles des Rocheuses et de la Nouvelle-Écosse (fer) sont exploitées avec ardeur ; les forêts sont dévastées avec acharnement pour fournir à l'industrie et au commerce (exportation des bois : 115,000,000 de francs par an) un aliment toujours prépondérant; les pêcheries de l'Atlantique, du Pacifique, des lacs et des fleuves fournissent en dehors d'une part considérable de l'alimentation des habitants (valeur annuelle de la pêche : 161,000,000 de francs), des articles exportables (exportation du poisson : 41,392,000 fr. en 1885) et des tarifs protecteurs (1879) qui n'ont pas ménagé la métropole elle-même ont essayé d'y créer des usines et des manufactures qui l'affranchissent elle aussi de tout tribut à l'Europe. Le Canada demande cependant encore à l'étranger (États-Unis et Angleterre en première ligne) la plupart des objets manufacturés dont il a besoin. Son avenir est ailleurs que dans la grande industrie. Son chemin de fer Transcanadian-Pacific complété par des paquebots qui font en 12 ou 13 jours le trajet de Vancouver à Yokohama est le parcours le plus direct de l'Angleterre au Japon. Les chemins de fer projetés ou en cours d'exécution d'York sur la baie d'Hudson à Winnipeg et même directement sur Vancouver abrégeront encore, pendant une partie de l'année du moins, la durée du parcours et ce transit ne peut manquer d'être très profitable à la Puissance. La navigation dans les fiords et détroits de la Colombie britannique et de l'Alaska attire déjà chaque année des compagnies de touristes et la Puissance a son parc national de Banff comme les États-Unis celui de la Yellowstone.

Le développement magnifique des grandes voies de navigation intérieure et les canaux qui les complètent (canal de Welland, canaux du Saint-Laurent, canaux de l'Ottawa, canal de Chambly, ligne de Montréal à New-York) se reliant à ceux des États-Unis (canal de Sainte-Marie, canal Saint-Clair) où les bâtiments des deux puissances riveraines naviguent dans les mêmes conditions, donnent aux transports par eau une grande place dans la circulation des produits.

Les travaux qui ont rendu le port de Montréal, bien que situé à 1,875 kilomètres du détroit de Belle-Isle, en état de recevoir les plus gros navires n'ont pu corriger les inconvénients qui résultent de la situation boréale de la ville et des gelées qui ferment pendant l'hiver le Saint-Laurent. Une partie du commerce de la Puissance se fait donc par les ports des États-Unis: Boston, situé en face de Montréal, New-York surtout relié à lui par une dépression naturelle et aux grands lacs par le canal de l'Érié et des chemins de fer; néanmoins le commerce direct avec l'Angleterre dépasse encore en importance celui de la Puissance avec la république voisine. Les échanges directs avec les autres pays n'atteignent pas le dixième du mouvement général (commerce du Canada 1888-1889: 1,015,913,750 fr.; importations: 566,817,920 fr.; exportations: 449,095,830 fr.).

Mais, plus encore que les États-Unis, l'Angleterre, bien qu'utilisant chez elle la plus grande partie de ses importations, sert d'intermédiaire avec les autres États. Les services directs subventionnés par la Puissance entre le Havre et Montréal ont dû être interrompus; un autre vient d'être créé avec *La Rochelle* pour point de départ. Des efforts sont faits pour développer les liens commerciaux avec l'ancienne métropole et détourner vers un pays de langue française son courant d'émigration dans lequel l'élément franco-canadien trouverait un solide point d'appui contre l'élément rival soutenu et attiré par la grande masse anglo-saxonne des États-Unis.

Quant aux fourrures, le plus important autrefois des articles de commerce du Canada, l'exportation en atteint encore 9 millions de francs environ; la chasse et la pêche sont toujours les seules ressources des régions polaires, de l'Alaska, où plus de 130,000 phoques à fourrures sont tués chaque année, comme du Groënland, d'où l'État danois, qui s'est réservé le monopole du commerce (1,526,275 fr. en 1885) de cette colonie « philanthropique », ne tire que les produits de cette chasse et de celle du renard bleu (1,395 peaux en 1891-1892).

Terre-Neuve. — Restée en dehors de la Confédération canadienne, Terre-Neuve, malgré ses mines et les progrès de l'élevage, tire toujours des pêcheries sa principale importance. Les morues, harengs et homards du banc de Terre-Neuve attirent toujours de nombreux pêcheurs français, canadiens, anglais, américains parmi lesquels les premiers, possesseurs de Saint-Pierre et Miquelon, et du droit de sécher et préparer le poisson sur la « côte française » (côté occidental), encouragés par des primes de leur gouvernement, suscitent la jalousie de leurs rivaux et la haine vivace des Terre-Neuviens. Une colonie de 16,000 âmes s'est établie, en dépit des traités, sur le territoire dont ils nous assurent la jouissance. Plus correct que le gouvernement de sa colonie, le gouvernement de l'Angleterre a prévenu jusqu'ici les conflits armés, mais non les mesures prohibitives ou vexatoires à notre endroit. De nombreux bâtiments persistent néanmoins à y porter annuellement notre pavillon et en retirent des milliers de tonnes de poisson d'une valeur variable, mais à laquelle s'ajoute le produit des homarderies dont l'établissement a surtout provoqué les clameurs et l'opposition des Terre-Neuviens. Malgré la concurrence de l'Islande, des pêcheries norvégiennes et des bancs sahariens, la morue terre-neuvienne conserve la faveur dont elle jouit depuis longtemps. Les produits dérivés des poissons (huile, etc.) sont devenus un article important de commerce, et compensent le déchet provoqué sur la morue par des changements dans les goûts, les habitudes, le relâchement ou l'oubli des anciennes prescriptions ecclésiastiques pour le carême et le maigre. Les brouillards qui avoisinent l'île et les glaces qui descendent du pôle dans ses parages en éloignent les navires et contribuent à faire dévier vers le sud les lignes de navigation entre le nord de l'Amérique septentrionale et l'Europe.

Mexique. — Resté jusqu'à ces dernières années le principal fournisseur de l'argent dont il a jeté pour plus de 20 milliards sur le marché du monde depuis l'arrivée des Espagnols, demeuré pays à étalon d'argent et à libre frappe de métal blanc, le Mexique subit aujourd'hui une crise qui porte à sa prospérité récente un sérieux préjudice. Éclairé par une lugubre expérience sur les dangers des troubles intérieurs, tranquille depuis vingt-cinq ans, il a dans cette période développé son agriculture, son industrie, sa population, ses voies de communication. Sur ses 9,400 kilomètres de chemins de fer (1890), quatre lignes le réunissent aux États-Unis ; 12 lignes de navigation aboutissent à ses ports, dont 6 le relient à l'Europe ; 44,000 kilomètres de lignes télégraphiques le sillonnent, mais, moins avancé que le Canada, il n'a pas encore de « transcontinental » unissant les deux océans à travers son territoire.

Protégé contre une absorption par les États-Unis par les déserts de sa partie septentrionale, le rempart que lui forment les États détachés de son territoire en 1848 et où l'élément espagnol a gardé son individualité, autant que par sa vitalité propre et l'originalité de sa population, le Mexique, en adoptant un tarif douanier protecteur frappant de droits élevés les produits manufacturés de l'étranger, a cependant attiré chez lui une immigration anglo-saxonne. L'esprit d'entreprise des Américains y a trouvé matière à s'exercer et presque toutes les industries créées au Mexique à la faveur de ce tarif l'ont été par des Américains. La population indigène fournissant des bras habiles et un travail à bon marché, ces industries sont arrivées à suffire sur quelques points aux besoins de la consommation. Néanmoins dans le total de 550 millions de francs qui représente l'ensemble de son commerce extérieur, les importations figurent encore pour plus de 200 millions de francs. Comme la Californie voisine, il est surtout un État agricole. Si les produits des mines représentent 71 p. 100 dans ses exportations, l'agriculture y a 25 p. 100 pour sa part. Le hennequin ou chanvre de Sisal (37 millions de francs), le café (21 millions de francs), les perles, les peaux, les bois et matières tinctoriales, le citron, le tabac, la vanille, les fruits en sont les principaux articles. Le cacao, originaire du Mexique, dont la culture y est maintenant négligée, et la cochenille, dont l'usage industriel est en décadence, sont donc remplacés par des articles nouveaux ; la banane surtout est depuis quelques années l'objet d'une grande exportation vers les États-Unis, où la consommation de ce fruit s'est développée avec une rapidité prodigieuse. Au surplus, plus de la moitié des exportations du Mexique s'y dirige (227 millions de francs en 1886). La Grande-Bretagne (108 millions), la France (52 millions), l'Allemagne (29 millions), y ont pris la place qu'occupait autrefois l'Espagne. De 200 millions de francs qui représentaient, avant l'indépendance, le commerce entre les deux pays, leurs échanges sont descendus à 12 millions. En 1867, la part de l'Angleterre était de 65 millions, celle des États-Unis de 12 seulement. On voit combien a grandi la prépondérance commerciale de la république voisine. A ses droits élevés (38 p. 100 de la valeur constatée) le Mexique joint malheureusement les habitudes vexatoires de la douane des États-Unis, formaliste, tracassière, presque haineuse pour l'importateur sur lequel elle considère toute somme exigée comme un impôt ne frappant que lui seul et soulageant d'autant la part contributive à fournir par les nationaux au budget de l'État.

Les Antilles. — Cette déviation du commerce est plus sensible encore dans les Antilles, que le lien politique qui les rattache à l'Europe semblait devoir en préserver.

Leur histoire en ce siècle a varié, pour chacune d'elles, suivant la puissance à laquelle elles appartiennent, mais toutes ont, bien qu'à des époques différentes, passé par les mêmes alternatives.

Quelque terrible qu'ait été la crise de l'abolition de l'esclavage au point de vue économique, l'abolition progressive du pacte colonial, l'introduction de travailleurs étrangers (hindous ou chinois), l'ouverture de nouveaux marchés, le perfectionnement de l'outillage avaient réparé ce désastre. Le développement de la navigation à vapeur les avait affranchies de la nécessité de recourir à Saint-Thomas, centre des communications par bateaux à vapeur et devenu, de centre de la contrebande et du commerce des esclaves, l'entrepôt de leur commerce ouvert. La concurrence du sucre de betterave, dont la production égale aujourd'hui celle du sucre de canne en Europe les a rejetées en Amérique. Un marché nouveau, d'une prodigieuse activité, non encore tourmenté par les agissements de la spéculation, s'ouvrait à elles, plus rapproché de leur territoire, leur offrant la perspective d'un grand avenir et la facilité de se procurer ce qu'elles demandaient à leurs métropoles à des conditions de cherté plus grande peut-être, mais avec plus de rapidité, la possibilité d'un renouvellement plus fréquent et moins d'avances de capitaux. Non seulement Cuba, sur laquelle les États du Sud avaient eu des visées plus que commerciales, mais les Antilles françaises et anglaises même ont été ainsi entraînées vers l'Union américaine. Les achats se font aux pays d'où viennent les commandes. Le sucre et ses dérivés, mélasses, rhums, tafias, restent

cependant toujours leurs principaux articles d'exportation.
Le tabac de la Havane et celui des îles voisines (Porto-Rico,
Saint-Domingue) que l'on confond avec lui, est toujours
recherché en Europe. Mais les cultures vivrières sont peu
développées ; les plantations de café de la Martinique ont été
détruites par la maladie. L'uniformité de la culture avait
trop fait dépendre la fortune de ces pays de la récolte d'une
ou plusieurs plantes exclusives de toute autre culture (café,
canne, tabac). Un revirement s'opère aujourd'hui, auquel
concourent bien des causes diverses; l'émigration de la population blanche, la turbulence des mulâtres, leur rivalité avec
les noirs, l'apathie ou la paresse de ces derniers, les troubles
continuels d'Haïti, les hésitations des capitaux à s'engager
dans des pays qui ne semblent pas leur offrir des garanties
suffisantes et, par surcroît, une maladie qui s'attaque à la canne,
troublent encore le commerce de ces îles, dans lesquelles,
comme dans tous les pays tropicaux, la fertilité du sol et les
prodigalités de la nature sont corrigées par les tremblements
de terre et les cyclones qui, trop souvent, les désolent. Chacune d'elles, au reste, présente un spectacle différent, même
quand elles sont soumises à la même domination. La Ja-
maïque, Haïti, Porto-Rico ont repris les cultures vivrières et
travaillent la terre, moins pour fournir à l'exportation qu'à
leurs propres besoins; mais, bien que la décadence soit très
marquée pour quelques-unes et que bien des souffrances se
révèlent dans les autres, ces terres où si longtemps l'Europe
eut son principal marché de denrées coloniales, ces terres où
se récoltent les « bois des îles », sont toujours susceptibles de
fournir les éléments de nombreux échanges. Cuba fait encore
un commerce de 315 millions (1890) avec les seuls États-
Unis ; les petites Antilles, parmi lesquelles la Guadeloupe

et la Martinique occupent le premier rang, ont un mouvement de 200 millions d'affaires, mais c'est une fortune bien fragile que celle qui dépend des fluctuations et des péripéties si étranges et si nombreuses de la « question des sucres ».

Amérique centrale. — L'Amérique centrale n'a, par suite de son état presque permanent d'anarchie, ni la population, ni l'importance économique que devraient lui valoir sa situation et la fertilité de son sol. Cinq États indépendants et une colonie anglaise se partagent cet isthme de jonction entre les deux Amériques. Aucune voie de communication ne relie encore les deux mers en dehors du chemin de fer de Panama. Les amorces de plusieurs voies ferrées sont exécutées, mais l'absence de ressources financières en recule bien loin l'achèvement ; le canal de Nicaragua, commencé par les Américains après l'insuccès du projet du canal de Panama, a été abandonné dès 1891. L'achèvement de ce dernier canal lui-même ne semble pas devoir être de sitôt entrepris. Plusieurs centaines de millions ont été engloutis dans cette œuvre légèrement entamée de Panama. La nature des terrains, le manque de bras, l'insalubrité du climat, le régime des pluies dans l'isthme, toutes les circonstances physiques et climatériques se sont réunies pour faire échouer une tentative dont les États-Unis, plus voisins du canal que l'Europe, auraient aussi tiré meilleur profit.

En Amérique cependant, ne voulant pas d'un canal entre les mains d'une compagnie internationale de nom, européenne de fait, on supputait que l'Amérique en tirerait un médiocre profit. Tandis que 85 et demi p. 100 des relations maritimes des États-Unis sont avec l'Europe, 9 p. 100 avec les côtes atlantiques sud-américaines, 4 p. 100 avec les côtes atlantiques du Dominion, 3 et demi p. 100 seulement de l'exportation totale partent des côtes pacifiques [1].

En Europe on observait qu'au delà de ce canal ce n'était pas, comme au delà du canal de Suez, l'Inde et l'Extrême-Orient, les régions les plus peuplées et peut-être les plus riches du globe que l'on rencontrait, sinon au terme d'une longue traversée, mais l'immensité du Pacifique, de rares archipels, des lanières de terres cultivables, des pays de développement restreint, d'avenir limité. San-Francisco était toute désignée pour devenir de ce côté une cité empire, prenant dans ces parages le rôle que s'assignent de l'autre côté les États-Unis dont elle fait encore partie. La main-d'œuvre chinoise, aujourd'hui proscrite, recherchée demain, lui aurait permis de livrer à une clientèle plus rapprochée d'elle par les tendances comme par les distances des produits manufacturés à un prix que n'eût pu atteindre la vieille Europe. Cette concurrence aurait envahi d'autres marchés, poursuivi jusque sur le vieux continent la production européenne. La réussite n'eût en somme profité qu'à l'Amérique et hâté l'entrée dans la lice d'une rivale inévitable peut-être plus tard, mais encore à l'état de devenir.

Cependant M. Levasseur, dans des calculs effectués à propos du projet de percement de l'isthme, estime que de 4,830,000 tonnes en 1879 le mouvement commercial entre les rivages de l'Atlantique et la côte occidentale du nouveau monde serait passé en 1889 à 7,249,000 tonnes, et M. de Molinari l'évaluait en 1884 à 9,304,000 tonnes. Depuis 1889, le développement en a été sans cesse croissant par suite de l'introduction de nouveaux éléments de trafic et de la progression normale de la

---

1. *Nicaraguacanal,* ap. *Deutsche Rundschau für Geographie und Statistik.* 1894.

mise en valeur des terres. Il est donc à présumer que la tentative sera reprise là ou sur un autre parcours, mais il est à présumer aussi que le pays qui a le plus d'intérêt à l'ouverture de cette route sera aussi celui qui en prendra la tâche, c'est-à-dire les États-Unis d'Amérique ou tout au moins les régions qui gravitent autour de leurs grands centres commerciaux du Midi et de l'Ouest, la Nouvelle-Orléans et San-Francisco.

Une seule culture a détrôné toutes celles qui se partageaient autrefois l'Amérique centrale : le nopal, pour la récolte de la cochenille, au Guatemala, l'indigo dans San-Salvador, le cacao au Nicaragua. La production de 63 millions de kilogrammes de café que donne aujourd'hui l'Amérique centrale se partage toutefois inégalement entre les États; le Guatemala en fournit à lui seul près de la moitié, 30 millions de kilogrammes. Les autres cultures n'ont pas été entièrement abandonnées; les forêts donnent de plus du bois d'ébénisterie, de l'acajou principalement, qu'exporte la colonie anglaise de Balize, et du caoutchouc; la canne à sucre, le tabac, la vanille, le quinquina, la salsepareille, la banane, les céréales s'y cultivent ou récoltent, enfin le sous-sol encore mal exploité semble renfermer, surtout dans le Costa-Rica, le Honduras et le Nicaragua, des quantités considérables d'or, d'argent (Tegucigalpa, colline d'argent) et de fer (Agalteca).

L'ensemble du commerce a atteint, en 1888, 210,225,840 fr. dont :

48,844,500 fr.	pour le	Guatemala ;
53,695,965	—	le Salvador ;
30,000,000	—	le Honduras ;
19,800,000	—	le Nicaragua ;
47,399,125	—	le Costa-Rica ;
10,486,250	—	le Honduras britannique.
210,225,840 fr.		

En général, les exportations dépassent les importations, consistant presque toutes en produits manufacturés. Les États-Unis et l'Angleterre détiennent la majeure partie de ce commerce que la richesse naturelle du pays et la position de l'isthme centro-américain appellent à un grand développement.

Deux faits d'une importance considérable contribueront à modifier les rapports trop tendus, surtout depuis le bill Mac-Kinley, entre l'Amérique et l'Europe : l'affranchissement de l'Europe, par l'or africain, de la dépendance dans laquelle prétendaient la tenir les États-Unis, et le réveil de l'Extrême-Orient. Déjà les adoucissements de tarifs consentis par les États-Unis nous les montrent disposés, comme les États européens entrés à leur suite dans la voie de la prohibition, à revenir à une politique plus modérée. La reprise des affaires qui a suivi cette modération des tarifs est une nouvelle preuve des avantages qui peuvent résulter pour tous d'une législation moins égoïste et plus conforme aux exigences des relations internationales et de l'équilibre universel.

CHAPITRE XIII

L'Amérique du Sud.

L'Amérique du Sud est comme une nouvelle venue sur le marché du monde. Elle l'a alimenté plusieurs siècles du produit de ses mines, mais elle lui prenait peu en échange, moins par sa faute que par celle de ses maîtres, Espagnols et Portugais, rebelles à tout développement de ses richesses propres et de ses facultés d'achat. Affranchie au commencement de ce siècle, elle a mal usé de sa liberté ; sa population formée du mélange de l'élément européen et de l'élément indigène, mal préparée à ses destinées et à ses responsabilités nouvelles, s'est usée dans des dissensions intestines, des querelles de peuple à peuple, a semé plus de ruines que de levain fécondant et ne s'est prise que fort tard, sauf quelques rares exceptions, et sous l'influence d'une immigration nouvelle, à tirer parti des ressources de son sol et de ses propres aptitudes.

Cinq de ses produits lui assurent aujourd'hui un rôle important dans les échanges et une action sérieuse sur le marché : la laine, le café, le cuivre, l'argent, les nitrates.

Sur 1 milliard environ de kilogrammes de laine que l'on recueille annuellement, la Plata à elle seule en fournit près de 200 millions, c'est-à-dire près du cinquième. Un seul pays a une production plus abondante, l'Australie, dont le rendement est de 250 millions de kilogrammes. Le nombre des moutons élevés dans l'Argentine dépasse 85 millions, chiffre auquel il faut joindre, pour avoir la production totale des pays de la Plata, ceux de l'Uruguay et du Paraguay.

Sur 700 millions de kilogrammes de café que l'on récolte, le Brésil en donne 360 millions, plus de la moitié (1890), le Venezuela 24 millions (1889), l'Amérique centrale 63 millions, chiffres à côté desquels la production des Indes néerlandaises, autrefois maîtresses du marché (70 millions de kilogrammes) est peu de chose, et celle de Moka exportée par Aden (5 millions) presque dérisoire.

Dans la production totale du cuivre, qui dépasse 300,000 tonnes (303,975 tonnes en 1893), celle du Chili vient en tête, dépassant l'extraction faite en Espagne, dans le Nord-Amérique et dans l'empire allemand.

Le Chili et le Pérou ont le marché presque exclusif des nitrates, dont l'emploi en agriculture a fait de si rapides progrès et qui ont remplacé pour eux le guano, maintenant épuisé.

Enfin la Bolivie et le Pérou, qui ont lancé dans le monde, depuis 1492, 20 milliards et demi de francs de métaux précieux, ont encore aujourd'hui dans la production de l'argent une place secondaire sans doute, mais importante.

Son commerce, auquel ses différents États prennent une part très inégale, a atteint, en 1892, 4,472,000,000 de francs.

Malheureusement, le goût des aventures en matière politique s'est étendu aux matières commerciales. L'Amérique du Sud a puisé à pleines mains dans les caisses de l'Europe; celle-ci, méfiante, mais non sans espoir de sagesse à venir, a prêté à excès ; le souci de leurs dettes n'a que médiocrement retenu ces jeunes prodigues et la prudence faisant défaut, la banqueroute est partout aux portes, ce qui n'empêche pas de délibérer.

Se refusant le plus souvent à payer tout impôt direct, l'Américain du Sud met au premier rang, souvent au seul rang de ses revenus, la douane. Quand les produits sont insuffisants, on croit pouvoir y suppléer par une émission de papier-monnaie. La circulation fiduciaire est en grand honneur dans tous ces pays. Au Brésil, les bons de pain, les cachets de bains, tout le papier, tous les bons qu'un particulier peut émettre, ont cours sinon légal, du moins régulier. L'État, imitant les particuliers, fait appel sans discernement à la planche aux assignats ; les métaux précieux sortent pour payer les achats de produits manufacturés faits à l'Europe ou aux États-Unis, les intérêts des dettes publiques, des obligations de chemins de fer ; le papier reste seul, d'autant plus déprécié qu'il est plus multiplié, et cette situation difficile, entrave des plus graves aux opérations régulières du commerce, est exploitée par la spéculation et donne aux transactions un caractère d'incertitude et de duplicité qui nuit au bon renom de l'Amérique du Sud.

Sa situation de chaque côté de l'Équateur ferme une grande partie de son territoire à l'immigration et à la colonisation européennes. Le puissant Amazone aux rives incertaines et couvertes d'impénétrables forêts éloigne par l'insalubrité des marécages qui le bordent, l'air enfiévré et pestilentiel de ses sous-bois, toute population et ne sert que pour conduire les immigrants vers les hautes vallées de ses affluents. Aussi toute la zone équatoriale est-elle peu peuplée ; elle conserve encore quelques tribus d'indigènes exploitant ses bois ; elle a des chercheurs d'or dans ses placers et ses mines, des éleveurs dans ses régions de pâturages (Manaos), mais l'élément européen est réfugié sur les hauteurs pour la culture tempérée, dans quelques ouvertures des vallées pour celle des plantes tropicales ou l'exploitation des bois, ou sur la côte pour le commerce extérieur. Le genre de vie se ressent du climat. La fécondité de la terre se joint à l'action de la température pour engourdir les membres en autorisant une activité moins éveillée et moins vigilante que dans d'autres climats. Plus loin de la ligne, llanos et pampas, pays d'élevage, commandent la vie errante des steppes, tandis que l'afflux incessant d'éléments mal pondérés, une surexcitation mal équilibrée de tempérament, une violence naturelle, une habitude difficile à guérir de vendettas et de justice sommaire entretiennent la disposition au recours aux armes, à la révolte, aux procédés de la vie sauvage.

Les pays tempérés : littoral brésilien, plateau argentin, plaine chilienne sont donc ceux où, sinon la vie régulière, les affaires du moins ont pris le plus grand développement.

On peut dire que tous les produits que fournit l'Amérique méridionale sont, comme pour le Nord, d'origine étrangère. Elle a les animaux de l'Europe : moutons, bœufs, porcs, chèvres, chevaux, les plantes de l'Afrique ou de l'Asie (café, canne à sucre), mais aussi ses mines de toutes sortes. Les produits agricoles sont sa grande richesse ; l'industrie y naît à peine, importée par les Européens qui viennent disputer sur le sol américain aux Américains du Nord un marché qu'ils veulent fermer au vieux monde.

Longtemps l'Amérique du Sud a été, pour la France surtout, une cliente de premier ordre ; les autres puissances européennes la lui disputent : Angleterre, Italie, Allemagne, ces dernières, rivales récentes mais dangereuses, l'Italie surtout qui, par son émigration, devient de jour en jour plus influente et transporte sur ses vaisseaux avec ses émigrants les produits de son industrie ou de celle de son alliée.

Colombie. — En 1889, la France tenait encore le second rang, après l'Angleterre, avant les États-Unis, dans le commerce de la Colombie, montant à 150 millions de francs, dont quatre septièmes à l'exportation. L'absence de routes, l'irrégularité du régime et, par suite, de la navigabilité des cours d'eau, la difficulté et le coût des transports (300 kilom. seulement de chemins de fer) y sont des obstacles sérieux au développement des affaires. Les voies ferrées sont de construction coûteuse et difficile et l'Europe est moins docile aux appels de fonds de ce côté.

La Colombie exporte du café, du tabac, du quinquina, des baumes, des cuirs, de l'or ; elle a de bons et célèbres ports, mais sa population est faible et son importance économique minime.

Venezuela. — Le Venezuela fait meilleure figure dans le monde commercial. Son café, son cacao, son tabac sont de grands articles d'exportation ; le bétail s'y est multiplié avec profit dans ces dernières années et le cheptel a passé, de 7,300,000 bêtes en 1873, à 17,700,000 en 1888 ; il a aussi des baumes, du caoutchouc, des plantes médicinales, de l'or et du cuivre. Il exporte pour 100 millions de produits, en achète pour 75, a dans ses ports un mouvement de 12,770 embarcations, dont 927 vapeurs et 2 millions de tonnes[1]. La France vient, avec 27 millions, la seconde dans ce mouvement, après les États-Unis, avant l'Angleterre. Le Venezuela a peu de chemins de fer (454 kilom. en 1891), mais, comme la Colombie, un réseau télégraphique assez complet. C'est un pays prospère, malgré ses troubles trop fréquents, et d'un bel avenir.

---

1. E. Reclus, *L'Amérique du Sud.*

Équateur. — L'Équateur, n'ayant encore que 102 kilomètres de chemins de fer, une seule route, celle qui monte de Guayaquil à Quito, et des accès partout difficiles, isolé du monde par l'élévation de son plateau, fait par Guayaquil un commerce de 60 à 80 millions de francs (72 millions en 1891), dans lequel la France, aujourd'hui dépassée par l'Angleterre, a longtemps tenu le premier rang. Le cacao (51 millions 835,000 fr. en 1893), le café, l'ivoire végétal, le caoutchouc, les chapeaux dits de Panama, les cuirs, le tabac, en sont les principaux articles.

Pérou. — Les sucres, les laines de brebis, de lamas et d'alpagas forment les principaux articles de l'exportation agricole du Pérou. En 1876, il vendait encore à l'Angleterre seule pour 40 millions de francs de guano ; ses gisements sont épuisés, les mines d'argent sont délaissées, mais le nitrate, le pétrole, la houille, le dédommageront peut-être de la perte de sa principale ressource. L'Angleterre entre pour 55 millions de francs dans les 80 millions de son commerce extérieur (dont 45 à l'importation). Les chemins de fer s'y construisent avec régularité, malgré la difficulté du travail pour atteindre les plateaux ; un tunnel est ouvert dans la Cordillère à 4,768 mètres d'altitude. Les 1,850 kilomètres existant en 1892 ont coûté 900 millions de francs, malgré le bas prix des terrains, mais le progrès est incessamment ralenti par les troubles et les guerres dont tous ces pays hispano-américains se passent trop souvent la ruineuse fantaisie.

Bolivie. — Éloignée de la mer par la jalousie de ses voisins, la Bolivie vit de leurs aumônes. Ils exploitent ses mines

(57,451,500 fr. d'argent en 1890), et lui donnent, en échange de son métal, les produits manufacturés introduits par le Chili, le bétail de l'Argentine. Son commerce n'est que de 16,500,000 fr. à l'importation, presque tout entier entre les mains des Allemands, et de 50 millions de francs à l'exportation : argent, cuivre, zinc, caoutchouc, café, cacao, coton, etc. Les chemins de fer sont poussés vers elle par le Chili et l'Argentine qui s'en disputeront sans doute un jour la possession les armes à la main. Une ligne gravit déjà le plateau du côté chilien et les lignes argentines s'avancent avec rapidité. Un pays qui n'a même pas de capitale fixe et dont la population est si peu nombreuse, peut devenir en effet une proie facile pour des voisins ambitieux et brouillons.

Chili. — Le Chili s'est lassé d'être appelé la république modèle des États d'origine espagnole. Il a eu, après de longues années de paix pendant lesquelles se sont développées ses ressources, sa période de turbulence et de guerres. Son commerce a atteint en 1890 près d'un milliard de francs partagé presque également entre les importations et les exportations. C'est surtout à la poussée des nitrates qu'est due l'importance de ce trafic. En 1874 la production était de 284,420 tonnes, en 1888 elle atteignait 784,250 tonnes, d'une valeur de 169,330,980 fr. [1]. Dunkerque est un des principaux ports sur lesquels sont expédiés ces produits. C'est en vue de leur transport que les armateurs ont fait construire ces voiliers à cinq mâts dont l'apparition indique une évolution nouvelle dans l'histoire de la marine marchande.

L'industrie, surtout celle du traitement des nitrates, a fait

---

1. E. Reclus, *L'Amérique du Sud.*

de grands progrès au Chili. Des mines de charbon y ont été reconnues. Des fonderies, des usines pour le travail des métaux s'y créent; 2,890 kilomètres de chemins de fer sillonnent le pays. Dans quelques années le transandin, dont 54 kilomètres seulement restent à construire du côté argentin et 42 du côté chilien, unira les deux mers qui baignent l'Amérique du Sud, Buenos-Ayres et Valparaiso, et facilitera l'émancipation de ce continent de la dépendance dans laquelle il est encore de l'industrie européenne.

La dissémination le long de la côte des centres de richesses naturelles donne une grande activité aux nombreux ports du Chili. Arica, Iquique surtout et Pisagua exportent les nitrates, Antofagasta le minerai d'argent, Coquimbo celui de cuivre. Valparaiso, port de la capitale, sur une des plus belles rades du monde, est le principal centre du commerce avec l'extérieur. En 1890, son mouvement a été de 2,557 navires et 2,407,222 tonnes. C'est l'Angleterre qui y tient le premier rang. Punta-Arenas, sur le détroit de Magellan, exploite des mines d'or et de charbon et est un important point de relâche sur ce chenal dangereux et très fréquenté.

République argentine. — Sillonnée par 13,454 kilomètres de chemins de fer (1893) et 32,748 kilomètres de fils télégraphiques, débouchant sur un des vastes estuaires du globe, la République argentine a des échanges plus actifs encore que le Chili, mais de tout autre nature.

La moyenne de son commerce, qui était en 1863 de 360 millions de francs, a été dans les cinq années 1887-1891 de 807 millions 500,000 fr., les importations dépassant les exportations de 21,500,000 fr. En 1892, il a été de 1,106,200,000 fr., après avoir atteint en 1890 1,312,800,000 fr. Bien que l'agriculture y soit prospère et qu'il fournisse des blés à l'Europe, le Chili vit surtout de son sous-sol ; l'Argentine tire ses grands revenus de l'agriculture, de ses immenses prairies d'abord, mais aussi de ses champs de blé et de maïs, dont l'étendue cultivée grandit chaque année. Son exportation en froment a atteint en 1894 20 millions d'hectolitres. Dans la valeur de son exportation en 1892 (621,980,000 fr.), les produits du pâturage figuraient pour 411,750,000 fr., ceux de la culture pour 144,450,000 fr. ; ce dernier chiffre a augmenté depuis. L'Angleterre entrait pour 28,3 p. 100 dans ce total, la France pour 21,3 p. 100, l'Allemagne 11,7 p. 100, en progrès marqué, la Belgique 10,15 p. 100. C'est donc encore avec l'Europe qu'elle a ses relations les plus étendues. Mais l'industrie s'y développe sous l'influence de la crise financière qu'elle traverse depuis plusieurs années et qui ne lui permet d'offrir à l'Europe que du papier déprécié et des créances douteuses. Ainsi tend à se fermer un débouché pour les étoffes, vins, denrées et conserves alimentaires, objets en fer, quincaillerie, etc., qu'elle nous achetait en échange de sa laine, de ses débris d'animaux, de ses saindoux, de ses peaux. Le mouvement total de ses ports a atteint, grande navigation et cabotage, 68,036 navires d'une jauge de 17,262,850 tonnes ; deux lignes françaises, deux lignes anglaises, trois allemandes, une espagnole, une italienne, une belge desservent le port de Buenos-Ayres. Celui-ci, malgré la difficulté de son accès et le peu de profondeur des eaux qui retient les navires à une grande distance au large, a un mouvement de 6,165 navires et 3,952,250 tonnes (1892), et a exporté cette même année pour 389,175,000 fr. de produits[1]. C'est une

---

1. E. Reclus, *L'Amérique du Sud, Amazonie et la Plata.*

des villes dont le développement a été le plus rapide, favorisé par une immigration nombreuse dans laquelle l'élément italien tient une place de plus en plus grande.

Uruguay. — L'Uruguay n'a eu en 1891 que 247,320,000 fr. de commerce extérieur, chiffre qu'il franchissait déjà en 1863, qu'il a dépassé depuis, notamment en 1890 (332 millions), l'année où le mouvement commercial du monde semble avoir atteint son maximum. Il a cependant 1,612 kilomètres de chemins de fer, un port actif, Montevideo, les mêmes richesses naturelles que la Plata, mais son territoire est petit, sa population faible (700,000 habitants). L'industrie y est assez active, l'élevage très florissant, l'agriculture prospère. L'exportation consiste surtout en viande. Les saladeros y massacrent journellement un nombre considérable de têtes de bétail dont la chair est expédiée soit à l'état frais dans des frigorifiques, soit sous la forme d'extrait et dont les débris sont utilisés pour les usages les plus variés. Montevideo fait à lui seul les sept neuvièmes de ce commerce. L'Angleterre et la France tiennent les premières places dans les transactions de l'Uruguay avec le dehors.

Paraguay. — Ne communiquant avec l'extérieur que par le long détour du rio de la Plata, le Paraguay ne peut pas prétendre à un grand mouvement commercial. Il est monté cependant, en 1891, à 26,825,000 fr., chiffre élevé encore si l'on songe à quel degré de dépopulation et de ruine cet héroïque petit État avait été réduit par l'impitoyable guerre que lui ont faite la Bolivie, l'Argentine et le Brésil coalisés.

Tout au reste est original et étrange dans son histoire. Communauté fermée, chrétienté isolée du monde profane sous la domination des jésuites, plus tard fief hermétiquement clos du Dr Francia, puis de Lopez, il est après l'extermination de ses habitants par les coalisés, vendu aux enchères à tous les spéculateurs de l'Europe et de l'Amérique comme terre libre et vacante, se repeuple avec rapidité, mais garde toujours l'empreinte de son ancienne claustration. « Très en retard sur les autres peuples policés, les Paraguayens se trouvent dans une période économique comparable à celle des Mamelucos de l'Amazone et des Indiens de l'intérieur du pays; » ils font la cueillette dans les bois, celle du maté principalement, dont ils vendent plus de 6,000 tonnes au dehors et leur grand article d'exportation avec les oranges, le tabac et le bétail, le cheptel se reconstituant assez rapidement depuis la paix. Point d'industrie; un seul chemin de fer de 150 kilomètres, mais quelques routes et des rivières navigables. Pays d'avenir, en somme, s'il n'est pas étouffé par des voisins turbulents et jaloux et s'il parvient à constituer en faveur de ses habitants la propriété des terres que détiennent tous les spéculateurs étrangers.

Brésil. — Le Brésil est le plus important de tous les États de l'Amérique du Sud. La longue période de paix intérieure qu'il avait traversée sous ses empereurs a été, depuis peu, suivie de bien des agitations, mais il a trouvé dans la culture du café un si grand élément de richesses qu'il a pu surmonter cette crise et assister sans trop souffrir à des démêlés souvent obscurs entre ses partis politiques et leurs chefs. Malgré les efforts faits par le gouvernement du Brésil pour attirer dans ce pays l'immigration européenne, il n'a reçu de 1804 à 1892 que 1,327,021 immigrants dont 688,906 de 1886 à 1892. L'abolition de l'esclavage a ouvert le champ au travail libre.

Les Italiens sont, comme dans l'Argentine, en majorité et formaient en 1891 les sept douzièmes du total des arrivants. Tout n'est pas utilisable pour la culture dans cet immense territoire, mais les forêts peuvent elles-mêmes fournir un important aliment au commerce ; beaucoup de progrès sont encore à faire, mais le Brésil a eu la bonne fortune de se livrer en grand à la culture du café au moment où, presque seule entre toutes les marchandises, celle-ci voyait hausser son prix. Nous avons vu quelle place occupe le Brésil dans cette production ; la canne à sucre, le tabac, le coton, les bois de teinture, le caoutchouc fournissent aussi à son commerce. Pour le caoutchouc (20,000 tonnes en 1891), le Brésil tient le premier rang et celui de Para est le plus estimé. L'élevage y prospère (18 millions de bêtes à corne) ; il a des mines d'or, de diamants, de fer. L'industrie s'y développe ; des tarifs très élevés ont été, comme aux États-Unis, auxquels un traité lie le Brésil, opposés à l'entrée des produits européens. Il possédait, en 1893, 11,000 kilomètres de chemins de fer et des voies navigables immenses; Para et Rio sont reliées par de nombreuses lignes de navigation aux principaux ports des grands États européens, des câbles sous-marins rattachent Pernambouc au réseau télégraphique du monde, et cependant le commerce du Brésil atteint à peine celui de la République argentine trois fois moins peuplée. En 1890 on l'évaluait à 1,271,428,400 fr., dont 572,120,000 fr. à l'importation et 699,308,400 fr. à l'exportation. La Grande-Bretagne, les États-Unis, la France , l'Allemagne, le Portugal, l'Italie sont les principaux pays avec lesquels se font les échanges. Le Brésil s'est réservé le cabotage entre ses ports et entretient une flottille pour ce service. C'est un des pays dont le développement prochain semble le plus assuré, s'il parvient

à arrêter dans leur essor les germes de discorde et d'affai-
blissement qui se sont récemment montrés dans son sein.

Guyanes. — Les Guyanes sont la seule contrée de l'Amérique du Sud qui relève de puissances européennes. Divisées
entre trois dominations, sans compter le territoire contesté
entre la France et le Brésil, elles ne justifient pas par leur
richesse et leurs productions la rivalité qu'elles ont suscitée.
La découverte de l'or leur a cependant donné dernièrement
une importance que leur exploitation agricole n'avait pu leur
assurer ; la Guyane anglaise en a produit pour 11 millions et
demi en 1891 ; la Guyane hollandaise pour 3 millions de
francs, la Guyane française pour 7 millions. Le peu de bras
disponibles a émigré vers les placers et la zone agricole
est déserte. Le sucre fournit encore 49 millions de francs
d'exportation (sur 63) à la Guyane anglaise qui importe pour
42,694,250 fr. de vivres et objets manufacturés, mais le chiffre
du commerce de la Guyane hollandaise tombe à 21 millions
de francs, celui de la Guyane française à 13 millions sans
qu'on puisse compter sur un accroissement dans l'avenir.

CHAPITRE XIV

Le commerce en 1893.

On évalue à 95 millards de francs environ le mouvement total du commerce international.

Les *Annales du commerce extérieur* donnent pour la valeur des importations et des exportations et l'ensemble du commerce des principaux pays en 1892, les chiffres suivants que nous traduisons en francs d'après l'équivalence des valeurs au pair :

En millions de francs.

PAYS.	IMPORTATION.	EXPORTATION.	COMMERCE total.
Angleterre	10.860	7.390	18.250
Allemagne	5.023,12	3.692,62	9.715,74
Etats-Unis d'Amérique. .	3.820,44	5.281,64	9.102,08
France.	4.188	3.460,7	7.648,7
Pays-Bas	2.692,41	2.381,19	5.073,60
Indes anglaises.	2.105	2.787,5	4.892,5
Russie	1.615,6	1.957,6	3.573,2
Autriche-Hongrie. . . .	1.549,184	1.787,272	3.336,476
Australasie	1.492,5	1.627,5	3.120
Belgique	1.536,5	1.369,4	2.905,9
Italie.	1.217,4	1.012,1	2.229,5
Espagne	850,5	759,5	1.610
Suisse	913,2	688	1.601,2
Chine	741,699	563,274	1.304,973
Canada.	655	585	1.240

PAYS.	IMPORTATION.	EXPORTATION.	COMMERCE total.
République Argentine. .	457,5	567	1.024,5
Suède	479,199	437,969	917,168
Japon	384,307	487,256	871,563
Danemark.	433,585	335,559	769,144
Chili.	390	321	711
Égypte.	236,366	355,758	592,124
Norvège	266	168,312	434,312
Portugal	172,48	137,20	309,68
Uruguay	92	130	222
Grèce	119,3	82,3	201,6

Ce sont les colonies anglaises d'Australasie qui donnent le plus haut chiffre d'affaires proportionnellement au nombre des habitants. Quant au commerce intérieur des États, il défie, par sa complexité même, toute évaluation exacte. En estimant à 200 milliards la valeur de la circulation intérieure dans chacun des grands États, France, Angleterre, États-Unis, on reste évidemment au-dessous de la vérité. On voit donc à quel chiffre colossal on atteindrait pour la totalité de ces échanges.

L'importance et le développement de ces relations commerciales sont dus à la valeur, à la variété et à la commodité des instruments que la nature et la science ont mis à leur disposition.

Les principaux sont les voies et moyens de transport, les monnaies, les banques et les institutions destinées à garantir la sécurité du commerce et le sérieux des transactions.

Le réseau des routes de terre utilisées pour la circulation ou la traction animales atteint maintenant dans la plupart des pays un énorme développement. La France est un de ceux dont le réseau est le plus complet et le mieux entretenu. Il comprend 38,000 kilomètres de routes nationales, 34,000 kilomètres de routes départementales et 600,000 kilomètres de chemins vicinaux auxquels viennent s'ajouter encore des chemins ruraux, des routes agricoles, des routes forestières, des routes thermales, etc. Si la quantité de gros charrois circulant sur ces routes est moindre qu'autrefois, le nombre des colliers est plutôt plus considérable. Les parcours à grande distance ont fait place à une plus grande quantité de courses ou transports de voisinage. Auxiliaires ou affluents des voies ferrées et des canaux, elles conservent une importance différente de celle qu'elles avaient jadis, mais aussi grande. Le développement de la circulation vélocipédique et des voitures mécaniques, leur utilisation pour les chemins de fer routiers ou les tramways tendent même à accroître journellement leur importance et il serait aussi imprudent, en vue de la transformation possible des moyens de transport, de les abandonner ou de les négliger qu'il l'eût été de combler ou laisser détériorer les canaux sous prétexte que les chemins de fer les rendaient inutiles.

Les moyens de circulation et de transport sur ces routes à l'aide des animaux varient suivant les pays ou les latitudes. Dans les régions polaires, on emploie les traîneaux attelés de rennes; dans les régions tempérées de l'Europe, de l'Amérique et de l'Afrique, le cheval, l'âne, le bœuf et le mulet, le plus souvent attelés; dans les pays montagneux, le mulet bâté; dans les parties désertiques de l'Afrique et de l'Asie, le chameau voyageant par caravanes; dans les régions chaudes de l'Asie, l'éléphant; en Chine, au Japon, dans l'Indo-Chine et l'Insulinde, dans l'Afrique centrale, l'homme.

Les chemins de fer, qui sont une invention de notre siècle, se sont rapidement développés. Leur longueur atteint aujourd'hui, pour toute la surface du globe (juin 1892), 655,937 kilomètres ainsi répartis :

Europe	232,317 kilomètres.
Asie	37,367 —
Afrique	11,607 —
Amérique	352,230 —
Australie	20,496 —

Le coût de leur construction est estimé à 174,375,000,000 de francs. Plus de 1,700,000 kilomètres de lignes télégraphiques aériennes, souterraines ou sous-marines et une longueur déjà considérable de fils téléphoniques prêtent en outre leur concours au commerce.

Europe	630,000 kilomètres.
Asie	123,715 —
Amérique	867,369 —
Australie	76,060 —
Afrique	30,803 —

La distribution de ces chemins de fer et de ces télégraphes entre les États européens est la suivante :

PAYS.	CHEMINS DE FER. Kilomètres.	TÉLÉGRAPHES. Kilomètres.
Allemagne	44,260	117,872
Autriche-Hongrie	28,357	68,925
Belgique	5,438	7,225
Danemark	2,065	4,603
Espagne	10,894	28,701
France	38,645	96,125
Grande-Bretagne et Irlande . .	32,799	54,029
Grèce	915	7,651
Italie	13,673	40,074
Luxembourg	489	420

PAYS.	CHEMINS DE FER.	TÉLÉGRAPHES.
	Kilomètres.	Kilomètres.
Norvège	1,562	7,863
Pays-Bas	2,590	5,468
Portugal	2,293	(1890) 6,830
Roumanie	2,611	5,638
Russie et Finlande	31,627	(1891) 126,474
Serbie	540	(1891) 2,978
Suède	8,461	8,707
Suisse	3,389	7,271
Turquie, Bulgarie et Roumélie.	1,918	45,391
Ile de Malte	12	»

Les îles Britanniques et la Belgique sont les pays où la longueur des chemins de fer est la plus considérable proportionnellement à la surface ; elle y dépasse 1,000 kilomètres par 10,000 kilomètres carrés. Elle s'élève au-dessus de 500 en France, en Allemagne, en Suisse et en Hollande, dépasse 100 aux États-Unis, en Autriche-Hongrie, en Italie, en Roumanie, en Espagne, en Portugal et en Suède, reste entre 40 et 100 en Russie et en Norvège et n'atteint pas 5 kilomètres pour 10,000 kilomètres carrés dans les autres pays.

L'adoption par tous les États de l'Europe, sauf la Russie et l'Espagne, d'un même mode de construction, a facilité l'établissement d'ententes internationales pour leur exploitation dans un intérêt commun. Comme les routes, les voies ferrées peuvent se ramener, suivant l'importance des communications qu'elles établissent et des intérêts qu'elles desservent, à trois catégories : les lignes principales, les lignes secondaires et les lignes d'intérêt local. Les premières, qui réunissent les centres de production et d'arrivage aux centres de consommation et d'expédition, ou servent aux relations internationales, ont nécessairement une circulation plus active et plus rapide. Les personnes, les marchandises et les correspondances sont les trois grandes catégories de transports auxquelles elles doivent satisfaire. Pour la première, des billets directs, circulaires, aller et retour, etc., la continuité de circulation ou la concordance des trains, la suppression ou simplification des formalités de douane, etc., ont permis de donner à la circulation des conditions remarquables de facilité, de commodité et de rapidité. La vitesse de certains trains atteint et dépasse même 80 kilomètres à l'heure. Pour la seconde, quelles que soient les différences de propriété, de régime et de tarifs, la nécessité où sont partout les chemins de fer, en raison des conditions mêmes de leur établissement, d'accepter tous les colis et d'en effectuer le transport dans les conditions de prix et de délai déterminées d'avance (ces conditions ne se retrouvent pas cependant aux États-Unis, où des ententes directes entre compagnies et particuliers peuvent les modifier chaque jour), a permis d'établir pour les services internationaux certaines règles précises concernant le transport par grande ou petite vitesse et même dans ces dernières années, des tarifs internationaux invariables pour une catégorie nouvelle d'envois dont le nombre et l'importance grandit chaque jour, les colis postaux. Mais, en dehors de cette dernière catégorie pour laquelle l'entente résulte de l'Office international résidant à Berne, ces conventions ou ententes entre compagnies diverses, n'obéissant qu'à des intérêts privés, peuvent résulter de rivalités nationales et servir des intérêts politiques ennemis en essayant d'attirer sur un parcours déterminé la circulation des marchandises au détriment d'autres lignes parallèles. Ces ententes, parfaitement licites, ont pour résultat d'offrir par la concurrence et l'abaissement des prix, des conditions plus avantageuses au commerce. A l'intérieur même des États, la concurrence des canaux et du roulage par terre détermine aussi le plus souvent des tarifs spéciaux devenus partout si nombreux que les tarifs généraux ne sont presque plus appliqués. En France, la vitesse de circulation des transports par grande vitesse est de 35 kilomètres à l'heure, plus les délais réglementaires d'expédition, transbordement et livraison ; pour la petite vitesse, avec les mêmes réserves, de 120 kilomètres en 24 heures, délai de rigueur qui n'est presque jamais atteint. Des efforts en tous sens pour faciliter les voyages est résultée l'habitude prise par le commerçant acheteur ou vendeur, d'aller de plus en plus traiter les affaires sur place.

Quant aux correspondances, la poste étant devenue dans tous les pays service d'État, elles se trouvent singulièrement facilitées par l'usage universel des timbres-poste et l'institution de l'Union postale universelle. Un premier grand pas avait été fait par l'adoption d'un tarif uniforme très modéré pour tous les pays de l'Union ; la création des cartes postales, circulant d'un bout à l'autre du monde habité pour 10 centimes, a été un nouveau bienfait pour le commerce ; au transport des lettres simples, chargées ou recommandées, des cartes-lettres, cartes postales, imprimés, échantillons, papiers d'affaires, etc., elle a joint les articles d'argent, bons de poste, mandats internationaux et, dans quelques pays, le recouvrement des quittances et l'acceptation des épargnes (caisse d'épargne postale). Au lieu de 32 États représentant 350 millions d'individus qu'elle comptait au début (1874), l'Union postale universelle embrasse aujourd'hui un territoire de près de 100,000,000 de kilomètres carrés et 1 milliard d'êtres humains. Le nombre de ses bureaux est de près de 200,000

(197,914); elle a transporté, en 1894, 18 milliards d'objets, dont 8 milliards de lettres, et desservi un mouvement d'affaires de 87 milliards.

Les taxes télégraphiques ont été déjà l'objet de grandes réductions et simplifications : unification des tarifs à l'intérieur des États, modération des prix demandés, multiplication des bureaux, mais l'unification des taxes se heurte à de grandes difficultés pratiques. Tous les États européens ont, dès l'origine ou par rachat, fait de leur réseau télégraphique une propriété et un service publics, mais les lignes sous-marines restent encore, en grande partie, la propriété des compagnies. Ces câbles sous-marins, au nombre de 1,304, ont aujourd'hui (1895) une longueur totale de 292,603 kilomètres. La plus importante compagnie est l'*Eastern Telegraph Company* de Londres, qui possède 79 câbles d'une longueur totale de 47,308 kilomètres. Le gouvernement français possède 54 lignes d'un développement total de 8,530 kilomètres. Une usine pour la fabrication de ces câbles s'est récemment fondée à Calais. Le réseau téléphonique international est encore très restreint, mais le téléphone intérieur se développe chaque jour ; aux États-Unis la longueur des fils dépasse déjà 500,000 kilomètres et le nombre des participants 400,000.

La navigation fluviale ou maritime a dans le mouvement commercial une importance considérable. Dans certains pays, les transports par eau sont encore le mode dominant ; ainsi en Chine, dans l'Indo-Chine, la région des grands lacs américains, celles du Mississipi, de la Plata, du Gange, du Niger, du Nil et de la Volga ; dans quelques régions même il règne presque exclusivement comme celles des Amazones et du Congo, mais partout où elle est praticable et où des canaux artificiels ont pu compléter les voies naturelles, elle a, comme

nous l'avons dit, repris de nos jours un rôle des plus actifs.
Le tonnage du canal du Sault-Sainte-Marie aux États-Unis
dépasse celui du canal de Suez, le mouvement du port de Paris
celui du port de Marseille. Le Rhin transporte annuellement
19 millions de tonnes de marchandises et nous savons quel
trafic s'opère, malgré les interruptions causées par les intem-
péries dans la navigation des canaux et de quelques rivières,
sur l'immense développement des voies navigables des États-
Unis et de la Russie, les pays de civilisation européenne les
mieux dotés sous ce rapport. L'Allemagne en compte 27,450
kilomètres; la France, 13,450 kilom. (5,050 pour les canaux,
8,400 pour les fleuves et rivières); l'Austro-Hongrie, 5,360;
le Royaume-Uni, 3,800; l'Italie, 3,060; la Hollande, 2,040;
la Belgique, 2,000; la Suède et l'Espagne, 1,730 kilom.

La révolution opérée par la vapeur dans la navigation
maritime se traduit dans les modifications de l'effectif naval
depuis 25 ans. En 1870, l'effectif total de la marine marchande
était de 59,116 voiliers et 4,132 vapeurs; en 1890, il était
de 33,859 voiliers et 9,638 vapeurs; en 1893, de 29,756
voiliers et 10,629 vapeurs.

Voici comment se répartissait entre les principaux États à la
fin de 1892, d'après les *Annales du commerce intérieur*, cet effectif et de quel tonnage disposait chacun d'eux à cette date.

PAYS.		NAVIRES.	TONNEAUX.
Royaume-Uni de Grande-Bretagne et d'Irlande.	Voiliers	13,266	3,054,244
	Vapeurs	7,918	5,559,252
	Total. . . .	21,184	8,613,506
États-Unis	Voiliers	15,435	2,178,475
	Vapeurs	6,392	2,074,417
	Total. . . .	21,827	4,252,892

PAYS.		NAVIRES.	TONNEAUX.
Norvège	Voiliers	6,739	1,493,503
	Vapeurs	767	251,490
	Total. . . .	7,506	1,744,993
Allemagne	Voiliers	2,742	725,182
	Vapeurs	986	786,397
	Total. . . .	3,728	1,511,579
France	Voiliers	14,117	407,044
	Vapeurs	1,161	498,562
	Total. . . .	15,278	905,606
Italie	Voiliers	6,308	609,821
	Vapeurs	316	201,444
	Total. . . .	6,624	811,265
Espagne	Voiliers	1,233	196,650
	Vapeurs	474	455,490
	Total. . . .	1,707	652,140
Suède	Voiliers	2,927	376,903
	Vapeurs	1,209	171,808
	Total. . . .	4,136	548,711
Russie (1886)	Voiliers	2,614	361,572
	Vapeurs	369	130,458
	Total. . . .	2,983	492,030
Danemark	Voiliers	3,287	199,799
	Vapeurs	361	119,038
	Total. . . .	3,648	318,837
Pays-Bas	Voiliers	447	123,394
	Vapeurs	150	169,369
	Total. . . .	597	292,763

PAYS.		NAVIRES.	TONNEAUX.
Autriche-Hongrie . .	Voiliers	214	94,332
	Vapeurs	107	102,315
	Total. . . .	321	196,647
Japon	Voiliers	778	45,994
	Vapeurs	643	102,322
	Total. . . .	1,421	148,316
Belgique	Voiliers	6	1,039
	Vapeurs	47	69,356
	Total. . . .	53	70,395
Chine	Voiliers	58	11,888
	Vapeurs	123	30,353
	Total. . . .	181	42,241

Un des traits distinctifs de la dernière période est la multi-plication des lignes régulières à départ fixe, subventionnées ou libres, et le progrès obtenu dans la rapidité des trajets. Un navire de la compagnie Cunard, le *Campania*, a fait en 5 jours 17 heures 27 minutes la traversée de New-York à Queens-town. La vitesse de la plupart des paquebots a été portée à 17 et 18 nœuds, celle de la malle d'Ostende à Douvres, à laquelle appartient maintenant le *record*, est de 24 nœuds.

Comme pour les chemins de fer et depuis surtout l'éléva-tion des tarifs douaniers, le transport des voyageurs a pris dans le souci des compagnies et même dans leurs recettes une place prépondérante. De l'aveu général, aucune compagnie de navigation étrangère n'offre aux passagers des conditions de confort et de bien-être comparables à celles qu'ils trouvent sur les paquebots de nos grandes compagnies : Messageries maritimes et Compagnie transatlantique. Les navires étrangers offrent en revanche assez souvent des conditions plus avantageuses de fret pour les marchandises. L'Angleterre a fait, en 1892, 73 p. 100 des transports maritimes du monde entier et véhiculé sur ses vapeurs la moitié des marchandises qui s'exportent d'Europe ou y sont importées.

Pour faciliter ces relations, les grandes puissances maritimes ont établi dans toutes les mers des dépôts de charbons destinés à suppléer à l'insuffisance forcée des approvisionnements en combustibles des grands navires. Ces dépôts, qui sont en même temps des stations navales, des centres d'influence politique et de rayonnement commercial, ont été surtout multipliés et choisis avec soin par l'Angleterre. Par eux et par les négociants qu'elle a semés sur tous les points du globe, elle exerce une action prépondérante, dont témoignent en outre la rédaction en anglais des cartes marines, l'adoption pour leur construction du méridien de Greenwich et l'usage répandu de l'anglais dans les transactions. Parlé par environ 115 millions de personnes, il est devenu comme la langue du commerce international. Bien que parlé par 55 millions d'hommes et étendant chaque jour son domaine avec le développement des États du Centre et du Sud-Amérique, l'espagnol n'a pas le même caractère d'universalité. Il en est de même pour le russe, l'idiome de 80 millions d'individus; pour l'allemand, de 70 millions; le français, de 45 millions; l'italien, de 30 millions; le portugais, de 15 millions. Ils restent, malgré leur rayonnement, des idiomes nationaux, et l'extension du commerce universel ne peut qu'accentuer la prédominance de l'anglais, dont l'adoption générale répondrait à cette tendance à l'unification qui se manifeste de tous les côtés.

L'adoption de notre système métrique par 35 États représentant 435 millions d'êtres humains est un autre pas dans cette voie. Les ententes monétaires semblent devoir rencontrer des difficultés plus sérieuses, bien que plusieurs conventions particulières aient, en dehors des unions monétaires latines, scandinaves et germaniques, admis certaines monnaies à la circulation et au cours légal en dehors des États pour lesquels elles ont été frappées, malgré les différences d'unité et de système monétaires.

Un récent travail de M. Paul Leroy-Beaulieu, résumant et revisant les recherches et statistiques antérieures, estime à 97 milliards au total, en y comprenant les 850 millions supposés avoir existé en Europe lors de la découverte de l'Amérique, la production des métaux précieux, sur lesquels 40 milliards serviraient de monnaie, 35 existeraient sous la forme d'articles de parure, d'ameublement, de décoration et 22 ou 23, chiffre sans doute exagéré, auraient disparu par l'usure et les pertes de toutes sortes. Bien que la valeur de l'or n'atteigne que 43 milliards 347 millions contre 52 milliards 838 millions d'argent, estimé d'après le tarif monétaire de l'Union latine, la quantité monnayée de chacun des deux métaux existant dans le monde serait à peu près égale, soit 19,652 millions d'argent et 19,543 millions de monnaies d'or [1].

D'après des documents communiqués au congrès par le directeur de la monnaie des États-Unis, la France posséderait le stock le plus considérable d'or et d'argent, savoir 4 milliards d'or et 3 milliards 500 millions d'argent; la Grande-Bretagne vient ensuite avec 2 milliards 750 millions d'or et

---

1. *Économiste français* du 9 février 1895.

500 millions d'argent; en dernier lieu, la Russie, qui possède 1 milliard 250 millions d'or et 300 millions d'argent.

La circulation *par tête* de toute espèce de monnaie (or, argent, papier) dans les différents pays du monde pourrait être estimée ainsi : France, 202 fr. 50 c. ; Cuba, 155 fr. ; Pays-Bas, 143 fr. 50 c. ; Australie, 133 fr. 75 c.; Belgique, 127 fr. 50 c.; États-Unis, 122 fr.; Royaume-Uni, 67 fr. 50 c.; Russie, 35 fr. 60 c.

Mais les métaux précieux ne représentent qu'une faible partie de la richesse et par suite de la faculté d'acquérir et de commercer d'un pays.

La circulation fiduciaire joue même aujourd'hui, dans le monde commercial, un rôle plus actif et beaucoup plus important que la circulation monétaire. Celle-ci ne fonctionne guère plus que pour les petites opérations, les affaires restreintes et d'un courant journalier. Centralisés dans de grandes maisons de banque, de dépôt, d'escompte et de crédit, les encaisses métalliques servent de gages à des opérations qui peuvent en dépasser la valeur au centuple. Les *clearing houses* d'Angleterre et d'Amérique compensent annuellement pour plus de 100 milliards d'affaires, tandis qu'en France, où le stock de métaux précieux est beaucoup plus considérable, les chambres de compensation n'opèrent que sur la vingtième partie de ce chiffre. La fondation de grandes sociétés de crédit faisant appel à de nombreux capitaux et dont la vente et le rachat des titres renouvellent incessamment la qualité des commanditaires, a démocratisé le crédit. A côté des banques privées représentant encore l'ancien fonctionnement du crédit, comme les foires et marchés rappellent, avec non moins d'utilité qu'elles, les anciens procédés du commerce, les grandes sociétés sont dans le mécanisme financier contemporain ce que sont les bourses pour les opérations commerciales. Presque partout, les banques d'État jouent le rôle de modératrices et, par la solidité de leurs gages et la sécurité de leurs billets, sauvent la circulation fiduciaire du discrédit où pourraient la faire tomber des émissions inconsidérées de papier.

On évaluait à plus de 13 milliards, en 1890, la quantité de papier circulant inconvertible en espèces. L'Amérique du Sud, la Russie et les États-Unis étaient au premier rang de ces pays à circulation exagérée.

Mais dans la phase actuelle du crédit, les gages peuvent être hypothéqués sur les valeurs en réserve aussi bien que sur les richesses acquises.

On a essayé d'évaluer d'une manière complète, en y comprenant outre les métaux et le papier, le sol, le sous-sol avec tous leurs aménagements industriels, agricoles ou commerciaux, en un mot tout ce qui a une valeur susceptible d'être chiffrée, la fortune des principaux États. Le *census* des États-Unis de 1890 donne pour ce pays le chiffre de 325 milliards. D'autres estimations donnent pour l'Angleterre, 250 milliards; pour la France, 210 à 220 milliards; pour l'Allemagne, 160 milliards; la Russie, 90 milliards; l'Autriche-Hongrie, 80 milliards, etc., ce qui donnerait au prorata par tête pour les États-Unis, 5,200 fr.; pour l'Angleterre, 6,700 fr.; pour la France, 6,800 fr.; pour l'Allemagne, 3,200 fr.

D'autres statisticiens ont essayé d'établir, d'après une étude des salaires et du genre de vie, les aptitudes à acquérir des individus de même catégorie et de nationalité différente, renseignements d'où peuvent résulter des indications utiles pour le commerce sur le genre de débouchés que peuvent lui offrir les différents marchés. D'après M. Gould, de l'Office de statistique de Washington, la famille américaine économise 14.3 p. 100; la famille anglaise, 7.6 p. 100; la famille française, 13.7 p. 100; la famille belge, 16 p. 100; la famille allemande, rien.

Les dépenses de l'Américain se répartissent ainsi : loyer, 11 p. 100; nourriture, 42 p. 100; alcool, 7 p. 100; tabac, 2 p. 100; vêtement, 18 p. 100.

Celles de l'Anglais : loyer, 11 p. 100; nourriture, 47 p. 100; vêtement, 16 p. 100; alcool, 2.6 p. 100; tabac, 1 p. 100.

Celles du Français : loyer, 7.7 p. 100; nourriture, 49 p. 100; vêtement, 22 p. 100; tabac, 1 p. 100; alcool, vin compris, 4.7 p. 100.

Celles de l'Allemand : loyer, 6 p. 100; nourriture, 51 p. 100; vêtement, 20 p. 100; alcool, 5 p. 100; tabac, 1 p. 100.

La différence des salaires est en rapport avec la situation économique, le prix de la vie, les habitudes traditionnelles, et les chiffres seuls, si l'on fait abstraction des conditions ambiantes, ne fournissent que des éléments d'appréciation incomplets. Ces réserves faites, nous trouvons dans le même statisticien l'évaluation suivante du budget d'une famille d'ouvriers du fer dans les principaux États : États-Unis, 3,920 fr.; Angleterre, 2,599 fr.; France, 2,323 fr.; Belgique, 1,796 fr.; Allemagne, 1,411 fr.

La répartition des fortunes, les mœurs, l'éducation, les goûts, les besoins, le degré de développement industriel et agricole des différentes contrées sont aussi des éléments essentiels à considérer pour établir d'une manière aussi exacte que possible leurs facultés commerciales. Mais bien des circonstances accidentelles peuvent venir modifier les conditions normales d'échanges qui en résulteraient. Souvent même ces

modifications résultent de faits cherchés et voulus, de véritables *coalitions* représentant, dans cet ordre de faits, ces associations et groupements de toutes sortes, par lesquels l'individu cherche à multiplier ses forces, soit pour accroître son
revenu et ses moyens d'existence, soit pour accélérer son
accès à l'aisance et à la fortune.

L'excès de la libre concurrence, souvent aussi le simple
fait de la présence sur le même marché d'articles similaires
offerts dans des conditions différentes, par suite de conditions
dissemblables de production, amène entre les producteurs ou
détenteurs de marchandises des *ententes* ou la formation de
syndicats. Elles peuvent naître également de la surabondance
des produits et de l'avilissement des prix. Ce sont, sauf le
nom, de véritables coalitions que seule la législation française persiste à condamner et qu'ont cessé de défendre les
codes étrangers. Tantôt des sociétés se constituent pour l'accaparement de tous les stocks existants et la limitation de la
production ultérieure (Société des métaux), tantôt les associés
conservent leur indépendance et limitent à un seul objet
l'entente ou pacte qui les lie. On a même catalogué et rangé
sous différents chefs, variables suivant les auteurs, ces diverses formes de syndicats. Toutes ces dénominations anglaises indiquent que c'est surtout en Angleterre et en Amérique que ces procédés sont appliqués.

S'agit-il de relever les cours un instant dépréciés, un *cor-
ner* ou *consortium* entre détenteurs raréfie la marchandise,
enfle les prix, achète par avance les produits à venir, offrant
au producteur, qu'il s'agisse de blé, de maïs, de café, de
cuivre, de soie ou de coton, en échange de la limitation de
sa production, un prix hautement rémunérateur. Le resserrement de la consommation, la création de nouvelles usines,

l'exploitation de nouvelles mines, la nécessité de disposer sans cesse de nouveaux capitaux que l'écoulement des stocks accumulés n'amène pas, peut alors déterminer un *krack*.

L'entente doit-elle être plus durable, un *pool,* un *schwänze* se conclut qui réunit cette fois, non plus des commerçants, mais des industriels s'entendant pour tirer directement de ce qu'ils offrent, argent ou transport, une même rémunération, comme l'ont fait les lignes concurrentes de chemins de fer de New-York à Chicago ou de Chicago à Omaha, accaparant toute cette industrie et, cela n'est possible qu'en Amérique où l'État ne s'est réservé aucun droit sur l'exploitation, écrasant par la réduction des prix les lignes récalcitrantes ; ce qui permit, par exemple, de parcourir en 1894, pour 5 dollars, les 1,600 kilomètres qui séparent New-York de Chicago. Ainsi encore l'association des *big Four,* les *forts quatre,* entre les quatre grandes fabriques de viandes de Chicago pour la fixation du prix d'achat du bétail et du prix de vente de leurs produits.

Le maintien de l'équilibre entre la production et la consommation ést l'objet d'une *combination* ou d'un *kartell* pouvant même s'étendre d'un pays à l'autre, fixant la production de chaque usine, en fermant quelques-unes au besoin, moyennant indemnité au propriétaire sous la forme de prime de chômage, et trouvant grâce aux yeux de la loi par le prétexte invoqué d'empêcher la ruine de l'industrie et d'assurer du travail aux industriels. Ainsi le comptoir métallurgique de Longwy, le syndicat des brodeurs de Saint-Gall, la raffinerie parisienne. 368 de ces kartells existaient en Allemagne à la fin de 1890.

Plus redoutables sont les *trust,* dont les membres se dépouillent en faveur de mandataires irrévocables ou *trustees* de tous leurs droits de délibération ou de contrôle sur les affaires de la société dont ils sont actionnaires, laissant ainsi au *Board of Trustees* une puissance formidable, dont le *Standard oil Trust* pour l'exploitation et la vente du pétrole est la plus célèbre. Ces ententes s'étendent dans certains pays, comme le Canada, à toutes les branches de l'industrie et constituent de dangereux monopoles. Ces syndicats industriels, qui réussissent mieux que les syndicats purement commerciaux, sont comme une socialisation de l'industrie, transformant le commerçant ou commissionnaire en un véritable salarié, sans que ceux-ci y trouvent plus que les ouvriers, souvent brutalement sacrifiés, d'appréciables avantages.

Deux grands courants commerciaux dominent aujourd'hui l'ensemble de la circulation : l'un, de matières alimentaires et matières premières nécessaires à l'industrie, convergeant de tous les points du globe vers l'Europe ; l'autre, d'objets manufacturés, divergeant de l'Europe dans toutes les directions.

Le commerce des céréales représente un dixième du commerce international tout entier. La production en est évaluée à trois milliards d'hectolitres, dont plus d'un milliard pour la seule production des États-Unis. La moyenne de celle du blé, qui avait été pour les trois années antérieures à 1891, de 797,500,000 hectolitres, s'est élevée dans les trois suivantes à 859 millions pour revenir à 806 millions en 1894 et descendre à 696 millions en 1895. Aux États-Unis, de 228 millions d'hectolitres, chiffre de 1892, la récolte de cette céréale s'est abaissée à 166 millions en 1895 ; la Roumanie (24 millions au lieu de 15) et la Bulgarie étant seules en progrès sur l'exercice précédent. L'exportation s'alimente surtout des blés des États-Unis, de l'Inde, de la Russie, de l'Argentine, de la Hongrie et des pays danubiens ; l'Angleterre, la France et l'Allemagne tenant les premiers rangs comme pays importateurs. Le seigle est la céréale de consommation la plus usuelle en Allemagne, le maïs aux États-Unis. Le riz est la base de la nourriture dans les pays d'Extrême-Orient. La Corée, le Japon, l'Inde, Siam, la Cochinchine et l'Insulinde sont les principaux pays exportateurs.

La production des vins, plus variable encore suivant les années que celle des céréales et que la destruction et la reconstitution des vignobles français ont soumise dans les deux dernières décades à des fluctuations considérables, peut être évaluée actuellement à 150 millions d'hectolitres. La France a repris le premier rang et a récolté en 1894 plus de 50 millions d'hectolitres. Elle est, avec l'Espagne, l'Italie, l'Algérie et le Portugal, en tête des pays exportateurs et ses grands vins de Bordeaux, de Bourgogne et de Champagne sont toujours, malgré les fraudes et les contrefaçons pratiquées en grand, surtout en Allemagne, l'objet de nombreux achats de l'étranger. Malgré les progrès faits par la culture de la vigne dans le Caucase, l'Australie et la Californie, l'Europe a presque le monopole de ce commerce. L'Angleterre, la Suisse, la Belgique, la Russie, tous les pays du nord de l'Amérique, sont importateurs de cette boisson.

Le commerce des spiritueux a pris un développement que les sociétés de tempérance, les monopoles (Suisse), la réglementation (Norvège), les impôts (France) n'ont pas plus réussi à enrayer que les exhortations, les conseils et les démonstrations scientifiques des dangers de l'alcoolisme. Les distilleries de vins sont partout concurrencées par celles de céréales, de pommes de terre, de mélasses, etc., à la production desquelles viendra bientôt s'ajouter la fabrication de l'alcool artificiel. L'Allemagne (Breslau) produit 3,000,000 d'hectolitres, le Royaume-Uni, la France et presque tous les États de l'Europe, les îles à sucre et les États-Unis exportent partout leurs produits. L'Australie paraît être le pays du monde où l'ivrognerie est le plus répandue ; elle fait aussi de terribles ravages en Irlande et dans tous les pays manufacturiers. La vente de certaines liqueurs spéciales à certains pays (chartreuse, genièvre, kummel, absinthe, etc.) et de certains produits de la distillation du vin (cognac, armagnac) atteint un chiffre très élevé.

L'Europe fabrique environ 138,000,000 d'hectolitres de bière et la production des États-Unis (37,000,000 d'hectolitres) fait monter à 180 millions d'hectolitres la quantité de cette boisson livrée annuellement à la consommation. L'Allemagne (47,600,000 hectolitres), l'Angleterre (39 millions), l'Autriche (14 millions), la France (10 millions) et la Belgique (10 millions), sont les plus grands producteurs européens. Mais à part certaines bières de fabrication spéciale (Strasbourg, Munich, Pilsen, bières anglaises), ce produit ne donne lieu qu'à peu d'échanges internationaux.

Il n'en est pas de même du sucre. Si la production du sucre de canne, par suite d'une balance entre sa décadence dans quelques pays (Java) et ses progrès dans d'autres, est restée à peu près stationnaire (2,500,000 tonnes), celle du sucre de betterave a triplé en 18 ans. L'Allemagne, qui était encore importatrice de ce produit en 1872, en a livré en 1874 plus de 7 millions de quintaux, 55 p. 100 de sa production, à l'exportation. La production de l'Autriche a quadruplé en 20 ans (8 millions de quintaux); celle de la France s'est élevée de 400,000 à 600,000 tonnes. Les pays producteurs se disputent à l'envi les marchés extérieurs (Angleterre, près de 15 millions de quintaux de sucres bruts ou raffinés ; Turquie, Maroc, Orient, États-Unis), en favorisant la production et l'exportation par les systèmes les plus variés de subventions et de primes. Le prix de cette denrée a, par suite de cette concurrence outrée, baissé d'un tiers au grand détriment des colonies aujourd'hui presque ruinées. Le sucre, par son volume et ses dérivés comme par le transport de machines qu'a nécessité le développement de cette industrie, est un des grands éléments de fret de la marine marchande.

Le café (1,200,000 tonnes), le thé et le cacao restent des produits exclusivement exotiques. L'avance prise par le Brésil pour le café s'accroît tous les ans, les Indes et Ceylan n'atteignent que le cinquième de sa production, Java le neuvième et l'Amérique est devenue le grand fournisseur de cette substance dont Londres et Anvers sont les grands marchés. Les pays de l'Extrême-Orient, Chine, Hindoustan, Japon, Ceylan et, bien loin derrière elle, Java, gardent le monopole du commerce du thé dont 215,000 tonnes sont livrées à l'exportation (95,000 pour l'Europe). Le cacao tient une bien moins grande place dans les échanges et l'Amérique tropicale en conserve la production presque exclusive.

Le commerce lointain et le transport du bétail ont pris un développement qui donne à sa statistique un grand intérêt commercial.

Le cheptel des animaux de ferme est d'environ un milliard de têtes. Les moutons viennent en première ligne au nombre de 500 millions, et après eux l'espèce bovine, 300 ; les porcs, 100 ; les chevaux, 60 ; les chèvres, 30 ; enfin les mulets et les ânes, 9 millions. Sauf pour les porcs, plus nombreux dans le Nord-Amérique, c'est l'Europe qui vient partout au premier rang.

STATISTIQUE DU BÉTAIL EN 1889

En millions de têtes.

PARTIES du monde.	ESPÈCE bovine.	CHEVAUX.	ANES et mulets.	MOUTONS.	PORCS.	CHÈVRES.
Europe . . .	97,24	33,25	3,73	186,56	44,72	19,51
Asie.	70,40	4,20	1,18	36,65	0,52	1,23
Afrique . . .	4,02	0,66	0,60	28,06	0,31	5,34
N.-Amérique.	55,10	14,92	2,31	46,17	51,53	0,15
S.-Amérique.	57,66	5,10	1,51	101,09	1,39	3,02
Australie . .	8,97	1,44	»	97,10	1,21	0,25
Océanie . . .	0,003	0,001	»	0,003	0,02	0,001
Total . . .	293,393	60,571	9,33	505,633	99,70	29,501

Constitué en monopole d'État, concédé en régie ou libre, le commerce du tabac, dont la culture est réglementée dans certains pays, a pris une grande importance. La consommation par tête est évaluée à 400 grammes en Portugal, 770 en Espagne, 780 en Italie, 866 en France, 1,053 en Allemagne, et 1,450 grammes en Autriche. Un tiers (250,000 tonnes) de la production totale revient aux États-Unis; celle de la Russie atteint 65,000 tonnes; celle de l'Allemagne, 34, inférieure de 20,000 tonnes à sa consommation. Cuba ne donne que la moitié (12,500 tonnes) de la production française; les achats de différentes sortes de tabacs, nécessités par les goûts et les préférences des consommateurs, en font un important article d'échange.

L'importation des graines oléagineuses et des huiles exotiques a apporté dans la culture de ces graines et dans la fabrication et le commerce des huiles indigènes un trouble considérable. En 30 ans, la surface cultivée en graines oléagineuses en France a diminué de 70 p. 100. Les importations de graines oléagineuses y ont passé de 1,443 quintaux en

1860, à 5,400,000 en 1889. Le Sénégal, les Rivières du Sud, tous les pays riverains du golfe de Guinée, dont l'un porte le nom significatif de rivière de l'huile, et les îles océaniennes ont la plus grande part à ce commerce qui constitue leur principale ressource.

La laine est, malgré l'importance gardée par la production européenne (un tiers), un des grands articles d'importation. Sur 1 million de tonnes de production totale annuelle, un quart vient d'Australie, un cinquième de la Plata, un vingtième du Cap. Les États-Unis importent un quart de leur consommation (50,000 tonnes) ; l'Angleterre, près des deux tiers (118,000 tonnes) ; la France, près des trois quarts (132,000 tonnes) ; l'Allemagne, près des deux tiers (106,000 tonnes) ; la Russie et l'Espagne ont, au contraire, une production supérieure à leur consommation, la Russie de deux cinquièmes (production totale : 108,000 tonnes) ; l'Espagne de un septième.

Le coton (2,650,000 tonnes) a trois centres principaux de production : les États-Unis (1,420,000 tonnes), l'Hindoustan (800,000 tonnes), l'Égypte (220,000 tonnes). Les États-Unis exportent les cinq neuvièmes de leur récolte, d'une valeur de 1,470 millions de francs (1892) ; l'exportation de l'Hindoustan, plus faible cette même année (270 millions de francs), avait atteint, en 1890, 470 millions. Les achats de l'Angleterre se sont élevés en 1892 à 950 millions de francs, ceux de l'Allemagne à 250 millions, ceux de la France à 100 millions.

Sur 12,159,000 kilogr. de soie produite en 1891, 4,147,000 proviennent de l'Europe, le reste de l'Asie, dont le groupe sino-japonais fournit la plus grande partie. L'Italie a livré à l'industrie 3,210,000 kilogr., la France 566,000, l'Autriche-Hongrie 281,000, l'Espagne 90,000. Nous savons quelle est la part de la soie dans l'exportation de la Chine (par Shanghaï et Canton principalement) et du Japon (Yokohama). Elle est le grand article de commerce de l'Europe avec l'Extrême-Orient et a eu dans le développement des relations avec ces pays lointains une importanre de premier ordre.

Pour le lin, dont la vogue, en raison du prix élevé de ses tissus, est diminuée par la faveur du coton, la concurrence de la Russie (610,000 tonnes sur 675,000 de production totale) a ruiné cette culture en France, où elle est encouragée par des primes, et en Belgique. Le discrédit des toiles de chanvre, trouvées trop grossières et trop rudes pour les usages domestiques, moins employées pour la voilure des navires et ayant à lutter encore contre les toiles de jute (Hindoustan), a amené le même résultat et cette culture européenne (360 millions de kilogrammes sur 425) a fléchi, elle aussi, devant les produits des cultures exotiques.

La houille, dont la possession et l'exploitation facile constituent de si précieux avantages, entre à cause de son poids et de son volume pour un chiffre important dans le tonnage de la circulation, principalement des transports par eau. La richesse de l'Europe en houille exploitable, c'est-à-dire à moins de 1,200 mètres de profondeur, serait de 360 milliards de tonnes, dont 198 milliards pour la Grande-Bretagne et l'Irlande, 112 pour l'Allemagne, 18 pour la France, 17 pour l'Autriche-Hongrie, 15 pour la Belgique. L'extraction totale s'est élevée en 1891 (année de la plus forte production pour l'Angleterre) à 535,100,000 tonnes ainsi réparties :

Angleterre.	185,519,000 tonnes.
États-Unis.	153,851,000 —
Allemagne.	94,252,000 —
Autriche-Hongrie	27,000,000 —
France	26,190,000 —

Belgique.	19,335,000 tonnes.
Russie	7,000,000 —
Espagne.	1,286,000 —
Divers	17,126,000 —

La France, dont la production s'est accrue depuis 1891, et la Belgique ont donc une exploitation relativement plus active que leurs riches concurrents. Néanmoins la France doit importer du dehors et surtout d'Angleterre le cinquième de sa consommation. Cardiff et Newcastle surtout expédient le charbon anglais sur tous les points du globe, où il est encore, malgré la concurrence que nous avons signalée dans l'Extrême-Orient, le plus répandu.

Pour les métaux, l'Espagne, par ses fers, son cuivre, son plomb, son mercure, et l'Allemagne, par ses mines de Silésie et de Saxe, ont pris une importance de premier ordre. Partout l'extraction a fait de très grands progrès ; l'Amérique, l'Asie méridionale, l'Asie russe, les Indes néerlandaises, l'Australasie, l'Afrique, rivalisent avec les pays d'Europe. Pour les métaux précieux dont la production dépasse 1 milliard en argent (au cours légal en France) et 700 millions en or, la part de l'Europe est insignifiante, mais pour le fer, sur 33 millions de tonnes de production totale, 23 environ sont de minerai tiré des gisements d'Europe (Angleterre, 11 millions de tonnes; Allemagne, 5 ; Espagne, 5 ; France, 1,5 ; Suède 1). Pour le plomb (production totale 650,000 tonnes), les États-Unis, Colorado, Missouri, fournissent 200,000 tonnes, mais la production de l'Allemagne, de l'Angleterre et de l'Espagne est encore importante. Le zinc vient surtout de l'Allemagne (650,000 tonnes) et principalement des mines silésiennes (Kœnigshutte).

Le cuivre, dont la production totale est de 240,000 tonnes,

provient encore de l'Amérique du Nord (rives du lac Supérieur) et du Chili ; l'étain de la presqu'île de Malacca (Pérak) et des îles de la Sonde (Banca et Billiton). Le mercure (4,700,000 kilogr.) est tiré de la Californie (1,000,000 de kilogrammes), de l'Espagne (Almaden, 1,200,000 kilogr.) et de l'Autriche (Idria, 25,000,000 de kilogrammes). Les États-Unis (Pensylvanie) tiennent toujours le premier rang pour le pétrole (54,000,000 d'hectolitres), mais la production du Caucase (Bakou, 18,000,000 d'hectolitres) et surtout celle de la Galicie (7,000,000 d'hectolitres) sont en progrès et disputent au pétrole américain le marché de l'Europe.

Malgré l'énorme développement industriel des États-Unis et leurs efforts pour remplacer sur le marché américain les produits de l'Europe, malgré aussi toutes les tentatives faites par les États européens pour restreindre l'importation chez eux des objets manufacturés de l'étranger, l'exportation des objets fabriqués reste toujours la caractéristique du commerce extérieur des États européens entre eux et avec le monde entier.

L'industrie métallurgique est, par suite du développement de plus en plus grand de l'emploi des machines, celle dont dérivent toutes les autres. La production de la fonte et de l'acier, qui était en Europe de 9,099,066 tonnes en 1865, y a atteint en 1892 le chiffre de 26,469,710 tonnes. Le progrès a été plus rapide encore aux États-Unis, où de 1,014,281 tonnes en 1865, la production est montée en 1892 au chiffre énorme et exceptionnel de 9,120,413 tonnes de fonte et 4,000,000 de tonnes d'acier. En Europe, l'Angleterre avec ses groupes puissants de la Mersey (Liverpool, Manchester), du Staffordshire (Birmingham, etc.), de Glasgow, tient toujours le premier rang, mais l'Allemagne avec ses groupes

rhénan (Essen, Solingen, etc.), saxon (Chemnitz) et silésien
la suit à peu de distance, laissant loin derrière elle la France,
malgré l'activité de ses centres du Nord, de la Lorraine, des
Ardennes, du Lyonnais, etc. ; l'Autriche, où cependant les
établissements de Bohême, de Moravie, de Styrie, d'Autriche, sont en progrès constant ; la Belgique, qui a Liège et
Charleroi ; la Russie, où l'Oural a des établissements considérables ; l'Espagne, la Suède, etc.

La force totale développée par toutes les machines du
monde entier dépasse aujourd'hui 50,000,000 de chevaux-
vapeur, force qui équivaut au travail de plus d'un milliard
d'hommes. Les principaux pays entrent dans ce total : l'Autriche pour 2 millions de chevaux-vapeur, la France pour
5 millions, l'Allemagne 5,5, l'Angleterre 7 et les États-Unis
7,500,000.

Nous avons indiqué pour chaque État les principaux éléments de son activité intérieure et de ses ventes au dehors.
Pour les textiles, l'Angleterre occupe dans tous les genres,
sauf pour les soieries, le premier rang. Aucun autre pays ne
peut entrer en balance avec elle pour la production des cotonnades, mais pour les lainages, elle ne distance que de très
peu les États-Unis et la France, naguère encore la première
pour l'importance de cette fabrication. La France tient la
tête pour les articles de Paris, les bronzes, les modes, la ganterie, la parfumerie, les fleurs artificielles, les jouets, la confection soignée. Nos porcelaines de Limoges, nos faïences,
ont pour rivales les porcelaines de Saxe et d'Angleterre et les
faïences italiennes. Pour les cristaux, la France partage avec
la Bohême la faveur publique ; nos verreries communes et
nos fabriques de verre à vitre et bouteilles soutiennent la
concurrence de celles de Belgique et d'Angleterre ; notre

horlogerie rivalise avec celle de Genève ; nos œuvres d'art sont recherchées du monde entier.

La primauté appartient en somme pour les objets de vente et de consommation communes et courantes aux pays qui possèdent en plus grande quantité la houille et les métaux, qui s'approvisionnent le plus facilement de matières premières et ont à leur disposition l'outillage de fabrication et de transport le plus perfectionné.

Notre infériorité relative résulte donc de circonstances en grande partie accidentelles et transitoires et l'on peut prévoir le moment, proche peut-être, où les moteurs électriques se substituant aux machines à vapeur, le transport de la force à domicile faisant reculer les grandes usines devant le travail familial et les petits ateliers, les découvertes scientifiques amenant la défaveur de certains produits et leur remplacement par des produits nouveaux, des changements s'opéreront dans la répartition du travail et de la richesse. Il n'est aucune nation, aucun pays qui soit à l'abri des coups de la fortune et dont la puissance politique ou économique ne soit exposée à ses vicissitudes. L'avenir appartient à celui qui aura le mieux su maintenir l'équilibre entre toutes les forces dont l'ascension ou la chute causent les perturbations passagères ; la France a su jusqu'ici conserver encore la balance entre sa puissance agricole et sa puissance industrielle. Sa puissance scientifique s'applique à soutenir et développer à la fois l'une et l'autre. Elle peut donc envisager sans crainte l'avenir, tout en ne perdant pas de vue que l'émulation et la rivalité des peuples voisins ne lui permettent, dans cette lutte du travail, ni faute, ni relâchement, ni faiblesse.

CHAPITRE XV

Résumé de l'histoire du commerce. — Conclusion.

Le commerce nous est donc apparu dans toutes les phases de son histoire comme un reflet de la vie sociale et des mœurs, comme l'expression et la manifestation extérieure du degré de civilisation d'une époque ou d'un groupe. Par un phénomène heureux, dû à la lenteur avec laquelle la connaissance de la terre entière a pu être embrassée par une même intelligence, et l'humanité rapprochée d'un même type, presque toutes les phases du développement humain et du processus commercial se trouvent encore représentées à la surface du globe, nous pouvons donc voir revivre sous nos yeux tous les procédés dont ont usé nos ancêtres, même les plus lointains.

Chez l'homme préhistorique, l'échange résulte déjà d'une nécessité, du besoin d'acquérir, de l'instinct de propriété, de l'impulsion naturelle à se rendre maître d'un objet contrariée et réglée par l'impulsion semblable d'autrui et la nécessité, en présence des mêmes prétentions soutenues par des forces égales, d'une transaction, d'une entente. Elle s'opère sous la forme la plus simple, sans intermédiaire ni débat, par le troc, tel que nous le retrouvons en vigueur chez les peuplades sauvages de Bornéo ou de l'intérieur de l'Afrique. Les instruments indispensables pour la sécurité ou pour se procurer de la subsistance en sont les premiers objets, puis, dès qu'apparaît la période historique, quand d'abord à la famille a succédé la tribu, à la tribu, le groupe de tribus ou peuple, quand aux besoins individuels ont succédé les besoins collectifs, quand aux appétits instinctifs se sont ajoutées des préoccupations sociales ou religieuses, les échanges s'étendent aux articles nécessaires à la satisfaction des besoins nouveaux, habitation, vêtement, parure, culte. Aux sentiers péniblement frayés sur un sol encore incertain, s'ajoutent ou se substituent les routes fluviales et la mer. Les animaux domptés, les embarcations sont employés pour les transports. Le domaine reconnu et parcouru, les matières échangées croissent en étendue et en nombre. Le troc donne lieu à des palabres ; les marchandises échangées sont soumises à une sorte de comparaison et d'évaluation, mais les Égyptiens se bornent encore aux échanges en nature. Des courants commerciaux s'établissent cependant dès cette époque, de l'Égypte vers certains points de la côte orientale de l'Afrique, de la Chaldée vers l'Inde. Les transmigrations opérées par les Assyriens, les routes ouvertes par les Babyloniens, la poste instituée par les Perses, les transports par caravanes, les paiements en lingots, les reconnaissances gravées sur les pierres, bientôt même l'institution de la monnaie créent, facilitent et multiplient des relations et donnent au commerce un véritable outillage. Des marchés se fondent au carrefour des routes, des bazars s'organisent dans les principales villes. Les Phéniciens pendant ce temps établissent des comptoirs sur tout le pourtour de la Méditerranée ; les Carthaginois et les Grecs leur succèdent. Des lignes de navigation régulières répondent à la marche régulière des caravanes. Les Grecs d'Asie ont préparé la conquête commerciale de l'Asie occidentale ; elle est opérée par Alexandre dont les conquêtes ouvrent à leur tour l'Extrême-Orient au commerce de l'Asie occidentale et de la Grèce. L'empire athénien avait été tout maritime, c'est au commerce par terre que les villes des États grecs d'Orient demandent leurs richesses. La banque et les opérations de banque ont pris naissance chez les Grecs. Lorsque la Grèce a été conquise par Rome, son génie commercial s'étend à tout le bassin méditerranéen où les Phéniciens, les Carthaginois et les Étrusques ont précédé les Romains. La réunion de la plus grande partie du monde connu des anciens sous un même empire, l'établissement de l'ordre et de la sécurité sur mer comme sur terre amènent, d'Auguste aux Antonins, une première période de prospérité commerciale que les voies romaines favorisent encore. Les douanes sont plutôt un impôt fiscal qu'une institution commerciale. Rome étend même ses relations jusqu'aux peuples riverains de la Baltique et du Pacifique, et bien que le commerce n'y ait jamais été en honneur, l'empire romain est pourvu d'un mécanisme commercial complet grâce auquel les échanges sont des plus actifs entre toutes les parties qui le composent.

Avec les invasions cette prospérité disparaît. Le commerce est pendant plusieurs siècles annihilé ; quelques rares courants persistent seuls ; la célébration du culte est, comme sous les anciens Égyptiens, le prétexte des plus lointains échanges ; Charlemagne jette des bases de relèvement futur, mais ne crée rien de durable. Le morcellement commercial va de pair avec le morcellement politique. Le commerce est méprisé, les échanges sont réduits au minimum ; le monde s'émiette ; un seul lien subsiste, l'Église, et l'Église est hostile au commerce. La conquête musulmane a augmenté la confusion et grandi l'isolement. Elle sera cependant, en suscitant les croisades, le principe du relèvement. Les trois groupes entre lesquels se partage alors le monde en deçà du Pamir se

mesurent dans cette mêlée. Le monde occidental ou romain
s'y rapproche du monde grec et du monde musulman : Venise
et les républiques commerçantes de l'Italie, de la France et
de l'Espagne y conquièrent des privilèges à Alexandrie comme
à Constantinople. Un code maritime, des habitudes commerciales prennent naissance. Bientôt les navires italiens s'avancent jusque dans les eaux flamandes. L'Italie redevient comme
le centre du monde. Les banquiers y fleurissent, la première
banque d'État y est fondée, dans quelques villes même l'État
se fait commerçant. Le petit monde occidental s'était reconstitué sur de nouveaux principes ; à une organisation industrielle étroite correspondait un système commercial reposant
sur une réglementation minutieuse, avec corporations mar-
chandes, associations pour les transports, ligues pour la sû-
reté des routes et pour le commerce avec le dehors, marchés
et foires. Les changeurs y jouent un rôle important. Les
douanes existent non pas à l'entrée, mais à la sortie des marchandises de leur pays d'origine.

Bientôt les droits protecteurs apparaissent. Les grands
États se constituent, par apposition de provinces plus que
par fusion en un seul tout. Les droits et péages anciens sont
partout maintenus et la séparation douanière survit à l'union
sous un même sceptre. Cependant le crédit a pris naissance,
un progrès analogue à celui qui avait réalisé la création des
monnaies a été opéré par l'institution de la lettre de change.
La découverte de l'Amérique et celle d'une nouvelle route
des Indes élargissent le champ du commerce, mais les anciennes pratiques ne se modifient pas. On veut continuer à
ne demander au dehors que ce que le pays ne produit pas,
écarter l'idée de toute concurrence de la part des pays nouveaux ou plus régulièrement fréquentés.

C'est encore l'industrie des transports qui fait la fortune
du premier État moderne édifié sur le commerce ; toutefois
les Hollandais y joignent une exploitation fructueuse, bien
qu'impitoyable, de leurs possessions lointaines. L'acte de navigation anglais, le système commercial de Colbert s'inspirent toujours d'un patriotisme étroit et borné : le commerce
international est gêné par mille restrictions, le commerce
intérieur souffre toujours de mille entraves.

Des idées nouvelles se font jour au xviiie siècle. Les
grandes mêlées européennes du siècle précédent ont déjà
revêtu un caractère commercial ; dans les grandes guerres de
celui-ci, derrière les intérêts européens, s'agitent des intérêts
coloniaux plus considérables qu'eux. Les idées de liberté et
d'indépendance passent du domaine philosophique et théolo-
gique dans le domaine économique et pratique. La révolution
applique à la circulation intérieure en France les doctrines
du libre échange et son exemple sera suivi au dehors. L'hostilité de l'Angleterre contre la République et l'Empire est
inspirée par des raisons d'intérêt commercial. La guerre de
blocus entre elle et nous ressuscite les errements contre lesquels avait protesté la ligue des neutres. En vain les traités
de 1815 paraissent vouloir inaugurer une nouvelle politique
commerciale, le protectionnisme reparaît triomphant dans
tous les États.

L'Angleterre inaugure alors seule l'application de ces nouveaux principes, qu'aucune puissance ne veut consacrer par
des traités. Elle devient ce qu'ont été successivement Venise,
Bruges, Anvers, Amsterdam, un entrepôt librement ouvert
au commerce universel. Ses colonies d'Amérique affranchies
sont pour elle un meilleur client que ne l'ont jamais été les
colonies soumises. L'Amérique espagnole, devenue indépen-

dante, lui ouvre un vaste marché. Malgré le développement donné en Hollande et en Angleterre aux affaires de banque, la rareté relative du numéraire gêne encore les transactions. Les mines d'or de la Californie et de l'Australie jettent alors leurs produits dans la circulation. La révolution monétaire du xixe siècle, plus rapide que celle du xvie, jointe aux découvertes de la science, aux progrès de la fabrication et des transports, des machines, des chemins de fer, de la navigation à vapeur, du télégraphe électrique, nécessite une orientation nouvelle et un élargissement du commerce. Le traité de 1860 entre la France et l'Angleterre inaugure la phase de la liberté des échanges, et toute l'Europe marche successivement dans la même voie.

La Chine et le Japon sont entrés dans la sphère régulière du commerce européen, l'Afrique sera ouverte à son tour. A la chute des anciennes barrières, des débris du système colonial, de l'esclavage, des prohibitions, correspond l'ouverture de contrées nouvelles; à l'arrivée des métaux précieux dont l'abondance finira par devenir un mal, un développement inouï du crédit, la multiplication des valeurs fiduciaires, la simplification de tous les rouages et procédés pour les achats, les ventes, les transports de créances, les règlements de compte. Le commerce prend une extension considérable. L'agriculture et l'industrie européennes sont à l'apogée de leur prospérité.

La guerre de 1870 et ses conséquences, le progrès des pays hors d'Europe joint à celui des États européens, modifient la situation. Les États-Unis reviennent les premiers à la politique protectionniste, et toute l'Europe, sauf l'Angleterre et la Hollande, y revient à son tour. Les progrès qui avaient marqué la période précédente ne se ralentissent pas ; la science continue ses découvertes, les machines accroissent leur production, les transports et les communications de toutes sortes deviennent de jour en jour plus rapides et moins coûteux, le crédit plus abordable, le taux de l'intérêt et de l'escompte moins élevé, les compensations plus faciles : le marché se rétrécit ; d'universel, le commerce tend à redevenir national. On cherche alors par des conquêtes et des annexions lointaines à se procurer des débouchés remplaçant ceux qui se ferment. L'Europe étouffe dans sa surproduction industrielle et est écrasée par la surproduction agricole des pays hors d'Europe. Elle lutte à la fois contre elle-même et contre la concurrence hardie des États-Unis, de l'Hindoustan, des pays d'Extrême-Orient. Renonçant aux principes absolus, elle s'efforce par des conventions, des arrangements, des *modus vivendi,* des revisions de tarifs, de pallier cette crise. Le rôle du commerce lui apparaît comme grand dans cette phase de son existence. Toutes les institutions créées depuis des siècles pour la sauvegarde et l'étude des intérêts commerciaux sont consultées et écoutées avec faveur. Ce n'est plus seulement en effet la paix entre les peuples qu'il a mission de cimenter et rendre durable : c'est la paix à l'intérieur même de chaque pays, la paix sociale, qu'il peut assurer par la satisfaction des intérêts et l'entretien de l'activité matérielle, comme la diffusion de l'instruction et des lumières, le progrès scientifique et le progrès moral y contribueront, de leur côté, par l'amélioration des conditions de la vie et le triomphe des idées de solidarité, de fraternité et de justice.

BIBLIOGRAPHIE

(Sauf de très rares exceptions, les ouvrages récents sont seuls indiqués.)

OUVRAGES GÉNÉRAUX

Schérer, Histoire du commerce de toutes les nations depuis les temps anciens jusqu'à nos jours, trad. franç. 2 vol. 1857. — **Noël,** Histoire du commerce du monde. 2 vol. 1891-1894. — **Blanqui,** Résumé de l'histoire du commerce et de l'industrie. 1857. — **Gulich,** Histoire du commerce. — **Anderson,** Historical and chronological deduction of commerce. 1763. — **M. de Zorio,** Storie del commercio e delle navigazione, dal principii del mondo. — **Beer,** Allgemeine Geschichte des Welthandels. 5 vol. 1860-1884. — **Buchele,** Geschichte des Welthandels. 1867. — **Engelmann,** Geschichte des Handels. 4e édit. 1881. — **Duesberg,** Histoire du commerce, de la géographie et de la navigation chez tous les peuples et dans tous les États, d'après le docteur Hoffmann. 1849. — **Dr Haushofer,** Abritz der Handels-Geschichte. 3e édit. 1894. — **Dr Richard Mayr,** Handbuch der Handels-Geschichte. 1894. — **G. François,** Le commerce. 1894. — **Baudrillart,** Histoire du luxe privé et public depuis l'antiquité jusqu'à nos jours. 4 vol. 1878-1881. — **Béraud,** Le commerce, la navigation, les arts des peuples anciens et modernes. 1861. — **J.-B. Say,** Traité d'économie politique. 7e édit. 1861. — **P. Leroy-Beaulieu,** Traité d'économie politique. 4 vol. 4e édit. 1895. — **Batbie,** Nouveau cours d'économie politique. 1866. — **F. Passy,** Leçons d'économie politique. 1862. — **De Laveleye,** Éléments d'économie politique. 1882. — **Ch. Gide,** Traité d'économie politique. 1884. — **Funck-Brentano,** Nouveaux procédés d'économie politique. 1887. — **Garnier,** Traité d'économie politique sociale et industrielle. 1880. — **Michel Chevalier,** Cours d'économie politique. 1855-1856. — **Beauregard,** Cours d'économie politique. 1892. — **Stuart Mill,** Traité d'économie politique, trad. franç. 1861. — **Courcelle-Seneuil,** Traité d'économie politique. 2 vol. 1882. — **Schultze-Delitsch,** Cours d'économie politique à l'usage des ouvriers et des artistes, trad. franç. 1894. — **Schœnberg,** Handbuch der Politik-Œkonomie. 1882. — **Cairness,** The character and logical methode of national economy. 1888. — **Stanley-Jevons,** The theory of political economy. 1888. — **Marshall,** Proceedings of economy. 1891. — **Ingram,** Histoire de l'économie politique, trad. franç. 1893. — **L. Say** et **Chailley,** Dictionnaire d'économie politique. 2 vol. 1891-1892. — **Coquelin** et **Guillaumin,** Dictionnaire de l'économie politique. 2 vol. 1864. — **Brulons,** Dictionnaire universel de commerce. 3 vol. 1748. — **Block,** Dictionnaire du commerce et de la navigation. — **Conrad, Elster,** etc., Handwörterbuch der Staatswissenschaften. — **Juraschek,** Uebersichten der Weltwirthschaft. — **Palgrave,** Dictionary of political economy.

PÉRIODIQUES

L'Économiste français (rédacteur en chef, Paul Leroy-Beaulieu). — *Journal des économistes* (rédacteur, de Molinari). — *Revue d'économie politique* (directeur, Villey). — *Revue du commerce et de l'industrie* (directeur, Georges Paulet). — *Revue des Deux-Mondes.* — *Annales de l'École libre des sciences politiques.* — *Revue historique.* — Bibliothèque de l'*École des Chartes. — Revue politique et parlementaire. — Economist. — Saturday Review. — Fortnightly Review. — Jahrbücher für National-OEkonomie und Statistik* (fondé par Hildebrand, continué par Conrad). — *Zeitschrift für Social- und Wirthschafts-Geschichte* (dirigée par Bauer). — *Zeitschrift für Litteratur und Geschichte der Staatswissenschaften* (publié par le Dr Frankestein). — *Zeitschrift für die gesammte Staatswissenschaft* (rédacteur, Schmoller). — *Giornale degli economisti.* — *Economista.*

TOME PREMIER

CHAPITRE Ier

Voir Ouvrages généraux.

CHAPITRE II

Mortillet, Le préhistorique. 1883. — **Cartailhac,** Matériaux pour servir à l'histoire de l'homme. — *Id.*, La France préhistorique. 1890. — **Lenormant,** Les origines de la civilisation. — **Ratzel,** Anthropogeographie.

1882-1891. — **Peschel**, Völkerkunde. 1878 et suiv. — **Ranke**, Der Mensch. 2 vol. 1890. — **De Nadaillac**, Les premiers hommes et la terre préhistorique. 2 vol. 1881. — *Id.*, Mœurs et monuments des peuples préhistoriques. 1888.

CHAPITRE III

Maspero, Histoire ancienne des peuples de l'Orient. — *Id.*, Histoire ancienne des peuples de l'Orient classique. 1895. — **Lenormant** (**F.**), Histoire ancienne des peuples de l'Orient jusqu'aux guerres médiques. 9e édit. 6 vol. 1881-1888. — *Id.*, Histoire de la monnaie dans l'antiquité. 3 vol. 1878-1879. — **Heeren**, Politique et commerce des peuples de l'antiquité, trad. franç. 7 vol. 1830-1844. — **Huet**, Histoire du commerce et de la navigation des anciens. 1716. — **Dumesnil-Marigny**, Histoire de l'économie politique des anciens peuples de l'Inde, de l'Égypte, de la Judée et de la Grèce. 1872. — **Richter**, Handel und Verkehr der wichtigsten Völker des Mittelmeeres. 1885. — **Peschel**, Abhandlungen. 1877. — **Muller**, Handbuch der classischen Alterthumswissenschaft. 1889. — **G. Perrot** et **Chipiez**, Histoire de l'art dans l'antiquité. 1882 et suiv. — **Pauly**, Real Encyclopedie, 6 vol. en 8 part. 1864 et suiv. — **Forbiger**, Handbuch der alten Geographie. 3 vol. 1877. — **Kiepert**, Lehrbuch der alten Geographie. 1878. — **Brugsch**, Histoire de l'Égypte depuis les premiers temps jusqu'à nos jours. 1859. — **Chabas**, Recherches sur les poids, mesures et monnaies des anciens Égyptiens. — **Mürdter-Delitzsch**, Geschichte Babyloniens und Assyriens. 1892. — **Tiele**, Babylonisch-Assyrische Geschichte. 1886. — **Movers**, Die Phönizier. 2 vol. 1849-1850. — **Pietschmann**, Geschichte Phöniziens. 1889. — **Renan**, Histoire du peuple d'Israël. 5 vol. 1887-1888.

CHAPITRE IV

Curtius, Histoire grecque, trad. Bouché-Leclercq. 6 vol. 1880 et suiv. — **Grote**, Histoire de la Grèce, trad. Sadous. 10 vol. 1866-1867. — **Duruy**, Histoire des Grecs. 3 vol. — **Droysen**, Histoire de l'hellénisme, trad. franç. Bouché-Leclercq. 3 vol. — **Büchsenschütz**, Besitz und Erwerb griechischen Alterthums. 1869. — **Bœckh**, Économie politique des Athéniens, trad. franç. 2 vol. 1828. — **Hullmann**, Handels-Geschichte der Griechen. 1839. — **Daremberg** et **Saglio**, Dictionnaire des antiquités. — **Vallon**, Histoire de l'esclavage dans l'antiquité. 3 vol. 1879. — **Guiraud**, La vie privée et la vie publique des Grecs. 1890. — **Fustel de Coulanges**, La cité antique. — **Hermann**, Manuel des antiquités grecques. — **Mahaffy**, La vie sociale en Grèce. 1888. — **Vars**, L'art nautique dans l'antiquité d'après Breusing. 1887. — **Guhl** et **Koner**, La vie antique, traduite par Trawinski. 1884. — **Caillemer**, Des institutions commerciales d'Athènes au temps de Démosthène. — **Goguel**, Commerce d'Athènes après les guerres médiques. — **Rayet**, Histoire de la céramique grecque. — **Brants**, De la condition des travailleurs libres dans l'industrie athénienne (*Revue de l'instruction publique belge*, XXVI-100). — *Id.*, Les opérations de banque de la Grèce antique. 1882. — **Koutorga**, Essai sur les trapézites. 1859. — **Gaillard**, Des banquiers athéniens et romains. — **G. Perrot**, Mémoires d'archéologie, d'épigraphie et d'histoire. 1875.

CHAPITRE V

Mommsen, Histoire romaine, trad. par Alexandre. 8 vol. 1863-1872. — *Id.*, *Id.*, trad. Cagnat et Toutain. 2 vol. 1887-1888. — **Mommsen** et **Marquard**, Manuel des antiquités romaines, trad. sous la direction de Humbert. 11 vol. 1887-1892. — **Duruy**, Histoire romaine. 7 vol. 1870-1885. — **Guiraud**, La vie publique et la vie privée des Romains. 1891. — **Dureau de Lamalle**, Économie politique des Romains. 2 vol. 1840. — **Friedländer**, Mœurs romaines du règne d'Auguste à la fin des Antonins, trad. par Vogel. 4 vol. 1865-1874. — **Boissier**, Promenades archéologiques. 1890-1891. — **Bouché-Leclercq**, Manuel des institutions romaines. 1886. — **Mommsen**, Histoire de la monnaie romaine, trad. franç. 4 vol. 1867-1875. — **Letronne**, Considérations générales sur l'évaluation des monnaies grecques et romaines et sur la valeur de l'or et de l'argent avant la découverte de l'Amérique. 1817. — **Levasseur**, De la valeur des monnaies romaines. — **Reinaud**, Relations politiques et commerciales de l'empire romain avec l'Asie orientale pendant les cinq premiers siècles de l'ère chrétienne. 1862. — **Rodbertus-Jagetzow**, Abhandlungen zur National Œkonomie des classischen Alterthums (dans le journal d'Hildebrandt). — Instituto di corrispondenza archeologica : Bullettino e Annali. 1829 et suiv. — **Deloume**, Les manieurs d'argent à Rome jusqu'à l'Empire. 1892. — **Waddington**, Édit de Dioclétien *in* Inscriptions de l'Asie-Mineure. — **Cagnat**, Étude historique sur les impôts indirects chez les Romains. 1882. — **Maury**, Les voies romaines (*Revue des Deux-Mondes*). 1866. — **Bertrand**, Les voies romaines en Gaule (*Revue archéologique*). 1862. — **Jullian**, Gallia.

CHAPITRE VI

Pigeonneau, Histoire du commerce de la France. 2 vol. 1887-1889. — **Périgot**, Histoire du commerce français. 1884. — **Quicherat**, Histoire du costume. 1875. — **Viollet-le-Duc**, Dictionnaire raisonné du mobilier français de l'époque carlovingienne à la Renaissance. 6 vol. 1875. — **Levasseur**, Histoire des classes ouvrières en France jusqu'à la Révolution. 2 vol. 1859. — **Rambaud**, Histoire de la civilisation française. 2 vol. 1887. — **Dareste de la Chavanne**, Histoire des classes agricoles en France. 1853. — **Doniol**, Histoire des classes rurales en France. 1865. — **Granier de Cassagnac**, Histoire des classes ouvrières et des classes bourgeoises. 1838. — **Jaume**, Histoire des classes laborieuses. 1852. — **Bonnemère**, Histoire des paysans depuis la fin du moyen âge jusqu'à nos jours (1200-1850), précédée d'une introduction de 50 ans avant Jésus-Christ jusqu'en 1200. 1856. — **Lavisse** et **Rambaud**, Histoire générale. 7 vol. parus. — **Rosières**, Histoire de la société française au moyen âge. 1884. — **Guérard**, Polyptyque d'Irminon. — **Don Vaisselle**, Histoire du Languedoc. Nouv. édit. 1872 et suiv. — **Longnon**, Géographie de la Gaule au vi⁰ siècle. — **Leber**, Essai sur l'appréciation de la fortune privée au moyen âge. 1847. — **Levasseur**, Les prix. Aperçu de l'histoire économique de la valeur et du revenu de la terre en France. 1893. — **Roy**, L'an mille. 1885. — **Lamprecht**, Études sur l'état économique de la France pendant la première partie du moyen âge, trad. franç. 1889. — *Id.*, Deutsches Wirthschaftsleben im Mittelalter. 4 vol. 1886. — **Roscher**, Geschichte der National-OEkonomie in Deutschland. 1874. — **Hanssen**, Agrarhistorische Abhandlungen. 2 vol. 1880-1884. — **Dahn**, Urgeschichte der romanischen und germanischen Völkerschaften. 4 vol. — **Inama-Sternegg**, Deutsche Wirthschafts-Geschichte. 2 vol. 1878-1890.

CHAPITRE VII

Darmestetter (A.), Les Perses. 1890. — **Paparrigopoulo**, Histoire de la civilisation hellénique. 1878. — **Heyd**, Histoire du commerce du Levant au moyen âge, trad. franç. par Raynaud. 2 vol. 1885-1886. — **Rambaud**, Constantin Porphyrogénète. 1873. — **Bayet**, L'art byzantin. 1889. — Le livre du préfet ou Édit de l'empereur Léon le Sage sur les corporations de Constantinople, trad. franç. 1894. — **Hullmann**, Geschichte des byzantinischen Handels. 1868. — **Sedillot**, Histoire des Arabes. 1852. —

G. Lebon, La civilisation des Arabes. 1888. — **Prisse d'Avesnes,** L'art arabe depuis le vii° siècle. — **De Mas-Latrie,** Traités de paix et de commerce concernant les relations des chrétiens avec les Arabes de l'Afrique septentrionale au moyen âge. 1867. — **Kremer,** Kultur-Geschichte des Orients unter den Khalifen. 2 vol. 1875-1879. — **Babelon,** Du commerce des Arabes dans le nord de l'Europe avant les Croisades. 1882.

CHAPITRE VIII

Prutz, Kultur-Geschichte der Kreuzzüge. 1883. — **Kugler,** Geschichte der Kreuzzüge. 1880. — **Von Sybel,** Geschichte des ersten Kreuzzuges. 1881. — **G. Rey,** Les colonies françaises de Syrie. 1888. — **Buchon,** Histoire des conquêtes et de l'établissement des Français dans les provinces de l'ancienne Grèce au moyen âge. 1846. — **Riant,** Des dépouilles religieuses enlevées à Constantinople au xiii° siècle. 1874. — Collection de l'Orient latin.

CHAPITRE IX

Cibrario, Économie politique du moyen âge, trad. franç. 1859. — **Sismondi,** Histoire des républiques italiennes. 10 vol. 1840-1841. — **Perrens,** Histoire de Florence. 8 vol. 1877-1890. — *Id.,* La civilisation florentine, 1893. — **Cantu,** Histoire des Italiens, trad. franç. 12 vol. 1859-1861. — **Depping,** Histoire du commerce entre le Levant et l'Europe depuis les Croisades jusqu'à la fondation des colonies d'Amérique. 2 vol. 1890. — **F. Michel,** Recherches sur le commerce, la fabrication et l'usage des étoffes de soie pendant le moyen âge. 2 vol. 1852-1854. — **Molmenti,** La vie privée à Venise. 1882. — **Simonsfeld,** Del Fondaco dei Tedeschi. 1887. — **Neumont,** Lorenzo di Medici. 2 vol. 1874. — **Wiszwiewski,** Histoire de la banque de Saint-Georges de Florence. 1865. — **Muntz,** Histoire de l'art pendant la Renaissance. — **Gregorovius,** Geschichte der Stadt Rom. 8 vol. — **James Bryce,** Le Saint-Empire romain germanique, trad. franç. 1890.

CHAPITRE X

C. Piton, Les Lombards en France et à Paris. 2 vol. 1891-1892. — **Germain,** Histoire du commerce de Montpellier, 2 vol. 1861. — **F. Michel,** Histoire du commerce et de la navigation à Bordeaux. — **Malvezin,** Histoire du commerce de Bordeaux. 3 vol. 1893. — **Lebeuf,** Histoire du commerce de Nantes. 1857. — **Chéruel**, Histoire de Rouen pendant l'époque communale. 1844. — **De Fréville**, Histoire du commerce maritime de Rouen. 1866. — **Julliany**, Essai sur le commerce de Marseille. 1842. — **Blancart**, Documents inédits sur le commerce de Marseille au moyen âge. 2 vol. 1884-1885. — **C. Port**, Essai sur le commerce maritime de Narbonne. 1852. — **Guilmoto**, Étude sur les droits de navigation de la Seine. 1889. — **Mantellier**, Histoire de la communauté des marchands fréquentant la rivière de Loire. 3 vol. 1869. — **Roulland**, Essai sur la foire de Saint-Germain (*Bib. Éc. Ch.*). — **Bourquelot**, Étude sur les foires de Champagne. 1865. — **Delisle**, Études sur la condition des classes agricoles en Normandie. 1850. — **Siméon Luce**, La jeunesse de Bertrand Duguesclin. 1876. — *Id.*, La France pendant la guerre de Cent ans. 1890. — **Delisle**, Mémoire sur les opérations financières des Templiers (*Mémoires de l'Académie des inscriptions et belles-lettres*, 1889). — **Boutaric**, Histoire de Philippe le Bel. 2 vol. — **Giraud**, Paris sous Philippe le Bel. 1837. — **P. Viollet**, Les établissements de saint Louis. — **Renan**, Discours sur l'état des beaux-arts en France au xive siècle (Histoire littéraire de la France). — **P. Clément**, Jacques Cœur et Charles VII. 2 vol. 1863. — **Trouvé**, Jacques Cœur commerçant, maître des monnaies, argentier du roi Charles VII et négociateur. 1840. — **Vallet de Viriville**, Histoire de Charles VII. 3 vol. 1862-1869. — **De Fresne de Beaucourt**, Histoire de Charles VII. 6 vol. 1880-1891. — **Thomas Basin**, Histoire de Charles VII et de Louis XI. — **Fagniez**, Documents relatifs à l'histoire du commerce et de l'industrie en France au moyen âge.

CHAPITRE XI

Kerwyn de Lettenhove, Histoire de la Flandre. 5 vol. — **Warnkœnig**, Histoire des institutions de la Flandre. — **Finot**, Relations commerciales entre la France et la Flandre au moyen âge. 1895. — **Dehaisne**, Histoire de l'art dans la Flandre, l'Artois et le Hainaut avant le xve siècle. 2 vol. 1885. — **Van Bruyssel**, Histoire du commerce et de la marine de Belgique. 5 vol. 1861-1865. — **Wauters**, Les libertés communales (*Bull. ac. roy. Belg.*). 1874. — **Moy** et **Cons**, Le Nord pittoresque, 1888. — **De Reiffenberg**, De l'état du commerce des Pays-Bas aux xve et xvie siècles. — **Pinchart**, Du commerce des Belges avec les Vénitiens du viie au xvie siècle. — **De Barante**, Histoire des ducs de Bourgogne, édit. Gachard et Reiffenberg. 1838. — **Taine**, L'art dans les Pays-Bas. — **Gross**, Gild merchant. 1882.

CHAPITRE XII

Tylor, Researches in the early history of merchants in the development of civilisation, 1878. — **Ashley,** An introduction to english economic history and theory, 1888. — **Leone Levi,** History of british commerce. 1872. — **Cunningham,** Grouth of english industry and commerce during the early and middle ages. 2 vol. 1890-1893. — **Th. Rogers,** History of agriculture and prices. 1866-1888. — *Id.,* Six centuries of work and wages, the history of english labour. 1890. — *Id.,* Interprétation économique de l'histoire, trad. franç. 1893. — **Taine,** Histoire de la littérature anglaise. 3 vol. — **Ochenkowski,** Englands wirthschaftliche Entwickelung im Ausgang des Mittelalters. 1879. — Die Recesse und andere Akten der Hansetage [von 1256-1490. 1870. — **Hohlbaum,** Hansisches Urkundenbuch (957-1300). 1876. — **Worms,** Histoire de la ligue hanséatique. — **Schœfer,** Die Hansa und ihre Handelspolitik. 1885. — **Barthold,** Geschichte der deutschen Hanse. 3 vol. 1884. — **Falke,** Geschichte des deutschen Handels. 2 vol. 1859-1860.

CHAPITRE XIII

D'Avenel, Histoire économique de la propriété, des salaires, des denrées, de tous les prix en général, depuis l'an 1200 jusqu'à 1800. 2 vol. 1894. — **Chéruel,** Dictionnaire des Institutions. 2 vol. 1854. — **Magaroz,** Histoire des corporations françaises d'arts et métiers. 1878. — Procès-verbaux du Conseil de Charles VIII. — **Gasquet,** Institutions. — **Masselin,** Journal des États généraux de Tours (1484), coll. des docum. inédits. 1835. — **Fagniez,** Étude sur l'industrie et la classe industrielle à Paris au XIII° et au XIV° siècle. — **Pardessus,** Collection des lois maritimes, 6 vol. 1834. — **Bédarride,** Les Juifs en France, en Italie et en Espagne. 1859. — **Malvezin,** Les Juifs à Bordeaux. 1875. — **Lévy,** Les Juifs de la Comté au XIV° siècle. 1869. — **Prudhomme,** Les Juifs en Dauphiné aux XIV° et XV° siècles. — **Franklin,** Les corporations ouvrières de Paris. 1884. — *Id.,* Les rues et les cris de Paris au moyen âge. 1874. — **P. Lacroix** (bibliophile Jacob), Les lettres, les sciences et les arts au moyen âge. — *Id.,* Mœurs et coutumes. — *Id.,* Vie militaire. — **Dareste,** Traites et droits de douanes dans l'ancienne France (*B. Éc. Ch.*). 1816. — **Poey d'Avant,** Les monnaies féodales de France. 3 vol. 1853. — **Fillon,** Monnaies féodales françaises, 1862. — **Hoffmann,** Les monnaies royales de France depuis Hugues Capet jusqu'à Louis XVI. 1875. — **De Barthélemy,**

Nouveau manuel complet de numismatique du moyen âge et moderne. 1852. — **Costes**, Les institutions monétaires avant et depuis 1789. 1885. — **Vuitry**, Étude sur le régime financier de la France avant la Révolution de 1789. 3 vol. 1878-1882.

CHAPITRES XIV ET XV

A. de Capmany, Memoricas historics sobre la marina, comercio y artes de Barcelona. 4 vol. 1779-1792. — **Mariéjol**, L'Espagne sous Ferdinand et Isabelle. 1892. — **Harrisse**, Christophe Colomb, son origine, sa vie, sa famille et ses descendants. 2 vol. 1884. — **Peschel**, Geschichte des Zeitalters der Entdeckungen. — *Id.*, Geschichte der Erdkunde. — **Paul Leroy-Beaulieu**, De la colonisation chez les peuples modernes. 1 vol. 1874. — **Merivale**, Lectures on colonies. — **Roscher et Janasch**, Kolonien. 3 vol. 1884. — **Prescott**, Histoire de la découverte de l'Amérique. — **Robertson**, Histoire de Charles-Quint. — **Forneron**, Histoire de Philippe II. 4 vol. 1881-1882. — **Hubler**, Die wirthschaftliche Blüte Spaniens im 16. Jahrhundert. 3 vol. 1884. — **Pfannschmitt**, Entwickelung des Welthandels. 1886. — **Gelcich** (E.), Beiträge zur Entwickelungsgeschichte der Schifffahrt. 1882. — **Rosseeuw Saint-Hilaire**, Histoire d'Espagne. 15 vol. — **Denis**, Histoire du Portugal.

CHAPITRE XVI

Janssen, L'Allemagne et la Réforme, trad. franç. 3 vol. — **Tomaseo**, Rel. des ambassadeurs vénitiens. 2 vol. (coll. des doc. inéd.). — **Gallery**, Les douanes avant Colbert (*Rev. hist.* 1882). — **Klückhohn**, Handels-Geschichte im Reformationszeitalter. 1886. — *Id.*, Handelsgesellschaften und Monopole im Zeitalter der Reformation. 1886. — **Kleinschmidt**, Augsburg, Nurnberg und ihre Handelsposten. 1881. — **Schmoller**, National-Œkonomische Ansichten in Deutschland während der Reformations-Periode. 1860. — **Winkemann**, Darstellung der in Deutschland zur Zeit der Reformation herrschenden National-Œkonomie. 1886. — **Zeller**, Histoire d'Allemagne. 6 vol. — **Sayous**, Histoire des Hongrois. 1876.

CHAPITRE XVII

Bonnassieux, Les grandes compagnies de commerce. 1892. — **Temminck**, Coup d'œil général sur les possessions néerlandaises de l'Inde archipélagique. 3 vol. 1846-1849. — **Guizot**, Histoire de la Révolution d'Angleterre et annexes. 7 vol. — **Sayous**, Les deux révolutions d'Angleterre. 1892. — **Macaulay**, History of England. — **Huber**, Die geschichtliche Entwickelung des modernen Verkehrs. 1893. — **Zehden**, Die Verkehrswege zu Wasser und zu Lande. 1879. — **De Jonge**, Zeevezen. 10 vol. 1828. — **Laspeyres**, Geschichte der Volkswirthschaftlichen Anschauungen der Niederländer. 1863. — **Lefèvre-Pontalis**, Jean de Witt, grand pensionnaire de Hollande. 2 vol. 1884.

CHAPITRE XVIII

Henri Martin, Histoire de France. 19 vol. — **Poirson**, Histoire d'Henri IV. 3 vol. 1856. — **Laffemas**, Histoire du commerce. 1606. — **Antoine de Montchrétien**, Le traité de l'économie politique, édit. Funck-Brentano. 1889. — **Gosselin**, Documents inédits pour l'histoire de la marine normande et du commerce rouennais pendant le xvi° et le xvii° siècle. 1876. — **Thomas Lefebvre, sieur du Grand Hamel**, Discours sommaire de la navigation et du commerce, jugements et pratique d'iceux. 1650. — **Fagniez**, L'industrie en France sous Henri IV (*Rev. hist.*). 1885. — *Id.*, Le commerce en France sous Henri IV (*Rev. hist.*). 1881. — **G. Hanotaux**, La jeunesse de Richelieu. — La France en 1614. 1893. — **Caillet**, De l'administration en France sous le ministère de Richelieu. 1857. — **D'Avenel**, Richelieu et la monarchie absolue. 4 vol. 1884-1890. — **Chéruel**, Histoire de la France pendant la minorité de Louis XIV et sous le ministère de Mazarin. 7 vol. 1879-1892. — **De Rothschild**, Histoire de la poste aux lettres. 1873. — **Gallois**, La poste et les moyens de communication des peuples à travers les âges. 1894.

CHAPITRE XIX

Colbert, Lettres, instructions et mémoires (publiés par P. Clément). 5 vol. 1861-1868. — **Savary**, Le parfait négociant. 1676. — **Depping**, Recueil de documents inédits concernant l'administration publique en France sous Louis XIV (coll. doc. inéd.). 4 vol. 1850-1855. — **De Boislisle**, Correspondance des contrôleurs généraux avec les intendants des provinces. 2 vol. 1874-1883. — *Id.*, Mémoires des intendants sur l'état des généralités (coll. doc. inéd.) 1881. — **Clément**, Histoire de la vie et de l'administration de Colbert. 2 vol. (n. édit.). 1874. — *Id.*, Histoire du système protectionniste en France, depuis le ministère de Colbert jusqu'à la

Révolution de 1848.·1854. — **Neymarck**, Colbert et son temps. 2 vol. — **Gaillardin**, Histoire du règne de Louis XIV. 5 vol. 1871-1874. — **Schmoller**, Das Mercantilsystem und seine geschichtliche Entwickelung. 1880. — **Biedermann**, Ueber den Mercantilismus. 1870. — **Dufrène de Francheville**, Histoire des tarifs de 1664. — **Hill**, The first stages of the tarifs policy of the United States. 1893. — **Daubigny**, Choiseul et la France d'outre-mer après le traité de Paris. 1892.

CHAPITRE XX

Raynal, Histoire philosophique des deux Indes. — **Dufrène de Francheville**, Histoire de la Compagnie des Indes. — **Barbié du Bocage**, Essai sur l'histoire du commerce des Indes orientales. 1864. — **Seeley**, L'expansion de l'Angleterre, trad. franç. 1885. — **Macaulay**, Essays. — **Lecky**, History of England in 18th century. 1878 et suiv. — **Malleson (Alb.)**, Life of Warren Hastings, first governor general of India. 1894. — **Paul Boiteau**, État de la France en 1789. — **Lippmann**, Geschichte des Zuckers. 1890. — **Pauliat**, Louis XIV et la Compagnie des Indes. 1886. — **Deschamps**, Histoire de la question coloniale en France. 1891. — **Jurien de la Gravière**, Les derniers jours de la marine à rames. 1885. — **Moireau**, Histoire des États-Unis de l'Amérique du Nord depuis la découverte du nouveau continent jusqu'à nos jours. 1892.

TOME SECOND

CHAPITRE Ier

Taine, Origines de la France contemporaine, t. Ier. — **Tocqueville**, L'ancien régime et la Révolution. — **Albert Sorel**, L'Europe et la Révolution française. 1er vol. — **Louis Blanc**, Histoire de la Révolution française. 1er vol. — **De Lavergne**, Les assemblées provinciales sous Louis XVI. 1864. — **Jobez**, La France sous Louis XV. Paris. 1864 et suiv. — *Id.*, La France sous Louis XVI. 1881. — **Franklin**, La vie privée d'autrefois, comment on devenait patron. 1889. — **Babeau**, La ville sous l'ancien régime. 2 vol. 1884. — *Id.*, Le village sous l'ancien régime. 1882. — *Id.*, La province sous l'ancien régime. 2 vol. 1894. — **Ustariz**, Teoria y pratica del commercio. 1724. Trad. franç. 1753. — **Ulloa**, Rétablissement du com-

merce et des manufactures d'Espagne, trad. franç. 1753. — **Foncin,**
Essai sur le ministère de Turgot. 1877. — **L. Say,** Turgot. 1888. — **Bauer,**
Zur Entstehung der Physiokrater. 1855. — **L. de Lavergne,** Essai sur
l'économie rurale de l'Angleterre, de l'Écosse et de l'Irlande. 1863. —
Rogers, The industrial and commercial history of England. 1892. — **Henri
George,** Protectionnisme et libre échange, trad. franç. 1888. — **Scherzer,**
Weltindustrien. 1880. — **Young,** Voyage en France pendant les années
1787, 1788 et 1789, trad. franç. Paris. 1860. — *Id.,* Voyage en Italie et
en Espagne, trad. franç. Paris. 1860. — **L. Léger,** Histoire de l'Autriche,
nouv. édit. 1894. — **Beer,** Die œsterreichische Handelspolitik. Vienne.
1891. — **Rambaud,** Histoire de Russie. 1878. — **Schmoller,** Studien über
die wirthschaftliche Politik Friedrichs des Grossen. — **Lévy-Bruhl,** L'Allemagne depuis Leibnitz. Paris. 1890. — **Franck,** Réformateurs et publi-
cistes en Europe au xviii° siècle. 1893. — **Afanassiew,** Le commerce des
céréales en France au xviii° siècle, trad. franç. 1894.

CHAPITRES II ET III

Mavidal et Laurent, Archives parlementaires. — Collection du *Moni-
teur universel.* — **Levasseur,** Histoire des classes ouvrières en France
depuis la Révolution jusqu'à nos jours. 2 vol. 1867. — **Hamel,** Histoire
de Robespierre. — **De Sybel,** Histoire de l'Europe pendant la Révolution
française, trad. franç. 6 vol. — **A. Rambaud,** Les Français sur le Rhin;
l'Allemagne sous Napoléon Ier. 1873-1874. — *Id.,* Histoire de la civilisation contemporaine en France. 1888. — **Aug. Chalamel,** Histoire-musée
de la Révolution française. — **Champion,** Esprit de la Révolution. —
A. Bardoux, La bourgeoisie française (1789-1848). — **F. Rougier,** La
liberté commerciale. 1878. — **Monteil,** Histoire agricole de la France.
1877. — *Id.,* Histoire de l'industrie française. 2 vol. 1880. — **Biollay,**
Les prix en 1790. 1886. — **Noël,** Histoire du commerce depuis la Révolution française. 1879. — **Malon,** Histoire du socialisme depuis les temps
les plus reculés jusqu'à nos jours. 1882-1883. — **De Goncourt,** La société française pendant la Révolution. 1880. — *Id.,* La société française
sous le Directoire. 1880. — **P. Rocquain,** État de la France au 18 brumaire.
— **R. Stourm,** Les finances de l'ancien régime et de la Révolution. —
Erskine May, The constitutional history of England since the accession of
George the Third. 3 vol. 1887. — **Tooke,** History of prices (1793-1847).
1838-1848. — **Angellier,** Robert Burns. 2 vol. 1890. — **Chevrillon,**
Sidney Smith. 1894. — **Courtois,** Histoire de la Banque de France et des
principales institutions de crédit depuis 1716. — **Mollien,** Mémoires d'un

ministre du Trésor public (1780-1815). 1845. — **Gaudin**, Mémoires. — **Chaptal**, Mémoires sur Napoléon. 1895. — **Pasquier**, Mémoires. — **Oncken**, Das Zeitalter der Revolution, des Kaiserreichs und der Befreiungskriege (Oncken IV, I). — **Riesselbach**, Die Continentalsperre. 1850. — **Rocks**, Die Continentalsperre. 1894. — **Mouriez**, Les guerres commerciales (1486-1850). 1863.

CHAPITRES IV ET V

Viel-Castel, Histoire de la Restauration. 17 vol. 1860-1875. — **De Vaulabelle**, Histoire des deux restaurations. 8 vol. 1857. — **Duvergier de Hauranne**, Histoire du gouvernement parlementaire en France (1814-1848). 2 vol. 1864. — **Guizot**, Mémoires pour servir à l'histoire de mon temps. 1858-1865. — **Montalivet**, Rien! dix-huit années de gouvernement parlementaire. 1864. — **Louis Blanc**, Histoire de dix ans (1830-1840). 5 vol. 1846. — **E. Regnault**, Histoire de huit ans (1840-1848). 3 vol. 1852. — **Thureau-Dangin**, Histoire de la monarchie de Juillet, 5 vol. 1889. — **Lavergne**, Économie rurale de la France. — **Richelot**, Histoire de la réforme commerciale en Angleterre. 2 vol. 1853-1855. — *Id.*, L'association douanière allemande, son histoire, etc. 2° édit. 1858. — **Mongredien**, Histoire du libre échange en Angleterre. — **Figuier**, Exposé et histoire des principales découvertes modernes. 4 vol. 1862. — **Collignon**, Les machines. — **Guillemin**, Les chemins de fer. — **Jurien de la Gravière**, La marine d'aujourd'hui. 1872. — **Gouraud**, Essai sur la liberté du commerce des nations. 1852. — *Id.*, Histoire de la politique commerciale de la France et de son influence sur les progrès de la richesse publique depuis le moyen âge jusqu'à nos jours. 2 vol. 1854. — **Bastiat**, Cobden et la Ligue. 1848. — **Ch. Maître**, Richard Cobden ou l'esprit anglais et l'esprit français. 1846. — **Taylord et Mackay**, Sir Robert Peel. 4 vol. 1846-1851. — **Guizot**, Sir Robert Peel. 1859. — **E. Cannan**, Historic of the theories of production and distribution in english political economy (1776-1848). 1893. — **Espinas**, Histoire des doctrines économiques. 1892. — **Flach**, Histoire du régime agraire en Irlande. 1883.

CHAPITRES VI ET VII

Garnier-Pagès, Histoire de la Révolution de 1848. — **Daniel Stern**, Histoire de la Révolution de 1848. — **Taxile Delord**, Histoire du second Empire. 7 vol. 1861 et suiv. — **Simonin**, L'or et l'argent. — **Michel Chevalier**, Examen du système commercial connu sous le nom de système prolecteur. 1852. — **Godard-Desmarets**, Considérations sur le commerce de la France. 1859. — **Boutarel**, Le traité de commerce et le libre échange. 1862. — **Jules Simon**, Le libre échange. 1870. — **Vogel**, Du commerce et des progrès de la puissance commerciale de l'Angleterre et de la France. 2 vol. 1864-1867. — **Boursiez**, Histoire de l'agriculture, du commerce et de l'industrie en France depuis le commencement de la monarchie jusqu'à nos jours. 1868. — **Jules Duval**, Des rapports entre la géographie et l'économie politique, suivi d'une table synoptique des échanges internationaux sur le globe. 1864. — **Juglar**, L'importation des matières premières en Angleterre depuis les réformes de Robert Peel. 1872. — **F. D.**, Démocratie et protection. 1869. — **Wolowski**, La liberté commerciale et les résultats du traité de commerce de 1860. 1868. — **Muller**, Le commerce du globe. 2 vol. 1865-1872. — **G. Amé**, Le libre échange en France et en Angleterre. — *Id.*, Étude sur les tarifs de douane et sur les traités de commerce, 2 vol. 1876. — **Baudrillart**, Les populations agricoles de la France. 5 vol. — **Pety de Thozée**, Système commercial de la Belgique et des principaux États de l'Europe et de l'Amérique. 2 vol. 1875.   ●

CHAPITRES VIII ET SUIVANTS

Pour ce chapitre et les suivants, les discussions et documents parlementaires, les publications officielles faites au nom des différents États par les ministères (*Annales du commerce extérieur, Bulletins consulaires,* etc.), bureaux, offices spéciaux, Chambres de commerce, etc., ou par les offices internationaux, les revues périodiques et les journaux quotidiens sont les meilleures sources d'informations. Pour la France, consulter surtout parmi les quotidiens, le *Temps,* les *Débats,* la *République française,* le *Siècle ;* pour les périodiques, dont la liste générale a été donnée au début de cette bibliographie, l'*Économiste français,* le *Journal des Économistes,* la *Revue des Deux-Mondes,* et, publication plus récente, la *Revue d'Économie politique.*

Les Bulletins des *Sociétés de géographie* françaises et étrangères sont pleins de documents intéressants. Au premier rang figurent le *Bulletin de la Société de géographie de Paris*, de la *Société de géographie commerciale de Paris*, les *Proceedings* de la Société royale de Londres auxquels a succédé *The Geographical Journal* et ceux des sociétés de Berlin, Viénne, Rome, etc. Voir aussi les publications géographiques spéciales : *Petermann's Mittheilungen, Deutsche Rundschau für Geographie und Statistik*, le *Tour du Monde*, les *Annales de Géographie*, la *Revue de Géographie*, etc., et les grands ouvrages de géographie générale, principalement ceux de E. Reclus, *Nouvelle Géographie universelle*, 19 vol. ; Klœden, *Handbuch der Erdkunde*, 5 vol. ; Daniel, *Handbuch der Geographie*, 4 vol. ; Kirchow, *Unser Wissen der Erde*, 5 vol. parus ; de Varigny, 5 vol. ; Rainier, etc. Les géographies commerciales et économiques : Andree, *Geographie des Welthandels*, 3 tomes en 5 vol. ; Dussart, Delille, Marcel Dubois, etc. ; les atlas de MM. Schrader, Antoine et Prudent ; Vidal-Lablache, etc., et aussi les nombreuses et très intéressantes relations de voyages.

Un grand nombre des travaux précédemment indiqués concernent également cette période toute récente. Il serait impossible de publier ici une liste impliquant les publications relatives à tous les pays du globe qui sont passés en revue dans ces chapitres. Je me bornerai donc à en mentionner quelques-unes qui ont trait à cette phase spéciale de l'histoire du commerce et à des questions nouvelles.

Domergue, La révolution économique, avec une préface de M. Méline. 1890. — **Piret**, La production agricole indigène et la concurrence étrangère. 1895. — **Viger**, Deux années de ministère de l'agriculture. 2 vol. 1895. — **Henri George**, Protection et libre échange, trad. franç. 1888. — **Bellet**, Les grands ports maritimes de commerce. — **Jacottey et Mabyre**, Album des services ●maritimes postaux français et étrangers. 1892. —

Vignon, L'expansion de la France. 1893. — **P. Leroy-Beaulieu,** L'Algérie et la Tunisie. 1887. — *Id.,* Essai sur la répartition des richesses. 1881. — **De Lanessan,** La civilisation française en Indo-Chine. 1895. — **Chailley-Bert,** La colonisation de l'Indo-Chine. 1892. — **Sir Ch. Dilke,** Problems of the Great Britain. 2 vol. 1890. — **Chardon,** A propos d'un projet d'union douanière entre les États du centre de l'Europe. 1889. — **Cl. Jannet,** Le capital, la spéculation et la finance au xixᵉ siècle. 1892. — **Brouilhet,** Essai sur les ententes commerciales et industrielles. 1895. — **Babled,** Les syndicats de producteurs et détenteurs de marchandises au double point de vue économique et pénal. 1893. — **Block,** Annuaire d'économie politique et de statistique. — *Id.,* L'Europe politique et sociale. 1892. — **Bamberger,** Le métal argent à la fin du xixᵉ siècle, trad. par R. Lévy. 1893. — **Goschen,** Théorie des changes étrangers. 1893. — **Boutan,** Résumé de la question monétaire et nouveau projet de monnaie internationale. 1895. — **Noël,** Étude historique et financière sur les banques d'émission. 2 vol. 1889. — **Juglar,** Des crises commerciales. 1889. — **James,** Education of business man in Europa. 1893. — **G. François,** Clearing-houses et chambres de compensation. 1887. — **Bagehot,** Lombard-street ou le marché financier. 1874. — *Id.,* Economic studies. 1880. — **Shaw,** Histoire de la monnaie, trad. franç. 1895.

INDEX ALPHABÉTIQUE

M

Macao, I, 203, 7; 320. — II, 98.
Macassar, II, 239.
Macédoine, Macédoniens, I, 44, 9; 51, 2; 71.
Madagascar, I, 203; 288, 9; 313. — II, 15; 69; 171; 272, 5, 7.
Madelaine (La), I, 16.
Madère, I, 321.
Madras, I, 262.
Madrid, I, 224, 7. — II, 190.
Madura, II, 238.
Maestricht, I, 191.
Magdebourg, I, 84.
Magellan (dét.), II, 315.
Maine, I, 183; 272; 282.
Majorque, I, 138.
Majunga, II, 275.
Malabar, I, 206.
Malacca, I, 203, 4, 6; 252. — II, 97; 225; 347.
Malaga, I, 104.
Malaisie, I, 203; 250. — II, 236.
Malines, I, 162.
Malte, I, 55, 8; 64, 5; 129. — II, 325.
Mana, II, 69.
Manaos, II, 310.
Manchester, II, 76; 93; 114; 138, 181; 209; 213, 4; 347.
Mandchourie, II, 219.
Manica, I, 102.
Manille, II, 240.
Manipour, II, 224.
Manitoba, II, 296.
Mannheim, II, 168.
Mans (Le), I, 196.
Mantoue, I, 54.
Marbourg, I, 177.
Marc, I, 196.
Marchés, I, 82, 9; 90; 131, 5; 154, 5; 176; 190; 244; 255; 271. — II, 26; 353.
Marguerite (île), I, 308.
Mariannes (îles), II, 246.
Marienbourg, I, 172.
Marine (ordonnance de), I, 286.
Marne, I, 132.

Maroc, I, 218; 268; 278. — II, 98, 189; 190; 249; 250, 2; 261, 2; 342.
Marquises (îles), II, 97.
Marseille, I, 41; 64, 6; 81; 108; 110, 1, 2, 5; 121; 138; 147; 186; 218; 268; 270, 8; 282, 5; 294; 310. — II, 7; 50; 62; 97; 122, 9; 163; 199; 258; 261, 2, 8; 329.
Marshall (îles), II, 246.
Martinique (îles), I, 279; 307, 8; 310; 321. — II, 303, 4.
Maryland, I, 323.
Mascate, I, 100; 206. — II, 231.
Massaliotes, I, 57; *voir* Marseille.
Matabélés, II, 267.
Maurice (île), II, 59; 64, 5; 129; 276.
Maximum (loi du), II, 40, 1.
Mayence, I, 84, 5; 174; 191.
Mayotte (île), II, 97; 276.
Meaux, I, 265.
Mecklembourg, I, 170. — II, 77; 118.
Mecque (La), I, 99; 100, 2; 231; 257.
Médie, Mèdes, I, 21, 4; 32, 3; 51; 67.
Médina del Campo, I, 227.
Méditerranée, I, 27, 8, 9; 30, 9; 41; 50, 4, 6; 60; 81, 7; 93; 103, 8; 110; 130, 1, 2, 6; 147; 199; 210, 4; 228; 268; 310. — II, 7; 50; 62; 97; 122, 8; 204; 210; 250, 6; 351.
Mégalopolis, I, 47.
Mégare, I, 41, 5.
Méhadia, I, 102, 9; 110.
Meinam, II, 225.
Mékong, II, 227.
Melbourne, II, 244.
Mélinde, I, 102; 202.
Mélos, I, 40.
Melun, I, 265.
Memphis, I, 27, 8.
Ménapiens, I, 160.
Méquinez, II, 262.
Merv, II, 229.
Messageries maritimes (Compagnie des), II, 118; 276.
Messine, I, 41. — II, 163.
Métaponte, I, 41.
Mételin, II, 234.

Ottomans, I, 216. — II, 80; 137.
Ouadi-Halfa, II, 257.
Oualata, I, 103.
Oubango, II, 273.
Our, I, 23.
Oural, II, 348.
Ourgendj, I, 117.
Ouro (rio d'), I, 201.
Ouzoun-Ada, II, 208.
Over-Yssel, I, 255.
Oxus, I, 51.

P

Pacifique (océan), I, 207; 215; 221.
— II, 211, 2; 245; 296; 305; 352.
Padang, II, 237, 8.
Padoue, I, 119.
Pakoï, II, 227.
Palatinat, II, 25.
Palembang, II, 238.
Palerme, II, 163.
Palestine, I, 30.
Palice (La), II, 171.
Palmyre, I, 31.
Palos, I, 213.
Pamphylie, I, 52.
Panama (ville, isthme, canal), I, 221,
5. — II, 176; 282; 313.
Pangée (m.), I, 40, 4.
Pannonie, I, 67.
Papier-monnaie, I, 126. — II, 53;
164; 284; 335.
Papouasie, II, 236.
Para, II, 270; 319.
Paraguay, II, 309; 317, 8.
Paris, I, 124; 130, 1, 2, 3, 5; 141,
4, 6; 186; 191, 2, 4, 6; 238; 267,
9; 270, 7; 284; 296; 312, 5. — II,
8; 11, 2; 38; 40; 88, 9; 97; 110,
1, 2, 7; 149; 199; 228; 348.
Paris (petit), I, 201.
Parisis (livre), I, 196, 7.
Paros, Pariens, I, 41.
Parthes, I, 52; 90.
Pasargade, I, 31.
Patras, I, 97; 112.
Pavie, I, 85.
Pays-Bas, I, 149; 153; 161, 3, 6, 7;

226; 241, 2, 3, 4, 5; 258; 268, 9.
— II, 28; 74, 8; 193, 4, 5, 8; 321,
5; 330.
Péages, I, 68; 85, 8, 9; 186; 238;
353.
Pecquigny (traité), I, 148; 167.
Pégou, I, 206. — II, 222.
Peichaver, II, 228.
Pékin, II, 228, 9.
Péloponèse, I, 47, 8.
Pendjab, I, 98.
Pengani, II, 273.
Pensylvanie, II, 284; 347.
Pérak, II, 225; 237; 347.
Pergame, I, 53.
Périgord, I, 16.
Périm (île), II, 129; 231.
Pérou, I, 216; 221, 2, 4, 5, 6. —
II, 309; 313,
Perse, Persans, I, 51; 63; 92, 8;
113, 6, 7; 206; 241, 2; 262, 3.
— II, 23; 99; 207; 229; 230, 1, 4;
250; 351.
Persépolis, I, 36.
Perses, I, 21, 6; 33, 7; 92, 3; 222.
Persique (golfe), I, 23, 6; 30, 1; 50;
64; 101; 112; 215; 233.
Pétropolowski, II, 211.
Pétrowsk, II, 208.
Phalères, I, 45.
Pharos, I, 41.
Phénicie, Phéniciens, I, 21, 6, 7,
8, 9; 30, 1, 2, 7, 8, 9; 40, 1, 5;
56; 65. — II, 351, 2.
Philadelphie, II, 284; 293.
Philippines, I, 221. — II, 219; 220;
240.
Philistins, I, 29.
Phocée, I, 40, 1; 116, 7. — II, 233.
Phrygie, Phrygiens, I, 35.
Picardie, I, 88; 265; 282, 3.
Piémont, II, 30; 82; 107; 147.
Pilsen, II, 341.
Piraterie, Pirates, I, 19; 60, 1, 3;
103, 8; 118; 170; 187. — II, 69,
250.
Pirée (le), I, 45.
Pisagua, II, 315.
Pise, Pisans, I, 108; 110, 1, 2, 5;
123; 137; 166.

U

TABLE DES MATIÈRES

DU TOME SECOND

Nancy, impr. Berger-Levrault et Cie.

BERGER-LEVRAULT ET Cie, LIBRAIRES-ÉDITEURS

5, rue des Beaux-Arts, Paris. — 18, rue des Glacis, Nancy.

BIBLIOTHÈQUE D'ENSEIGNEMENT COMMERCIAL

DIRIGÉE PAR M. GEORGES PAULET

CHEF DU BUREAU DE L'ENSEIGNEMENT COMMERCIAL AU MINISTÈRE DU COMMERCE

La **Bibliothèque d'enseignement commercial** est principalement destinée aux élèves qui se préparent aux Écoles supérieures de commerce ou qui s'y disputent le diplôme supérieur ; aux élèves des grandes écoles industrielles et des Facultés de droit, qui ne sauraient se désintéresser des études commerciales ; aux jeunes gens et aux jeunes filles qui, dans les écoles professionnelles, dans les cours du soir ou à leurs heures de libre étude, cherchent à se mettre en état de rendre dans le commerce des services appréciés.

Rédigée par les professeurs, les jurisconsultes et les spécialistes les plus autorisés, échappant à tout parti pris de doctrine, sacrifiant les développements purement théoriques au souci d'une instruction réellement utile et pratique, cette Bibliothèque pourra rendre en même temps les plus précieux services aux industriels et aux négociants désireux de parfaire leur éducation technique et de se tenir toujours, comme leurs concurrents étrangers, au courant de la législation commerciale, des procédés et des faits commerciaux : elle constituera ainsi la véritable **Bibliothèque du commerçant.**

I. — Ouvrages en préparation.

La Colonisation et ses rapports avec le commerce, par P. BEAUREGARD, professeur à la Faculté de droit de Paris et à l'École des hautes études commerciales.

Précis d'Économie commerciale, par CHEYSSON, inspecteur général des ponts et chaussées, professeur d'économie politique à l'École nationale des mines et à l'École libre des sciences politiques.

Précis de Droit commercial, par E. COHENDY, professeur à la Faculté de droit et à l'École supérieure de commerce de Lyon.

Les Assurances sur la vie et contre les accidents, par PAUL GUIEYSSE, député, président de l'Institut des actuaires français.

Les Transports par chemins de fer, par AUBURTIN, maître des requêtes au Conseil d'État, secrétaire du comité consultatif des chemins de fer, ancien professeur à l'École des hautes études commerciales.

Manuel des Opérations financières à long terme, par LÉON MARIE, ancien élève de l'École polytechnique, actuaire au *Phénix*, examinateur à l'École des hautes études commerciales.

Précis de Législation ouvrière, cours professé à l'École des sciences politiques, par GEORGES PAULET, chef de bureau au Ministère du commerce.

PRINCIPAUX OUVRAGES A PARAITRE

Manuel de Correspondance commerciale.
Précis de Droit industriel.
Manuel du Commerce d'exportation.
Manuel des Opérations de banque.
Manuel des Opérations de Bourse.
Théorie et pratique du Change.
Manuel pratique des Postes, Télégraphes et Téléphones.
Éléments de Législation douanière.

Manuel des Sociétés commerciales.
Manuel des Liquidations judiciaires, faillites et banqueroutes.
Traité de la Vente commerciale.
Manuel des Brevets d'invention.
Manuel des Marques de fabrique.
Traité du Nom commercial et de la concurrence déloyale.

www.ingramcontent.com/pod-product-compliance
Lightning Source LLC
Chambersburg PA
CBHW061005220326
41599CB00023B/3841